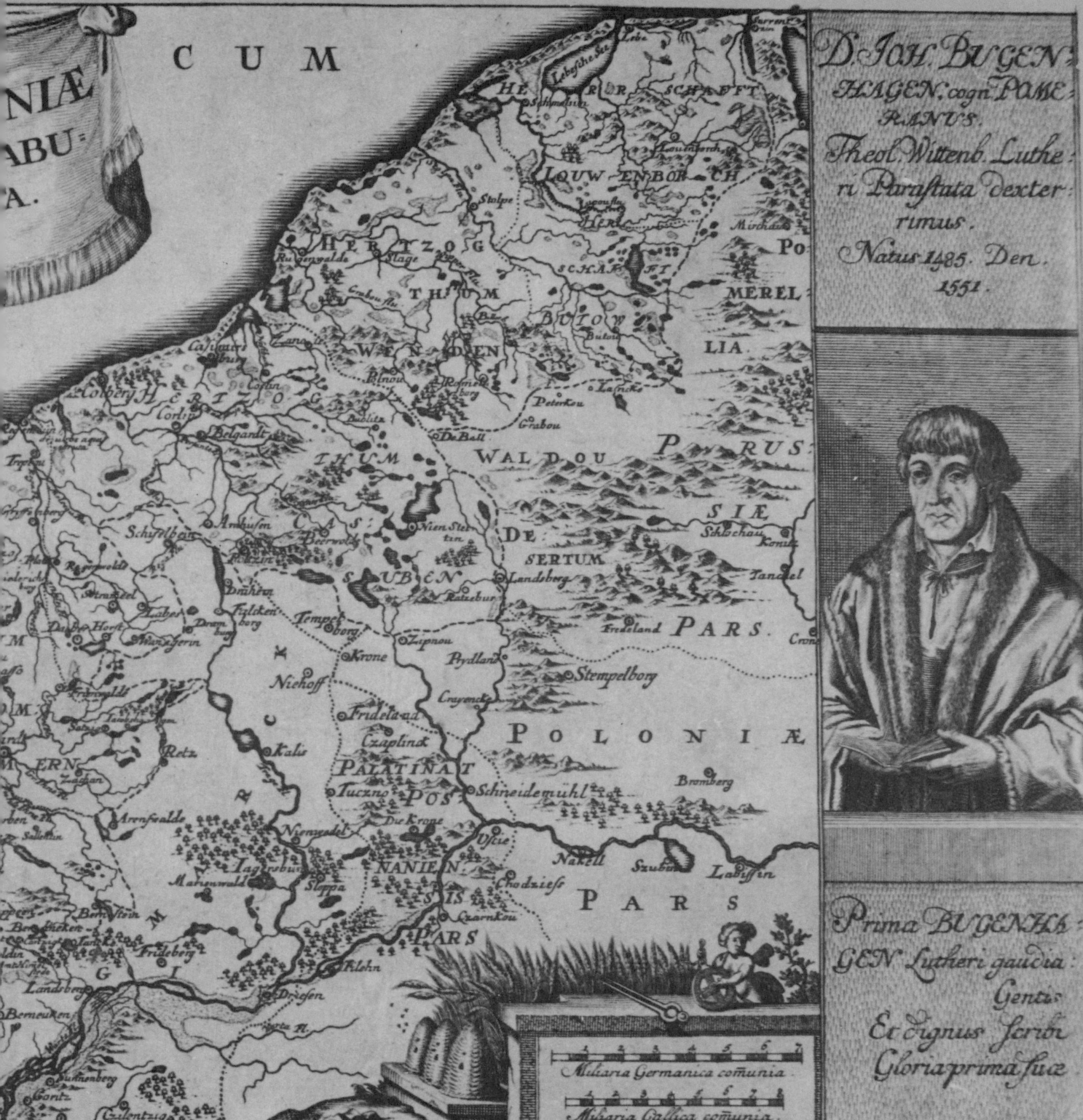
D. JOH. BUGEN=
HAGEN. cogn. POME=
RANUS.
Theol. Wittenb. Luthe=
ri Parastata dexter=
rimus.
Natus 1485. Den.
1551.
Prima BUGENHA=
GEN Lutheri gaudia:
Gentis
Et dignus scribi
Gloria prima suæ
Miliaria Germanica comunia
Miliaria Gallica comunia
CUM
POLONIÆ
PARS
PALATINAT
WALDOU
DESERTUM
Stolpe
Colberg
Belgardt
Landsberg
Schneidemuhl
Bromberg
Nakell
Stempelborg
Driesen

Norbert Buske / Gerd Baier
Dorfkirchen in der Landeskirche Greifswald

Norbert Buske / Gerd Baier

Dorfkirchen in der Landeskirche Greifswald

Mit Aufnahmen von Thomas Helms

Evangelische Verlagsanstalt Berlin

ISBN 3-374-00172-6

Inhaltsverzeichnis

Zum Geleit

«Wir wollen die Kirche im Dorf lassen», sagt ein Sprichwort. Wer das Land zwischen Ostsee und Oder, das Gebiet unserer Evangelischen Landeskirche Greifswald, als seine Heimat kennt oder es bei Besuchen während eines Urlaubs kennenlernt, wird auf Schritt und Tritt bestätigt finden, daß unsere Dörfer und ihre Kirchen eng zusammengehören. An der Oder und im Randowtal, zwischen der Recknitz und den Tollensewiesen, entlang der Peene und der Uecker, rings um das Haff und die Boddengewässer, auf den großen Inseln Rügen und Usedom und im weiten flachen vorpommerschen Binnenland wie auf dem Darß – was wären unsere Dörfer ohne ihre Kirchen?!

Seitdem der Glaube an Jesus Christus vor 850 Jahren in unser Land kam, bauten die Gemeinden eindrucksvolle Gotteshäuser, um in ihnen Gottes Macht und Größe zu rühmen und um Gottes Segen und Vergebung zu erbitten. Als mit dem Einzug der Reformation vor 450 Jahren die Gemeinden neu das lebendige Wort Gottes und ihre geistliche Aufgabe in Kirche und Gesellschaft entdeckten, fand das bis in die Gestaltung der Dorfkirchen seinen sichtbaren Ausdruck. Weit größer, als der sonntägliche Kirchgang es anzeigt, ist auch heute die Liebe der Dorfbewohner zu ihrer Kirche. Sie haben das alte Sprichwort abgewandelt: «Unsere Kirche muß im Dorf bleiben.» Ja, jede Generation braucht ihre Kirche neu – zur Stille und Anbetung, zum Danken und Loben, zum Hören und Feiern, zur Gemeinschaft mit Gott und den anderen Christen, zur Einladung und zum Zeugnis für alle, die nach dem Glauben und der Hoffnung der Christen fragen und die Weg und Ziel ihres Lebens suchen.

Möchte dieser Bildband, für den wir den Autoren, den Fotografen und dem Verlag herzlich dankbar sind, zu neuer Freude an unseren alten und neuen Dorfkirchen zwischen Ostsee und Oder helfen und zugleich zu einem neuen Hören auf das vielfältige Zeugnis des Glaubens, das in ihnen lebendig ist.

Dr. Horst Gienke,
Bischof zu Greifswald

NORBERT BUSKE

KIRCHENGESCHICHTLICHER TEIL

Zur kirchengeschichtlichen Entwicklung
der ländlichen Gebiete im Bereich
der Evangelischen Landeskirche Greifswald

Gebiet und kirchliche Herkunft der Landeskirche

Die Grenzen der Landeskirche Greifswald bezeichnen im wesentlichen jenes Gebiet, das den als Vorpommern bekannten Teil des früheren Herzogtums Pommern bildete. Es gehören dazu: der Randowbruch, das Gebiet westlich der Oder zwischen den Städten Gartz, Pasewalk und Ueckermünde; die Insel Usedom und die weiteren Gebiete beiderseits der Peene bis Demmin; das rügische Festland zwischen den Städten Greifswald, Grimmen, Tribsees und Barth mit der alle diese Städte an Bedeutung weit übertreffenden Hansestadt Stralsund; dazu Rügen selbst. Ursprünglich handelte es sich hierbei um kein einheitliches Gebiet. Erst nachdem im 14. Jh. das Fürstentum Rügen an Pommern gefallen war und dann im 15. Jh. die langwierigen Auseinandersetzungen um die Uckermark zuungunsten Pommerns ihr Ende gefunden hatten, gewann Vorpommern, der westliche Teil des ehemaligen Herzogtums, seine uns heute noch bekannten Grenzen. Bei den wiederholten Landesteilungen fiel das Gebiet beiderseits der unteren Oder und südlich der Peene an die Stettiner Linie des Herzogshauses, während der nördliche Teil Vorpommerns und weite Teile Hinterpommerns die Teilherrschaft der Linie Pommern-Wolgast bildeten. Bei einer späteren Teilung im 16. Jh. fiel der Stettiner Linie das Gebiet von Hinterpommern, der Wolgaster das Gebiet von Vorpommern zu. Die sich damals herausbildende Generalsuperintendentur für Pommern-Wolgast umfaßte damit ziemlich genau das heutige Gebiet der Greifswalder Landeskirche.

Bis zu Reformation gehörte der nördliche Teil dieser Generalsuperintendentur, nördlich des unmittelbar an Greifswald vorbeifließenden Rycks, nicht zum pommerschen Bistum, dem Bistum Kammin. Das rügische Festland war dem Bistum Schwerin, die Insel selbst dem dänischen Bistum Roskilde angegliedert worden. Andererseits reichte das pommersche Bistum im Westen bis Güstrow. Auch der nördliche Teil der Uckermark blieb bis zur Reformation dem Kamminer

Bischof unterstellt. Die Grenzen des Kamminer Bistums bezeichnen im wesentlichen jenen Stand der territorial-staatlichen Entwicklung Pommerns, der sich in der zweiten Hälfte des 12. und zu Beginn des 13. Jh., der Zeit der kirchlichen Erschließung dieser Gebiete, herausgebildet hatte. Während die politischen Grenzen später noch mehrfach geändert wurden, vermochten die Bischöfe die damals erworbenen Gebiete zu behaupten.

Die Gründung und weitere Entwicklung der Kirche in Pommern vollzog sich von Anfang an unter landeskirchlichen Vorzeichen. Sie geschah in enger Verbindung mit dem Ausbau der pommerschen Landesherrschaft, auch als später die Gebiete der kirchlichen und der weltlichen Gewalt nicht mehr deckungsgleich waren. Es bildete sich eine eigene Kirche heraus, die durch Bamberger und Magdeburger Einflüsse geprägt wurde.

Für die politische Entwicklung des späteren vorpommerschen Gebietes wurde anfangs das erfolgreiche Vordringen der pommerschen Fürsten über die Oder nach Westen bestimmend. Ende der zwanziger Jahre des 12. Jh. stießen sie die Peene aufwärts bis Demmin vor. Sie gewannen zeitweilig sogar Einfluß in Zirzipanien, dem westlich von Demmin zwischen Peene, Trebel und Recknitz gelegenen Gebiet. In der zweiten Hälfte des 12. Jh. drangen sie in das Gebiet der späteren Uckermark vor.

Die weitere Entwicklung Westpommerns vollzog sich unter dem Eindruck der deutschen Ostexpansion. Sie erreichte in der zweiten Hälfte des 12. Jh. den obodritischen, den späteren mecklenburgischen Herrschaftsbereich, gewann Einfluß auf Westpommern und setzte sich Anfang des 13. Jh. auch in der Uckermark durch. In diesen Zusammenhang gehören die pommerschen Verluste westlich von Demmin und in der Uckermark. Im Norden des späteren vorpommerschen Gebietes konnte bis ins 13. Jh. hinein Dänemark seine Vorherrschaft behaupten. Im Kampf um den südlichen Ostseeraum hatte Dänemark die Insel Rügen erobert und das sich dort entwickelnde, in den festländischen Bereich nach Süden vorstoßende Fürstentum als Vasallen und Bundesgenossen gewonnen.

Der Wechsel in der Lehnsherrschaft, in die sich Pommern fügen mußte, verdeutlicht die Verschiebung im politischen Kräftespiel jener Jahrhunderte. Bis 1138 war Pommern wiederholt der polnischen Lehnshoheit unterworfen worden. Nach der Loslösung von Polen geriet Pommern 1164 in die Lehnsabhängigkeit Heinrichs des Löwen und, nach dessen Sturz 1181, in die unmittelbare Oberhoheit des deutschen Reiches. Im Zusammenhang mit dem Aufstieg Dänemarks zur Großmacht mußte Pommern dann die dänische Lehnshoheit anerkennen und geriet nach dem Ende der dänischen Vorherrschaft 1231 in die Lehnsabhängigkeit von Brandenburg. Pommern konnte diese Lehnshoheit später gegen eine Zusicherung für die brandenburgische Erbfolge abschütteln und zum reichsunmittelbaren Herzogtum aufsteigen.

Vor dem Hintergrund dieser politischen Abhängigkeiten und im Rahmen der kirchlichen Einflüsse in der zweiten Hälfte des 12. Jh. begann die Entwicklung des slawischen Fürstentums zu einem deutschen Herzogtum. Diese Entwicklung fand mit der seit dem Anfang des 13. Jh. immer stärker anwachsenden deutschen Einwanderung ihre Fortführung und kam bereits in der zweiten Hälfte des 14. Jh. zum Abschluß.

Als sich nach der Reformation die neue evangelische Kirche unabhängig von der mittelalterlichen Diözesaneinteilung in den damals bestehenden Grenzen des pommerschen Herzogtums konstituierte, verstand sie sich bewußt als Nachfolgerin der pommerschen Kirche. Die in der Reformation geschaffenen Ordnungen haben den Bestand der pommerschen Landeskirche über Jahrhunderte hinweg gesichert. Obgleich Vorpommern nach dem Aussterben des pommerschen Herzogshauses im Ergebnis des Dreißigjährigen Krieges an die Krone Schwedens gefallen war, wurde die pommersche, dem lutherischen Bekenntnis verpflichtete Kirche nicht der lutherischen Staatskirche Schwedens angegliedert. Die schwedenfreundliche Haltung, die die vorpommersche Geistlichkeit während der vielfachen Auseinandersetzungen zwischen Brandenburg/Preußen und Schweden einnahm, ist ein Zeichen für eine weitgehende, nicht unvorteilhafte Selbständigkeit der pommerschen Kirche im schwedischen Staatsverband und weniger ein Hinweis auf ein besonders gehütetes Luthertum.

Im Gebiet südlich der Peene und auf der Insel Usedom, jenem Teil Vorpommerns, den Schweden Anfang des 18. Jh. an Preußen verlor, gewann die brandenburg/preußische Kirchenpolitik Einfluß. Sie war durch eine sich im Laufe der Zeit unterschiedlich ausprägende konfessionelle Toleranz gegenüber dem reformierten Bekenntnis bestimmt. Da Schweden 1815 auch den nördlichen Teil Vorpommerns an Preußen abtreten mußte, entwickelte sich die pommersche Landeskirche in ihrem gesamten ursprünglichen Umfang zu einer Provinzialkirche der alt-

preußischen Union. Besondere Schwierigkeiten haben sich bei der Einführung der Union in Vorpommern nicht ergeben.

Die politische Neugliederung Deutschlands, als unmittelbare Folge des zweiten Weltkrieges, hat dann dazu geführt, daß sich die pommersche Kirche als eine Gliedkirche der Evangelischen Kirche der Union in dem Gebiet des früheren Vorpommern auf Grund einer eigenen Kirchenordnung neu konstituiert hat. Die geographisch günstig gelegene alte Universitätsstadt Greifswald, die bis zum Anfang des 19. Jh. Sitz des vorpommerschen Generalsuperintendenten und Sitz des vorpommerschen Konsistoriums gewesen war, wurde nun erneut Sitz der kirchlichen Verwaltung für dieses Gebiet. Seit den fünfziger Jahren ist der Name dieser Stadt zum Teil des offiziellen Namens des Landeskirche geworden.

Zum Gebiet der heutigen Landeskirche gehören etwa 160 dörfliche Pfarrkirchen. Mehr als 350 Filialkirchen und Kapellen sind mit ihnen verbunden. Damit stehen über 500 für den Gottesdienst bestimmte Gebäude den Dorfbewohnern im Gebiet der Greifswalder Landeskirche zur Verfügung. Der weitaus größte Teil dieser Kirchen und Kapellen ist bereits im Mittelalter errichtet worden.

Voraussetzungen und Anfänge kirchlicher Organisation

GESCHEITERTE VERSUCHE ZUR CHRISTIANISIERUNG DER POMORANEN

Die Anfänge der pommerschen Kirche liegen außerhalb des Gebietes, das heute zur Greifswalder Landeskirche gehört. Seit ihrem Bestehen war diese Kirche mit der Geschichte des sich herausbildenden pommerschen Fürstentums eng verbunden. Das aus dem slawischen Stammesverband der Pomoranen hervorgehende Fürstentum umfaßte zunächst das Land zwischen dem Odergebiet und der Weichsel (Wisła), nördlich der ausgedehnten Sumpfgebiete von Warthe (Warta) und Netze (Noteć). Ende des 10. Jh. geriet dieses Gebiet in den polnischen Einflußbereich. Es wurde von Boleslaw I., dem Tapferen, erobert. Er hatte sich durch ein persönliches Treueverhältnis zum Kaiser nach Westen abgesichert und begann nun, seinen Herrschaftsbereich auszuweiten.

Die Expansionsbestrebungen des Kaisers und seiner Vasallen führten jedoch immer wieder zu Spannungen im Verhältnis zwischen dem Reich und Polen. Zu einem von beiden Seiten in wohlverstandenem Eigeninteresse angestrebten Ausgleich gehörte der Besuch Kaiser Ottos III. im Jahre 1000 in Gnesen (Gniezno). Den Anlaß bot die Heiligsprechung seines Freundes,

des Bischofs Adalbert, der wenige Jahre zuvor bei seiner erfolglosen Mission unter den Preußen den Märtyrertod erlitten hatte. Boleslaw hatte im Rahmen seiner ausgreifenden Politik die Missionsbemühungen Adalberts gefördert. Die rasch einsetzende Verehrung Adalberts ließ diesen Missionar zu einem Schutzheiligen der Ostmission und später zum polnischen Nationalheiligen werden.

Zu den Ergebnissen der Polenreise Kaiser Ottos III. gehörte die Errichtung des Erzbistums Gnesen. Die Bildung dieser großen, selbständigen polnischen Kirchenprovinz verdeutlicht den hohen politischen Rang, den Polen damals gewonnen hatte. Dem Erzbistum Gnesen wurden die neu errichteten Bistümer: Breslau (Wrocław), Krakau (Krakow) und Kolberg (Kołobrzeg) unterstellt. Die Errichtung des Bistums Kolberg im Jahre 1000 ist der erste Hinweis auf das Vordringen des Christentums in das Gebiet der Pomoranen.

Boleslaws Versuch, die im Norden eroberten Gebiete dauerhaft an Polen zu binden, scheiterte. Schon unter Mieszko II., der 1033 die Lehnsabhängigkeit vom deutschen König anerkennen mußte, gelang es den Pomoranen, sich wieder von Polen zu lösen. Das durch Polen aufgezwungene Christentum wurde abgeschüttelt. Das Bistum Kolberg erlosch.

DIE MISSION UNTER
BISCHOF OTTO VON BAMBERG

Zu einem erneuten Vorstoß des Christentums nach Pommern, in das Land am Meer, kam es ein Jahrhundert später, als Polen unter Boleslaw III., genannt Schiefmund, eine neue Machtentfaltung erlebte und wieder nach Norden vordrang. Nach mehreren Kriegszügen gewann Boleslaw die Oberherrschaft über Pommern. Wiederum gehörte die Verpflichtung zur Annahme des Christentums zu den Friedensbedingungen, die dem sich ausbildenden pommerschen Fürstentum auferlegt wurden. Das Zentrum des pommerschen Herrschaftsbereiches hatte sich inzwischen nach Westen verlagert. Kammin (Kamień Pom.) war zur wichtigsten Burg der pommerschen Fürsten und damit zum politischen Mittelpunkt des Landes geworden.

Wie ein Jahrhundert zuvor diente die Christianisierung Pommerns zur Rechtfertigung für die Ausweitung der polnischen Herrschaft. Die allgemeine politische Situation hatte sich jedoch seit dem ersten Christianisierungsversuch grundlegend gewandelt. Die universale Reichsidee des ottonischen Kaisertums, die ihre Begründung und Darstellung in der Reichskirche gefunden hatte, war zerbrochen. Das Papsttum hatte sich aus der Vormundschaft der römischen Kaiser befreien können und verfolgte nun seinerseits eigene

universale Herrschaftsansprüche. Der sich hieraus unvermeidlich ergebende Konflikt zwischen Kaisertum und Papsttum fand im Investiturstreit, dem Streit um die Besetzung der Bistümer, die als Eigenkirchen des Königs galten und mit umfangreichem Reichsgut ausgestattet worden waren, seinen Niederschlag. Beendet wurde dieser Streit durch das Wormser Konkordat, dem 1122 zwischen Kaiser Heinrich V. und Papst Calixt II. geschlossenen Vergleich, der die Abhängigkeit der Bischöfe von der Zentralgewalt erheblich lockerte. Die Bischöfe stiegen von Reichsbeamten zu Reichsvasallen auf. Viele von ihnen gehörten seitdem mit ihren oft weiten Herrschaftsgebieten in die Reihe der bedeutendsten und einflußreichsten Fürsten jener Zeit.

Die Fürsten hatten bei ihrer Opposition gegen die königliche Zentralgewalt die Ansprüche des Reformpapsttums geschickt ausgenutzt und eine beachtliche Selbständigkeit gewonnen. Es gelang ihnen, die Erbmonarchie in ein Wahlkönigtum umzuformen. Dabei übernahmen sie für ihren jeweiligen Herrschaftsbereich Ansprüche der Zentralgewalt. Sie verstanden die Macht, die sie vom Kaiser und vom Papst empfingen, als genauso auf die Ewigkeit bezogen wie die Macht ihrer Lehnsherren. Damit waren die Voraussetzungen für das spätere Landeskirchentum gelegt. Die erst in jener Zeit erfolgte Christianisierung Pommerns vollzog sich daher von Anfang an im Rahmen der Entwicklung eines um Selbständigkeit bemühten Territorialstaates, der seine eigene Kirche ausbildete. Nachdem 1122 ein zunächst eingeleiteter Missionsversuch des Romanen Bernhard gescheitert war, übertrug Boleslaw III. dem Bamberger Fürstbischof Otto diese Aufgabe. Bischof Otto hatte das Vertrauen des Kaisers und des Papstes erworben und hatte – nicht zuletzt durch die zielgerichtete Entwicklung und den wirtschaftlichen Ausbau seines Bistums – eine recht selbständige Stellung innerhalb des Reiches erlangt. Er wurde mehrfach als Vermittler zwischen dem Kaiser und dem Papst tätig. Sein weitreichender Einfluß unter den vielen miteinander rivalisierenden Mächten schien dem polnischen Herzog die Gewähr dafür zu bieten, daß sich eine erfolgreiche Christianisierung Pommerns unter der Schirmherrschaft des Bischofs Otto nicht gegen die Interessen Polens richten würde.

Hinzu kam, daß Otto von Bamberg am polnischen Hofe bekannt war. Der polnische Großfürst Wladislaw Hermann, der Vater Boleslaws III., war um einen Ausgleich mit dem deutschen Reich bemüht gewesen und hatte Judith, eine Schwester Kaiser Heinrichs IV., geheiratet. In jenen Jahren war Otto, der spätere Bischof von Bamberg, ihr Hofkaplan gewesen und hatte Einfluß auf die Entwicklung der Beziehungen zwischen Polen und dem Reich genommen.

Auch die Stellung des Bischofs Otto innerhalb der Reformbewegung des abendländischen Mönchtums, die der Mission neue Impulse verlieh, ist bezeichnend. Bischof Otto förderte das Reformmönchtum, das im 11. Jh. auch auf den Klerus übergegriffen hatte, und gründete zahlreiche Klöster. Von einer breiten Schicht innerhalb der verschiedenen Ströme der mönchischen Bewegung wurde er als Vater der Mönche verehrt. Die Stärkung und Ausweitung der politischen Macht des Papsttums, die sich nicht zuletzt aus den Kreuzzügen ergab und weit folgenreicher war als die Eroberung des schmalen, bald wieder verlorengegangenen Landstreifens in Palästina, wurde durch das vom Mönchtum ausgehende Bemühen um die Freilegung einer weit subtileren Religiosität ergänzt. Die in diesem Zusammenhang einzuordnende Mission des Bischofs Otto hob sich deutlich vom bisherigen Kreuzzugsgedanken, der gewaltsamen Ausbreitung des Christentums, ab.

Auf seiner ersten Missionsreise nach Pommern im Jahre 1124 zog Bischof Otto über Polen. Von Gnesen kommend stieß er nach Norden durch das Sumpfgebiet der Warthe und Netze vor. Er war begleitet von seinen Priestern, einem beträchtlichen Troß für die eigene Versorgung und wohlversehen mit Geschenken für die slawischen Edlen. Der Pommernfürst Wartislaw, bereits in sächsischer Gefangenschaft getauft, empfing ihn, ließ ihn jedoch zunächst allein vorgehen. Bischof Otto vermochte den Widerstand, der ihm vor allem in den frühstädtischen Gemeinwesen begegnete und sich naturgemäß weithin aus einer antipolnischen Haltung ergab, zu überwinden. Er taufte und gründete einige Kirchen.

Als sich ein Erfolg abzeichnete, schaltete sich auch Wartislaw verstärkt bei der Christianisierung seines Gebietes ein. Die Annahme des Christentums war eine wesentliche Voraussetzung für die Stabilisierung seiner Herrschaft. Verbunden mit der Anerkennung der polnischen Oberhoheit sicherte sie ihn gegen die ständigen kriegerischen Einfälle der Polen und erschloß zugleich neue Verbindungsmöglichkeiten zum deutschen Reich. Wartislaw erstarkte und konnte nun seinerseits nach Westen vorstoßen, um seinen Herrschaftsbereich durch von Polen bisher unabhängige Gebiete zu erweitern.

In einem offenbar selbständig geführten Unternehmen drang Wartislaw unter stillschweigender Billigung König Lothars vor und brachte das gesamte Peenegebiet bis Demmin unter seine Herrschaft. Hier hatten sich eigene kleine Herrschaftsbereiche auszuformen begonnen. Zur Sicherung seiner Eroberungen bemühte sich nun Wartislaw selber um die Christianisierung des neuen Landesteils. Er wandte sich an Bischof Otto und forderte ihn auf, nun auch in den neu eroberten westlichen Landesteilen zu missionieren.

Bischof Otto versicherte sich der Rückendeckung des deutschen Königs – ohne sich jedoch in die Konzeption der deutschen Ostexpansion einbeziehen zu lassen – und brach 1128 zu seiner zweiten Missionsreise nach Pommern auf. Er zog diesmal über Magdeburg, wo er offenbar Absprachen mit Erzbischof Norbert über das Missionsgebiet traf, und dann über Havelberg, wo er auf noch ungebrochenes Heidentum stieß, und weiter durch das Gebiet der Müritzseen nach Pommern. In Demmin, einem alten, nun zu Pommern gehörenden frühstädtischen Zentrum, traf er mit Wartislaw zusammen. Von dort reiste er – ohne zunächst zu missionieren – nach Usedom. Wartislaw hatte zu Pfingsten eine Versammlung der slawischen Führer in Westpommern nach Usedom einberufen. Auf dieser Versammlung wurde die Annahme des Christentums beschlossen. Der Hinweis auf das nach Osten ausgreifende Interesse des deutschen Königs und seiner Vasallen und die Zurschaustellung der kulturellen Überlegenheit Bambergs verfehlten ihre Wirkung nicht. Bischof Otto konnte mit seinem Missionswerk beginnen. Nach einer kurzen Taufunterweisung wurden die in Udesom Versammelten getauft.

Von Usedom aus besuchte Bischof Otto auch Wolgast und Gützkow und weihte dort Kirchen. In Wolgast kam ihm dabei die militärische Präsenz des Herzogs sehr zustatten. In Gützkow erreichten ihn die Nachschubtransporte von Bamberg und eine Gesandtschaft Albrechts des Bären. Diese Gesandtschaft war ein deutliches Zeichen für die Aufmerksamkeit, die König Lothar und sein Gefolgsmann an den Vorgängen in diesem Gebiet nahmen. In der Gestalt Albrechts des Bären kündigte sich das für Pommern schicksalhafte Interesse der späteren Mark Brandenburg an. Ottos Versuch der Uckermission mußte jedoch vorerst aufgegeben werden.

Mit wachsender Sorge hatte Boleslaw die Ereignisse in Westpommern verfolgt. Er fürchtete, Pommern würde sich in Anlehnung an das Reich von Polen lösen, und bereitete einen Kriegszug vor, um die Lehnsabhängigkeit für ganz Pommern zu sichern. Bischof Otto gelang es jedoch, zwischen Pommern und Polen zu vermitteln, zumal Polen seinerseits die Vermittlung des Bischofs für seine Auseinandersetzungen mit dem Reich suchte. So brachte Bischof Otto diesem slawischen Fürstentum Pommern nicht nur das Christentum, sondern für einige Zeit auch Frieden. Wartislaw erkannte die Oberlehnsherrschaft Polens an und verpflichtete sich zu einer beträchtlichen Tributzahlung, die am Grabe des heiligen Adalbert in Gnesen niederzulegen war. Wartislaw errang dabei jedoch trotz dieser Zugeständnisse eine beträchtliche Selbständigkeit. Im Rahmen der polnischen Anerkennung der Lehnshoheit des deutschen Königs über Polen 1135 erfolgte dann die offizielle Belehnung Polens mit Westpommern.

Nach der Christianisierung der neuen pommerschen Gebiete besuchte Bischof Otto noch einmal die bereits vier Jahre zuvor errichteten Kirchen in Ostpommern und zog dann über Polen zurück nach Bamberg. Der Grundstein für die Entwicklung der Kirche in dem aufstrebenden slawischen Fürstentum Pommern war gelegt. Der sich auch in der Folgezeit vielfach bewährende Einsatz des Bamberger Bischofs für Pommern hat dann dazu geführt, daß man ihn bereits im 12. Jh. mit dem Ehrentitel «Apostel der Pommern» bezeichnete.

DIE CHRISTIANISIERUNG UNTER DEUTSCHER VORHERRSCHAFT

Die unter dem Obodritenfürsten Gottschalk nachdrücklich geförderte Mission im Gebiet zwischen Elbe und Peene, die jedoch die südlich von Rostock wohnenden Kessiner und auch das westlich von Demmin gelegene Zirzipanien kaum erreicht haben dürfte, war durch den Aufstand der heidnischen, mit den Lutizen verbündeten Adelsopposition 1066 völlig zusammengebrochen und wieder ausgelöscht worden. Damit waren die Bemühungen, eine slawische Kirche im Obodritenland, dem Gebiet des späteren Mecklenburg, zu errichten, endgültig gescheitert. Erst acht Jahrzehnte später konnte die Mission im Rahmen eines erneuten Vorstoßes nach Osten wieder eingeleitet werden. Sie vollzog sich nun – anders als die Christianisierung des Peenegebietes – auf der Grundlage einer durch wiederholte Kriegszüge erzwungenen Abhängigkeit vom deutschen Reich.

Nachdem die innerdeutschen Auseinandersetzungen, die im Zusammenhang mit dem Investiturstreit ausgetragen worden waren, durch das Wormser Konkordat einen gewissen Abschluß erreicht hatten, wurden beträchtliche Kräfte frei, die nun zu einem erneuten Vorstoß nach Osten eingesetzt werden konnten. Durch den Sieg des Sachsenherzogs Lothar von Supplinburg über Kaiser Heinrich V. waren die Territorialherren – vor allem an der Ostgrenze des Reiches – erheblich gestärkt worden. Sie bestimmten nun die deutsche Ostpolitik. Als Lothar 1125 zum König gewählt, 1133 zum Kaiser gekrönt worden war, setzte er die Ostexpansion gezielt fort und begünstigte die Fürstenhäuser an der Ostgrenze des Reiches.

Für die obodritische Herrschaft und für Westpommern wurde nun Heinrich der Löwe die bestimmende Gestalt. Ihm war 1142 in der Nachfolge Heinrichs des Stolzen, dem Schwiegersohn Lothars, das Herzogtum Sachsen zugefallen. In einem großangelegten, religiös verbrämten Eroberungszug stieß er 1147 mit seinen Verbündeten weit nach Osten vor. Beteiligt an diesem sogenannten Wendenkreuzzug waren außer ihm: Adolf II. von Holstein, Albrecht der Bär, Konrad von Meißen, die Erzbischöfe von Magdeburg und Bremen, Bischof Anselm von Havelberg,

dessen Bistum gerade im Wiedererstehen war, die dänische Flotte und dänische Landstreitkräfte sowie böhmische und polnische Abteilungen. Jeder der Beteiligten verfolgte bei diesem Unternehmen seine eigenen Ziele. Den nördlichen Teil des Heerzuges leitete Heinrich der Löwe, den südlichen Teil Albrecht der Bär.

Nach großen Anfangserfolgen wurden Demmin und Stettin (Szczecin) vergeblich belagert. Als die Stettiner auf den Wällen zum Zeichen, daß sie bereits Christen wären, Kreuze aufpflanzten und der pommersche Bischof Adalbert seinen zum Kampf gegen das Heidentum ausgezogenen Mitbischöfen entgegentrat, wurde die Absurdität dieses Kreuzzuges offenkundig. Der Heerzug löste sich auf. Trotzdem darf die Bedeutung dieses militärischen Vorstoßes für die weitere politische und kirchliche Entwicklung nicht unterschätzt werden. Die pommersche, erst wenige Jahre zuvor selbständig gewordene Kirche wurde in den Bereich der sächsischen Kirche hineingezogen und mußte sich dem Einflußbereich des Magdeburger Erzbistums öffnen. In immer neuen Aufständen versuchten die Slawen, sich der Herrschaft Heinrichs des Löwen zu entziehen. Heinrich mußte die errungenen Erfolge in weiteren Kriegszügen, vor allem in den sechziger Jahren, wiederholen. Dadurch verschob sich die sächsische Slawenmark erheblich über das ursprüngliche obodritische Stammesgebiet hinaus nach Osten in das Gebiet des festländischen Rügens nördlich der Trebel. Auf diesen Kriegszügen wurde auch das Peenegebiet wiederholt heimgesucht.

Der Erfolg der Christianisierung war angesichts dieser rücksichtslosen Eroberungspolitik, die der Entwicklung einer slawischen Kirche keine Chance ließ, äußerst gering. Die bereits während des Wendenkreuzzuges erfolgten Massentaufen boten keine Grundlage für den Aufbau einer kirchlichen Organisation. Erst in der zweiten Hälfte des Jahrhunderts, als vereinzelt Deutsche ins Land kamen, wurde ein weiterer organisatorischer Ausbau der Kirche möglich.

Die bereits zur Zeit Kaiser Lothars unter den Obodritenfürsten Niklot und Pribislaw durch Vizellin begonnene Mission war immer wieder – auch nachdem Vizellin 1149 Bischof von Oldenburg geworden war – in den Kämpfen um die Herrschaft und Oberherrschaft der slawischen Gebiete steckengeblieben. Sie hat Zirzipanien nicht erreicht. Auch die Erneuerung des Bistums Mecklenburg blieb unwirksam, solange sich der Erzbischof von Bremen und sein Suffragan in Mecklenburg weigerten, die Ansprüche Heinrichs des Löwen auf bestimmende Mitwirkung beim Ausbau der Kirche in seinem Herrschaftsbereich anzuerkennen.

Erst unter dem vom Herzog zum Bischof von Mecklenburg ernannten Missionar Berno, dessen Einsetzung vom Erzbischof von Bremen anerkannt werden mußte, wurde eine Fortführung der bisher wenig erfolgreichen Mission möglich. Seine Einsetzung geschah in ausdrücklichem, Unterstützung zusicherndem Einverständnis nicht nur des Obodritenfürsten Pribislaw, sondern auch der pommerschen Fürsten Kasimir I. von Demmin und Bogislaw I. von Stettin. Unter Berno wurde der Bischofssitz von Mecklenburg, einer Burg südlich von Wismar, nach Schwerin verlegt. Bereits 1167 soll Bischof Berno eine Kirche in Tribsees geweiht haben. Entfalten konnte sich seine Mission jedoch erst, nachdem die Aufteilung der slawischen Gebiete mit der Eroberung Rügens ihren vorläufigen Abschluß erreicht hatte. Dabei sind die Missionserfolge in Zirzipanien offenbar gering. Er vermochte jedoch in Tribsees und dem festländischen Rügen Fuß zu fassen und diese Gebiete dauerhaft zu behaupten.

Der Aufstand der Obodriten zu Beginn der sechziger Jahre hatte mit dem Sieg Heinrichs des Löwen über Pribislaw und die auf dessen Seite kämpfenden Pommernfürsten 1164 in der Schlacht bei Verchen sein Ende gefunden. Pribislaw war nach Pommern geflohen. Nach seiner Unterwerfung unter Heinrich den Löwen und der Annahme des Christentums 1167 erhielt er sein Land als Lehen zurück. Er gründete das Kloster Doberan, dessen spätere Wirksamkeit weit nach Osten ausstrahlte, von dem aus auch die Neubesetzung Darguns geschah, dotierte das nach Schwerin verlegte mecklenburgische Bistum, begleitete 1172 Heinrich den Löwen nach Jerusalem und vermählte seinen Sohn mit einer Tochter Heinrichs. So begann sich der obodritische Teilstaat Mecklenburg unter der Führung eines slawischen Herrschergeschlechtes zu einem deutschen Territorialstaat zu entwickeln.

Auch die Pommernfürsten Kasimir I. und Bogislaw I. mußten die Lehnshoheit Heinrichs anerkennen. In jener Zeit nahmen sie den deutschen Herzogstitel an. Nach dem Sturz Heinrichs des Löwen erkannte 1181 Bogislaw I., der 1180 Alleinherrscher Pommerns geworden war, Kaiser Friedrich I. im Lager von Lübeck als Oberlehnsherrn an und wurde als Herzog des deutschen Reiches – wie sein obodritischer Nachbar – mit seinem Land belehnt.

EROBERUNG UND CHRISTIANISIERUNG RÜGENS

Das geographisch reich gegliederte rügische Gebiet mit seinen zahlreichen der großen Insel vorgelagerten kleinen Inseln, den tief einschneidenden, sowohl als Häfen wie auch als Schlupfwinkel vorzüglich geeigneten Buchten und seine flachen, bequem schiffbaren Boddengewässer, die den ebenfalls vielfältig gegliederten Küstenstreifen des festländischen Teils erschließen, begünstigten seine Bewohner bei der Verteidigung ihrer keineswegs unangefochtenen Selbständigkeit. Als die in den pommerschen und den obodritischen Herrschaftsbereich geratenen Stämme

das Christentum annehmen mußten, vermochten die Rügenslawen ihre politische Unabhängigkeit und ihre Religion noch für einige Zeit zu behaupten.

Aus den für Feinde recht unübersichtlichen, für sie selbst aber sicheren Buchten und Boddengewässern stießen sie die Flußläufe aufwärts weit ins Festlandinnere vor. Sie benutzten diese bequemen Wasserstraßen für rasche Überfälle und beherrschten auf diese Weise – obgleich sie immer wieder auch Niederlagen hinnehmen mußten – die südliche Ostsee. Sie zerstörten im Westen Alt-Lübeck und suchten im Osten die pommerschen Küsten heim. Daneben erschlossen sie sich die Vorteile recht ausgedehnter Handelsbeziehungen. Arabische Münzfunde auf der Insel belegen dies. Auch eine Reihe von Handelsniederlassungen an ihren Küsten werden in den Chroniken jener Zeit genannt.

Seefahrt, Handel und kriegerische Auseinandersetzungen waren der Rahmen, in dem sich der Einfluß und die Machtentfaltung der Rügenslawen vollzogen. Sie waren erwünschte Partner und gefürchtete Piraten, Bundesgenossen und Feinde, so wie es sich aus der Rivalität ihrer Nachbarn gerade ergab. Sie erklärten sich beispielsweise 1146 bereit, dem dänischen Bischof Absalom Flottenhilfe im Kampf gegen die Obodriten und Pommern zu leisten. Es spielte dabei keine Rolle, daß Pommern das Christentum bereits angenommen hatte, sie selbst aber als Heiden versprachen, einen Bischof zu unterstützen.

Schon lange vor ihrer Christianisierung waren die Rügenslawen auf Grund ihrer vielfältigen Beziehungen mit dem Christentum in Berührung gekommen. Manche werden in der Gefangenschaft getauft worden sein. Doch hinderte sie das natürlich nicht, sich nach ihrer Rückkehr wieder in die Religion und Sitte ihrer Väter einzufügen. Einzelne christliche Frömmigkeitsformen konnten sie auch zu Hause an den von ihnen Gefangengenommenen und in der Hoffnung auf ein Lösegeld Festgehaltenen beobachten. Ähnliches gilt für gelegentliche Gottesdienste sächsischer und dänischer Kaufleute, die die Märkte der Insel besuchten. Obgleich die slawische Priesterschaft dagegen energisch protestierte, hat man Auseinandersetzungen dabei zu vermeiden gesucht. Es scheint auch gesichert, daß Rügenfürsten 1163 – also noch vor der Christianisierung der Insel – an der Weihe des Lübecker Doms teilnahmen.

Die Kenntnisse, die die Rügenslawen von der Religion und den Gesellschaftsformen ihrer christlichen Nachbarn hatten, konnten nicht ohne Rückwirkungen auf den weiteren Feudalisierungsprozeß der Insel bleiben. Sie haben die gesellschaftliche und wirtschaftliche Entwicklung auf der Insel wesentlich beschleunigt. Dabei gelang es den Rügenslawen zunächst, ihre slawische Religion weiter zu entwickeln und die eigenen Vorstellungen in der Auseinandersetzung mit dem Christentum genauer auszuformen.

Das sich verstärkt auf den südlichen Ostseeküstenbereich ausweitende Interesse Dänemarks führte wiederholt zu dänischen Vorstößen auf die Insel. Bereits 1136 wurde die auf der Nordspitze der Insel gelegene Tempelburg Arkona von den Dänen erobert. Die Dänen errangen jedoch keinen durchgreifenden Erfolg. Erst unter Waldemar I. (1157–1182), als Dänemark zur Großmacht aufzusteigen begann, konnte auch Rügen erobert werden. In mehreren, zunächst gemeinsam mit Heinrich dem Löwen Anfang der sechziger Jahre unternommenen Feldzügen gegen die Obodriten und gegen die Pommern gelang es den Dänen, auch den Rügenslawen Niederlagen zu bereiten. Den lang erwarteten Erfolg brachte jedoch erst der großangelegte Feldzug 1168. Geistiger Führer und militärischer Berater dieses Unternehmens war Bischof Absalom von Roskilde. An die Eroberung Arkonas schloß sich diesmal eine rasche Übergabe von Garz und den anderen rügischen Burgen an.

An diesem Feldzug waren – mit eigenen, leicht durchschaubaren Absichten – auch der Obodritenfürst Pribislaw, von Heinrich dem Löwen kurz zuvor zum neuen Vasallen angenommen, der mecklenburgische Bischof Berno und die ebenfalls von Heinrich dem Löwen abhängig gewordenen Pommernfürsten Kasimir I. und Bogislaw I. beteiligt. Sie gingen jedoch leer aus. Die Pommernfürsten, die sich Hoffnung auf die Belehnung mit Rügen gemacht hatten, verließen unwillig den Heerzug. Waldemar nahm die sich unterwerfenden Rügenfürsten Tezlaw und Jaromar zu Vasallen an und belehnte sie mit ihrem Fürstentum. In dem sogenannten «Swantevit-Stein» in Altenkirchen und dem «steinernen Mönch» in Bergen sind uns wahrscheinlich die Grabsteine dieser beiden ersten christlichen Fürsten von Rügen erhalten geblieben.

Die mit der Eroberung der Insel verbundene Christianisierung durch Bischof Absalom zeigt – im Gegensatz zur Mission des Bamberger Bischofs Otto, vierzig Jahre zuvor – kein besonderes Bemühen, auf die Situation der Unterworfenen einzugehen. Überdies scheint eine gewisse Hast das Vorgehen Absaloms bestimmt zu haben. Es galt Tatsachen zu schaffen, um eine mögliche Einflußnahme des mecklenburgischen Bischofs Berno auf die kirchliche Entwicklung der Insel zu verhindern. Die Chroniken aus jener Zeit berichten von Massentaufen. In rascher Folge, noch während des Feldzuges, der sich nach der Eroberung Arkonas mehr als eine Inbesitznahme und weniger als ein Kriegszug darstellte, weihte Bischof Absalom mehrere Kirchen und Begräbnisplätze.

Die raschen Erfolge der dänischen Eroberer ergaben sich aus der Tatsache, daß der Prozeß der Eingliederung der Rügenslawen in den Bereich der sie umgebenden christlichen Staaten längst vor ihrer Christianisierung begonnen hatte und bereits so weit vorangetrieben war, daß die slawischen Fürsten auf der Insel kein besonderes Interesse mehr an der Erhaltung der slawischen Religion hatten. Mit der Annahme des Christentums konnten sie sich wichtiger Mitspracherechte der slawischen Priesterschaft, die sie bisher beim weiteren Ausbau der Feudalgewalt behindert hatten, entledigen. Der auf diese Weise gewonnene Machtzuwachs wog die Anerkennung der dänischen Lehnshoheit bei weitem auf.

Der von Absalom getaufte, seit 1170 allein regierende Rügenfürst Jaromar wurde nun zum eigentlichen Missionar der Insel. Durch Predigt und Drohung – so wird es in den Chroniken jener Zeit umschrieben – verschaffte er dem Christentum in seinem Lande Geltung. Man hat ihn später als den «Apostel Rügens» bezeichnet.

Der relativ ungebrochene Übergang eines bereits weithin feudalistisch gegliederten Herrschaftsbereichs zum Christentum erklärt auch das lange Fortbestehen slawischer Rechtsvorstellungen. Die Tatsache, daß die Pastorate auf Rügen bis ins 19. Jh. hinein Eigentum des jeweiligen Pfarrers waren und von ihm erhalten werden mußten, veranschaulicht die Sonderstellung. Auch erstaunt der umfangreiche Grundbesitz, mit dem die Kirchen und Pfarren auf Rügen ausgestattet waren. Bis ins 19. Jh. hinein waren daher die rügischen Pfarrstellen die einträglichsten und begehrtesten in ganz Pommern.

Hinzu kommt, daß es auf Grund der dichten Besiedlung der Insel – im Unterschied zum rügischen Festland – zu keiner größeren deutschen Siedlungstätigkeit gekommen ist. Dänische Siedlungen sind überhaupt nicht nachweisbar. Statt dessen hat mit dem Anwachsen der Bevölkerung in bescheidenem Umfang eine slawische Siedlungtätigkeit eingesetzt. Dies ist der Grund dafür, daß sich die slawische Bevölkerung und mit ihr die slawische Sprache auf der Insel lange behauptet hat. Nach alten Chroniken starb die letzte wendisch sprechende Frau auf der Insel im Jahre 1404.

Solche Beobachtungen dürfen jedoch nicht darüber hinwegtäuschen, daß mit der Christianisierung auch auf Rügen deutsche Sprache, Kultur und Lebensweise Eingang fanden. Mit Nachdruck förderte das rügische Fürstenhaus, das Anschluß an die deutschen Höfe suchte, diese Entwicklung. Die Beziehungen zu dem immer stärker durch die massive deutsche Einwanderung geprägten Festland taten ein übriges. Dänische Einflüsse ergaben sich nur anfangs und hinterließen kaum Spuren. Der Minnesänger Witzlaw III. vermittelt uns das Bild eines höfischen Lebens, das sich kaum von dem an den deutschen Höfen unterschied. Rügen war bereits im 14. Jh. zu einem deutschen Fürstentum geworden, mochten die slawischen Elemente auch noch nicht überall eingeschmolzen worden sein.

DIE CHRISTIANISIERUNG DER UCKERMARK

Die ersten Berührungen der Ukranen – einem beiderseits der Ucker, im Randow- und Welsebruch wohnenden Stamm – mit der deutschen Herrschaft und damit zwangsläufig zugleich mit dem Christentum haben sich aus dem Vorstoß Heinrichs I. 934 ergeben. Durch das Gebiet der Ukranen lief nun ein immer mehr an Bedeutung gewinnender Handel über Magdeburg in das Odermündungsgebiet und in das seit 966 als christlicher Staat geltende Polen. Der Slawenaufstand 983 beendete für anderthalb Jahrhunderte die deutsche Herrschaft in diesem Gebiet und löschte damit auch die ersten Ansatzpunkte für eine Christianisierung des Landes aus. Die sich im 11. Jh. herausbildende Abhängigkeit vom Obodritenreich scheint keine neue Berührung mit dem Christentum gebracht zu haben. Zur Zeit der zweiten Missionsreise des Bischofs Otto von Bamberg galten sie als völlig heidnisch. Die Pläne des Bischofs, auch unter den Ukranen zu missionieren, zerschlugen sich. Sie zeigen jedoch, daß der Pommernfürst Wartislaw bereits damals ein Vordringen in dieses Gebiet erwog.

In den polnischen Thronfolgewirren, die nach dem Tode Boleslaws III. 1138 einsetzten, gelang es den Pommernfürsten, sich der polnischen Lehnsabhängigkeit zu entziehen. Sie nutzten ihre zeitweilige Selbständigkeit und stießen seit der Mitte des 12. Jh. in die Gebiete der Tollenser, Redarier und Ukranen, ja vielleicht sogar noch weiter bis in das «Barnim» genannte Gebiet vor. Es gelang ihnen, die dort wohnenden Stämme ihrem Machtbereich anzugliedern.

Der Wendenkreuzzug 1147 hatte den Pommernfürsten deutlich gezeigt, daß sie ihre Stellung nur behaupten und ausbauen konnten, wenn sie selber gezielter als bisher sich um die Christianisierung ihres Landes kümmerten. Sie konnten sich hierbei auf die nachdrückliche Unterstützung durch das seit 1140 selbständig gewordene pommersche Bistum verlassen. Während die Pommernherzöge im Peenegebiet nach der Schlacht bei Verchen 1164 in die Abhängigkeit Heinrichs des Löwen gerieten, waren sie im Gebiet der Ukranen in Konkurrenz mit den Askaniern zunächst erfolgreich. Hier herrschte inzwischen Albrecht der Bär (1100–1170), der bereits unter Kaiser Lothar Teile der alten Ostmark als Reichslehen erhalten hatte. Nachdem sich später die keineswegs unberechtigten Hoffnungen Albrechts auf das Herzogtum Sachsen zerschlagen hatten, gewann er durch seine wiederholten Kriegszüge gegen die Wenden 1150/57 die Mark Brandenburg und wurde der südliche Nachbar der pommerschen Fürsten.

Ein wichtiger Ansatzpunkt für die Christianisierung im Gebiet der späteren Uckermark war das in der Mitte des 12. Jh. gegründete Kloster Grobe bei Usedom. Es war in den sechziger Jahren dieses Jahrhunderts zum religiösen und offenbar organisatorischen Mittelpunkt des pommerschen Bistums geworden. Die Kirchengründungen in jener Zeit in Prenzlau und vielleicht auch in Pasewalk gehen auf den missionarischen Einsatz des pommerschen Bischofs, der sich dabei der Unterstützung des Grober Konvents bediente, zurück. Das 1180 im Anschluß an eine bereits bestehende Kirche gegründete Kloster in Gramzow hat dann Grobe in seinem Einfluß auf die kirchliche Entwicklung der Uckermark abgelöst. Der eigentliche Ausbau der kirchlichen Organisation erfolgte dann – ähnlich wie in den übrigen westpommerschen und mecklenburgischen Gebieten – durch den breit einsetzenden, von den slawischen Fürsten mit Nachdruck geförderten Siedlerzustrom aus dem Westen.

Die weitere politische Auseinandersetzung um die Uckermark verlief zuungunsten Pommerns. Spätestens seit der Errichtung der Feste Oderberg (1214) stießen die Askanier in das Gebiet nördlich der Finow vor und gewannen bis 1230 das Land bis zur Welse. Ein Jahr später erlangten sie sogar die Lehnsherrschaft über Pommern und stießen weiter ins Land vor. Der pommersche Herzog Barnim I. mußte 1250 im Vertrag von Landin im Austausch gegen den Verlust von Burg und Land Wolgast die Uckermark, einschließlich Pasewalks, an die Mark abtreten. Wäre der Verlust von Wolgast nicht rückgängig gemacht worden, so wären auch die anderen, dann vom übrigen Pommern getrennten westpommerschen Gebiete verlorengegangen.

Die kirchliche Situation hatte sich jedoch in jener Zeit bereits soweit gefestigt, daß es den pommerschen Bischöfen gelang, trotz des Wechsels der politischen Herrschaft in der Uckermark, den nördlichen Teil bis zur Welse als Teil ihres Bistumsgebietes zu behaupten. Der umfangreiche, zum großen Teil sicherlich schon alte, bischöfliche Besitz war dabei besonders wichtig. Im Jahre 1250 kam es zu einer neuen, gültig gebliebenen Grenzbeschreibung zwischen den Diözesen Kammin und Brandenburg.

Um den politischen Besitz der Uckermark ist dagegen auch in den folgenden Jahrhunderten fortwährend gestritten worden. Im 14. Jh. gelang es Pommern, größere Gebiete der Uckermark zurückzugewinnen. Pommern verlor sie aber im 15. Jh. stückweise wieder an die Mark Brandenburg. Erst im letzten Viertel des 15. Jh. stabilisierte sich die Grenze zwischen Brandenburg und Pommern.

Ausbau und Entwicklung der mittelalterlichen Kirche und Frömmigkeit

DAS POMMERSCHE BISTUM KAMMIN

Bischof Otto von Bamberg hatte mit seiner erfolgreichen Mission die Grundlage für die Errichtung einer pommerschen Kirche geschaffen. Für ihre Ausstattung waren ihm Einkünfte, vor allem aus dem Peenegebiet, zugewiesen worden. Als erster Bischof von Pommern wurde Adalbert, der Otto auf seiner zweiten Missionsreise begleitet hatte, vorgesehen. Die Errichtung des pommerschen Bistums verzögerte sich jedoch. Das neue Kirchenwesen blieb vorerst Bamberg unterstellt.

In alten, noch in die Zeit der ottonischen Kaiser zurückgehenden Diözesaneinteilungen hatte die Peene als Grenze zwischen den Erzbistümern Hamburg/Bremen einerseits und dem Erzbistum Magdeburg mit seinen Suffraganen Havelberg und Brandenburg andererseits bei der Absteckung der Missionsgebiete eine Rolle gespielt. Vor allem Magdeburg erhob deshalb Ansprüche auf die westpommerschen Gebiete. Da Polen jedoch die Lehnshoheit auch über Westpommern erreicht hatte, gab es polnischerseits Bestrebungen, das neue pommersche Kirchenwesen dem Erzbistum Gnesen einzugliedern, zumal das gut ein Jahrhundert zuvor errichtete, allerdings rasch wieder erloschene Bistum Kolberg Gnesen unterstellt gewesen war. Erst 1140, als sich Pommern von Polen lösen konnte, erfolgte die Errichtung eines von Gnesen unabhängigen pommerschen Bistums, das auf Grund der damaligen politischen Machtverhältnisse keinem der benachbarten Erzbistümer eingegliedert wurde. Da das pommersche Bistum als Landesbistum errichtet wurde, konnte man vorerst auch auf eine Grenzbeschreibung verzichten.

Für die sich herausbildende Selbständigkeit der pommerschen Kirche boten die bewußt gepflegten Verbindungen nach Bamberg einen wirksamen Hintergrund. Durch den Wendenkreuzzug 1147 und die weiteren wiederholten Vorstöße Heinrichs des Löwen mußte sich die pommersche Kirche jedoch im Rahmen der sich verschiebenden politischen Abhängigkeit des Landes immer stärker der durch Heinrich geprägten sächsischen Kirche öffnen. Der kultisch-liturgische Einfluß Magdeburgs wurde nun verstärkt wirksam. Pommern begann sich deshalb bereits in der zweiten Hälfte des 12. Jh., noch vor der massiven deutschen Einwanderung, zu einer deutschen Kirchenprovinz zu entwickeln. Zu der von Magdeburg angestrebten Unterstellung des pommerschen Bistums ist es jedoch nicht gekommen.

Als Bischofssitz war zunächst Wollin (Wolin) vorgesehen. Der Bischof scheint jedoch in den sechziger und Anfang der siebziger Jahre in dem wohl bald nach 1150 gegründeten Kloster Grobe, unmittelbar bei Usedom, residiert zu haben. Der aus Magdeburg ins Land gerufene Konvent bot dem Bischof, der noch nicht über sein eigenes Stift verfügte, den notwendigen Rückhalt für seine Wirksamkeit, zog ihn aber zugleich weiter in den Magdeburger Einflußbereich hinein.

Spätestens 1175 erfolgte die Verlegung des Bischofssitzes nach Kammin (Kamień Pom.). Auf diese Weise gelang es dem pommerschen Bischof, sich dem weiteren Ausbau der Magdeburger Ansprüche zu entziehen. Die pommerschen Herzöge, die naturgemäß an der Erhaltung einer selbständigen Kirche in ihrem Lande interessiert waren, statteten den neuen Bischofssitz mit den erforderlichen Einkünften und Privilegien aus. Sie errichteten ein Domkapitel, so daß eine selbständige Wahl der pommerschen Bischöfe möglich wurde. Mit besonderem Nachdruck hatte Herzog Kasimir I. von Demmin dieses Ziel verfolgt. Er wurde damit zum eigentlichen Begründer einer selbständigen pommerschen Kirche.

Rasch vermochten nun die Bischöfe ihre Stellung auch gegenüber ihren Landesfürsten auszubauen und gewannen als deren wichtigste Partner beträchtlichen Anteil an der weiteren Entwicklung Pommerns. Da es sich um dasselbe Gebiet handelte, in dem sich das Landesbistum und das Fürstentum zu behaupten hatten, blieben Bischöfe und Fürsten durch gemeinsame Interessen fest miteinander verbunden. Die päpstliche Bestätigung der Verlegung des Bischofssitzes nach Kammin 1188 brachte zudem eine ausdrückliche Bestätigung der exemten Stellung des Bistums, die sich inzwischen herausgebildet hatte. Danach war Pommern keinem Erzbistum zugeordnet, sondern unterstand unmittelbar dem päpstlichen Stuhl. Diese in jener Zeit durchaus ungewöhnliche Eximierung vermochten die pommerschen Bischöfe – wenn auch zeitweilig unter großen Schwierigkeiten – zu behaupten. Sie gewannen weiter an Einfluß. Hatten sie sich bisher als Bischöfe von Pommern bezeichnet, unterstrichen sie nun ihre Selbständigkeit, indem sie sich «Bischof von Kammin» nannten.

Anfang des 13. Jh. konnten die pommerschen Bischöfe, von Herzog Kasimir II. von Demmin begünstigt, ihren Sprengel nach Westen ausweiten und das bisher vom Bistum Schwerin beanspruchte Gebiet zwischen Demmin und Güstrow kirchlich erschließen und behaupten. Dieses Gebiet blieb – genauso wie der nördliche Teil der Uckermark – unabhängig von seiner späteren politischen Zugehörigkeit ein fester Bestandteil des pommerschen Bistums.

Die Kamminer Bischöfe verstanden es auch, sich bei ihrem Einsatz für Pommern die pommerschen Fürsten immer wieder zu verpflichten. Das gilt besonders für die im zweiten Viertel des 13. Jh. notwendig gewordene Hinwendung Pommerns zur Mark Brandenburg. In einem im Kloster Stolpe an der Peene 1240 geschlossenen Vertrag konnte Bischof Konrad III. von Kammin den bisher erworbenen Besitz, auf dem die Bischöfe Rechte wahrnahmen, die denen eines Landesherrn nahekamen, gegen ein großes zusammenhängendes Stiftsgebiet im Bereich von Kolberg (Kołobrzeg) eintauschen. Die Bischöfe wurden damit zu eigenen, dem Herzogtum allerdings zugeordneten, sonst aber völlig unabhängigen Territorialherren. Kolberg, das wahrscheinlich schon am Ende des 12. Jh. ein eigenes Stift, das wichtigste nach Kammin, erhalten hatte, wurde nun zur eigentlichen Hauptstadt der Kamminer Stiftslande. Damit hatte sich das religiöse Zentrum Pommerns vom Peeneraum und Odergebiet wieder nach Osten verlagert, dem Ort des ersten, damals von Polen aus gegründeten pommerschen Bistums.

Die territoriale Ausdehnung der Stiftslande sowie die selbständige Stellung, die die pommerschen Bischöfe in der Mitte des 13. Jh. erlangt hatten, fordern zu Vergleichen mit den Erzbistümern jener Zeit heraus. Es verwundert nicht, daß 1247 von Papst Innozenz IV. eine Prüfung angeordnet wurde, ob es günstiger sei, Lübeck oder Kammin in den erzbischöflichen Rang zu erheben. Ein Jahrhundert später wurde erneut mit dem Gedanken gespielt, das pommersche Bistum in ein Erzbistum umzuwandeln. Herzog Barnim III. (1320–1368) dachte dabei an Stettin (Szczecin) als Sitz eines pommerschen Erzbischofs. Dieser Gedanke muß mit dem weiteren Ausbau Stettins zur Landeshauptstadt in Verbindung gebracht werden. Allmählich hatte sich die wachsende Selbständigkeit der pommerschen Bischöfe zu einer Gefahr für den Bestand eines zusammenhängenden Herzogtums entwickelt. Die von den Askaniern erworbene Lehnshoheit über Pommern bezog sich nicht mehr auf die Stiftslande. Die Kamminer Bischöfe waren auf dem Wege, selbständige Reichsfürsten zu werden. Es gelang jedoch den Herzögen, diese Gefahr in einem 1356 geschlossenen Vertrag abzuwenden. Die Kamminer Bischöfe mußten die Schirmvogtei der pommerschen Herzöge anerkennen und damit den Herzögen eine Zustimmung bei der Bischofswahl und bei der Ernennung der Kamminer Kanoniker zugestehen. Auch spätere Bemühungen um die Reichsunmittelbarkeit des Stifts konnten abgewehrt werden.

Diese herzogliche Schirmvogtei ermöglichte es später den Herzögen, die Reformation auch im Stiftsgebiet durchzusetzen und eine einheitliche Landeskirche innerhalb ihres Herzogtums aufzubauen. Anfangs wurde sogar daran gedacht, dem katholischen Bischof von Kammin, Erasmus von Manteuffel, die Leitung der neuen evangelischen Kirche zu übertragen. Dieser Plan scheiterte jedoch, da Manteuffel seine landesherrlichen Rechte im Stiftsgebiet nicht aufgeben wollte. Erst nach seinem Tode 1544 kam es unter seinen Nachfolgern dazu, daß die Reformation auch im Stiftsgebiet durchgesetzt wurde. Die Herzöge konnten nun auch in diesem Bereich des Herzogtums ihre Landeshoheit unmittelbar zur Geltung bringen. Im Jahre 1556 ging dann das Bischofsamt auf Angehörige des Herzogshauses über. Bis zum Aussterben der pommerschen Herzöge hat es daher evangelische Bischöfe in Pommern als Herren des Stiftsgebietes gegeben.

Nach dem Dreißigjährigen Krieg wurden die Stiftslande dem an Brandenburg gefallenen Teil Pommerns eingegliedert. Der brandenburgische Kurfürst erreichte nun sehr rasch, was die Kamminer Bischöfe vor der Reformation vergeblich angestrebt hatten. Die inkorporierten Stiftslande wurden als ein dem brandenburgischen Kurfürsten zugefallenes eigenständiges Fürstentum betrachtet. Der Kurfürst gewann auf diese Weise als Fürst von Kammin eine zusätzliche Stimme auf den Reichstagen. Das Domkapitel wurde erst 1811 aufgelöst.

DAS SLAWISCHE LAND AUF DEM WEG ZUR DEUTSCHEN KIRCHENPROVINZ

Obgleich das spätere vorpommersche Gebiet in der zweiten Hälfte des 12. Jh. nach der Eroberung Rügens als christianisiert galt, obgleich sich die slawischen Fürsten und ihre Vasallen seitdem bewußt in den weiteren Feudalisierungsprozeß eingliederten und sich dabei für den weiteren Aufbau der Kirche in ihrem Lande nachdrücklich einsetzten, war die Masse der slawischen Bevölkerung noch keineswegs für den neuen Glauben gewonnen. Sie begegnete dem Christentum, das mit den neuen Glaubensvorstellungen ein voll ausgebildetes Zehnten- und Abgabensystem brachte, weiterhin mit Ablehnung. Ein Beharren bei den heidnischen Sitten der Väter erschien als die letzte Möglichkeit, etwas von der früheren, vermeintlichen Selbständigkeit festzuhalten. Noch Ende des 12. Jh. klagten sowohl die pommerschen wie die mecklenburgischen Bischöfe über den Götzendienst im Lande. Sie vertraten die damals allgemeine Auffassung, daß das «rohe Volk» nur durch den Zuzug von Christen zum Glauben gebracht werden könne. Auch die pommerschen Herzöge stellten mit Unzufriedenheit fest, daß ein großer Teil des Volkes nur wenig oder auch gar nicht in der christlichen Lehre unterwiesen sei.

Dabei ist zu berücksichtigen, daß das Land durch die ständigen Kriegszüge verwüstet war. Weite Landstriche – vor allem im festländischen Rügen – waren nahezu entvölkert. Auch die frühstädtischen Zentren des Peenegebietes: Demmin, Gützkow, Wolgast und Usedom waren wiederholt zerstört worden. Von daher wird es verständlich, daß die kirchliche Erschließung des Landes nur sehr schleppend vorankam. Sie wurde weniger durch eine Mission der Slawen als vielmehr durch den langsam einsetzenden Zuzug deutscher Einwanderer vorangetrieben.

Zunächst boten die Fürstenburgen und die zumeist in ihrer Nähe gelegenen, frühstädtischen Siedlungszentren die notwendigen Voraussetzungen, Kirchen zu errichten. Hier sind außer den bereits von Bischof Otto von Bamberg geweihten Kirchen in Usedom, Wolgast und Gützkow vor allem die Kirchen in Demmin, der damaligen Residenz für den westpommerschen Teil des Herzogtums, ferner die Kirche in Altentreptow (1175) und das in unmittelbarer Nähe noch im 12. Jh. gestiftete, kurze Zeit später nach Klatzow verlegte Nonnenkloster sowie die an der westlichen Küste des Oderhaffs gelegenen Kirchen von Altwarp (1195) und sicher auch von Ueckermünde zu nennen. Auch für Pasewalk, günstig am Schnittpunkt wichtiger Verkehrswege gelegen, wird 1177 eine Kirche bezeugt. Noch ins 12. Jh. gehören wahrscheinlich auch die Kirchen der wichtigen Handelsplätze und Landschaftsmittelpunkte in Ziethen und Lassan. Nennenswerte Baureste dieser frühen Kirchen sind nicht nachweisbar.

Schon bei diesen, noch ins 12. Jh. gehörenden Kirchengründungen kann davon ausgegangen werden, daß durch die hier eingesetzten deutschen Priester weitere Verbindungen, vor allem in den Magdeburger Raum, erschlossen wurden. Das führte dazu, daß bereits vor der nachdrücklich geförderten deutschen Einwanderung Deutsche ins Land gezogen wurden. Sie bildeten neben dem zu den Fürstenhöfen gehörenden slawischen Adel den Kern dieser frühen Gemeinden.

Auch die bald nach 1150 von den slawischen Fürsten im Zusammenwirken mit dem pommerschen Bischof gestifteten Klöster in Stolpe an der Peene und in Grobe bei Usedom stellten wichtige Ausgangspunkte für die kirchliche Erschließung des Landes dar. Das Kloster Stolpe wurde an einem damals offenbar wichtigen Ort angelegt. Hier war bereits eine Memorialkirche für Wartislaw, den ersten christlichen Pommernfürsten, der Otto von Bamberg zur Christianisierung Westpommerns erneut ins Land gerufen hatte, gestiftet worden. Das Untergeschoß des breit gelagerten Westturms der Klosterkirche ist erhalten geblieben. Es handelt sich hierbei um das älteste Zeugnis eines Steinbaues in Westpommern. Eine besondere Bedeutung erlangte Grobe als zeitweilige Residenz des pommerschen Bischofs.

Anfangs versuchte die slawische Führungsschicht, sich bei den Kirchengründungen aktiv einzuschalten. Kirchenpatronate erbrachten Einfluß und Einnahmen. Der slawische Adel wurde jedoch sehr bald durch die Herzöge, die Bischöfe und später durch die ins Land gezogenen deutschen Ritter zur Seite gedrängt. Bereits im zweiten Viertel des 13. Jh. überwogen die deutschen Ritter im Gefolge des Herzogs. Der slawische Adel wanderte nach Osten ab oder ging in der deutschen Bevölkerung auf.

Ende des 12. und in der ersten Hälfte des 13. Jh. tauchen vereinzelt slawische Priesternamen auf. Auf Grund der massiv einsetzenden deutschen Einwanderung konnte sich jedoch ein einheimischer, slawischer Nationalklerus nicht entwickeln.

Die slawische Bevölkerung und die immer stärker ins Land strömenden Deutschen lebten anfangs, oft in parallelen Siedlungen, eng nebeneinander. Die slawischen Dörfer wurden jedoch durch die neu angelegten Siedlungen in ihrer Entwicklung bereits in der zweiten Hälfte des 13. Jh. überholt. Die vielfach begegnenden Kennzeichnungen nebeneinanderliegender Dörfer gleichen Namens durch die Hinzufügung der Adjektive «Klein» und «Groß», wie zum Beispiel bei Klein und Groß Kiesow, sind ein Niederschlag dieser Entwicklung. Dabei war das mit «Groß» bezeichnete Dorf in der Regel die deutsche Siedlung, in der auch die Kirche stand. Gelegentlich wurde die Kirche selbst zum Namen prägenden Unterscheidungsmerkmal, wie bei den nebeneinanderliegenden Dörfern Kirch und Wendisch Baggendorf. Ein ähnlicher Prozeß vollzog sich bei der Entstehung der deutschen Städte. Auch hier ging die slawische Bevölkerung in den Vorstädten bald in der übrigen Bevölkerung auf. Dieser Assimilierungsprozeß war in Westpommern bereits in der ersten Hälfte des 14. Jh. im wesentlichen abgeschlossen.

Dabei darf jedoch nicht übersehen werden, daß sich die deutsche Ansiedlung – trotz vieler Übernahmen aus dem deutschen Rechtsbereich – weithin im Rahmen des slawischen Rechts vollzog. Das führte dazu, daß Pommern bis zur Mitte des 14. Jh. eine in manchen Teilen eigenständige Rechts- und Verfassungsgeschichte hatte. Sie ging von einer Grundherrschaft aus, an der alte Hoheitsrechte hafteten. Der Landesherr konnte hieraus Eigentumsrechte an den Kirchen ableiten. Das ist bei den Zuweisungen der umfangreichen Ländereien an die Klöster und Kirchen und den sich später gelegentlich überschneidenden Zehntenforderungen und Ablösungen zu berücksichtigen. Auch bei der Säkularisierung des Kirchengutes in der Reformationszeit kamen diese Ansprüche erneut ins Spiel.

GLIEDERUNG DES LANDES IN KIRCHSPIELE

Die Kirchengründungen des 13. Jh. und die in diesem Zusammenhang erfolgten Aufgliederungen der slawischen Gebiete in Kirchspiele sind das Ergebnis einer von den Fürsten, den Bischöfen und Klöstern bewußt geförderten und planmäßig gelenkten Siedlungstätigkeit. Der erforderliche Acker mußte allerdings erst durch Rodung des dichten, oft auch sumpfigen Waldes

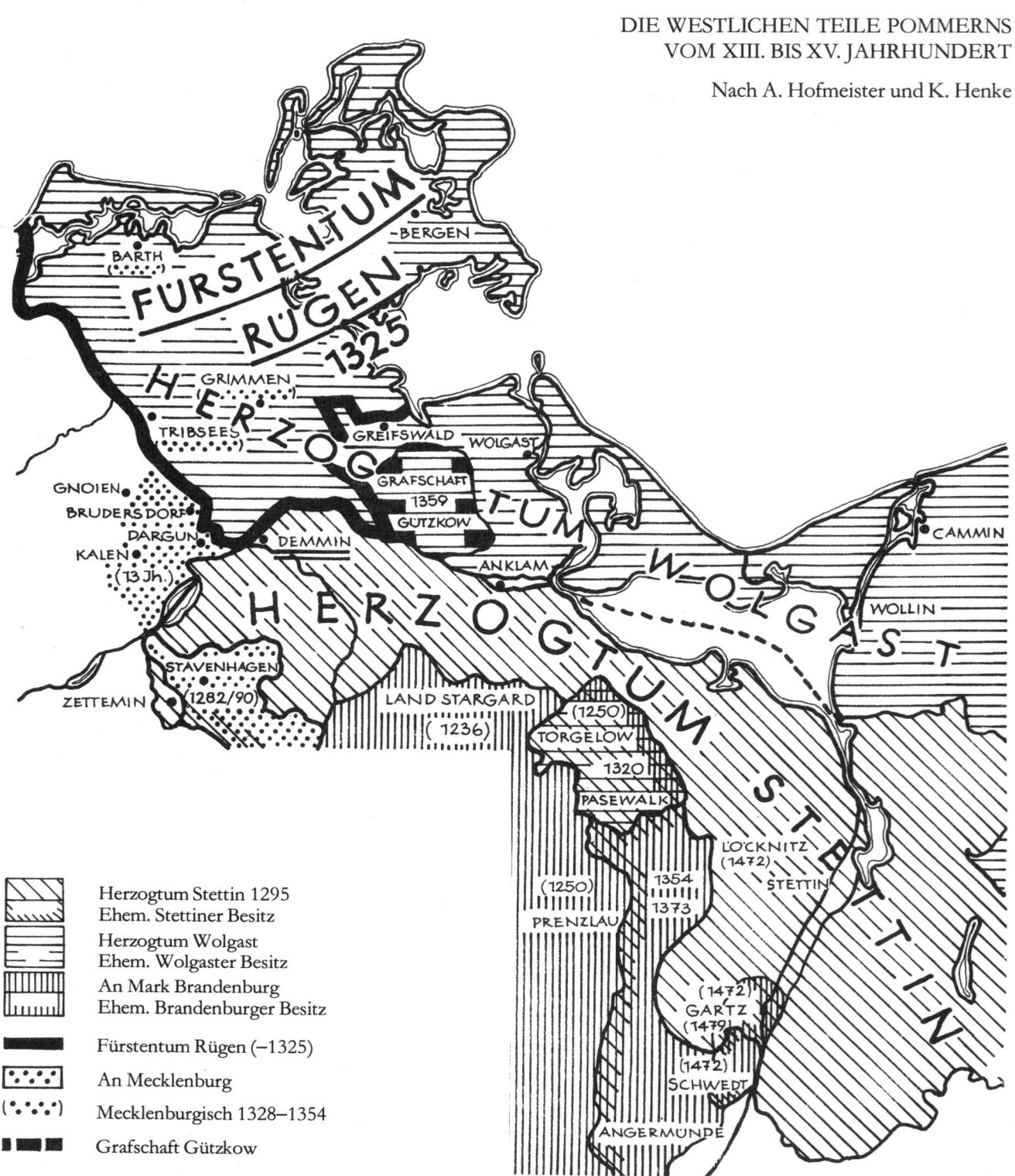

Herzogtum Stettin 1295
Ehem. Stettiner Besitz

Herzogtum Wolgast
Ehem. Wolgaster Besitz

An Mark Brandenburg
Ehem. Brandenburger Besitz

Fürstentum Rügen (−1325)

An Mecklenburg

Mecklenburgisch 1328–1354

Grafschaft Gützkow

gewonnen werden. Dabei galt es, die gegebenen Verkehrsmöglichkeiten zu berücksichtigen. Alte Verkehrswege wurden durch die neu angelegten Dörfer gesichert und ausgebaut. Gleichzeitig wurden neue Verkehrswege erschlossen.

Der bisher vereinzelte Zuzug Deutscher schwoll Anfang des 13. Jh. zu einem breiten Siedlerstrom an, der das vorpommersche Gebiet in den zwanziger und dreißiger Jahren erreichte. Hierbei sind zwei verschiedene Siedlerzüge zu unterscheiden. Die im Norden,

den breiten Küstenstreifen entlang ins Land strömenden Einwanderer kamen vor allem aus Niedersachsen und Holstein, vereinzelt auch aus dem Gebiet des Niederrheins. Sie stießen in der Uckermark auf einen Einwandererstrom, der aus der Mark Brandenburg kam und westlich der Oder nach Norden strebte. Neben den niedersächsischen Bauern kamen mit diesem Zug vor allem Einwanderer aus Flandern und Brabant. Beide Siedlerströme begegneten sich an der Linie Landgraben/Zarnow. Sprachliche Unterschiede im Niederdeutschen und einige bauliche Besonderheiten an den Kirchen lassen noch heute die unterschiedlichen Herkunftsgebiete erkennen.

Um 1280 kam der mit der Einwanderung eng verbundene Prozeß der Kirchengründungen und Kirchspielgliederung in Westpommern – ähnlich wie auch im rügischen Gebiet – im wesentlichen zum Abschluß. Nur im Anklamer Gebiet scheint er sich noch zwei Jahrzehnte länger hingezogen zu haben. Vereinzelte Kirchengründungen im 14. Jh. schlossen dann nur noch die Lücken, die bei der Aufsiedlung des Landes geblieben waren.

Der weitere kirchliche Ausbau im 14. und 15. Jh. erfolgte durch die Errichtung von Filialkirchen und Kapellen.

Da die Kirchengründungen durch die jeweilige Grundherrschaft veranlaßt wurden, hat sich das Laienpatronat in Pommern besonders deutlich ausgeprägt. Aber auch die Klöster gewannen als Grundherren die Patronatsrechte an den Kirchen in ihrem Gebiet. Ähnliches gilt für die Patronatsrechte, die Mutterkirchen an ihren Filialkirchen besaßen.

Im Folgenden sei eine knappe, sich zwangsläufig auf Beispiele beschränkende Aufzählung von Kirchengründungen in Westpommern gegeben.

Für die kirchliche Erschließung des Gebietes zwischen Peene und Tollense wurde die herzogliche Residenz Demmin bestimmend. Noch in die erste Hälfte des 13. Jh. gehören hier die Kirchengründungen in Utzedel, Kartlow, Hohenmocker, Gültz, Wolkow und Wildberg. In dieser Zeit wurde auch das Nonnenkloster von Klatzow bei Altentreptow nach Verchen am Kummerower See verlegt. Noch im 13. Jh. wurde von diesem Kloster aus die Kirche in Schönfeld gegründet. Auch die Kirchengründungen in den Landschaftsmittelpunkten Wotenick und Loitz, das im 13. Jh. von der rügischen Herrschaft in die der Herzöge von Demmin überging, sowie die Kirchen in Rakow, Görmin, Jarmen und Sophienhof gehören noch in dieses Jahrhundert.

Die kirchliche Erschließung im Gebiet nördlich der Peene ging von Gützkow, dem in der Nähe der Peene gelegenen politischen Mittelpunkt der späteren Grafschaft, aus. Bereits Anfang des 13. Jh. werden die Kirchen in Dersekow und Ranzin, Burgorte von Vasallen der Gützkower Herrschaft, gegründet worden sein. Die weitere Erschließung mit den Kirchen in Behrenhoff, Groß Kiesow und Hanshagen erfolgte dann in einer gewissen Konkurrenz zum Kloster Eldena, das von den Rügenfürsten im Niederungsgebiet des Rycks angelegt worden war.

Ähnliche Anstöße zu Kirchengründungen werden von dem Burgort Wolgast, der später zur Residenz der westlichen Teilherrschaft in Pommern aufstieg, ausgegangen sein. Hier sind für das 13. Jh. die Kirchen-

gründungen in Neu Boltenhagen, Katzow, Zarnekow, Hohendorf und Wehrland zu nennen.

Viele Kirchengründungen im Anklamer Bereich scheinen erst in die Zeit um 1300 oder bald danach zu gehören. Noch im 13. Jh. wurden die Kirchen in Wusseken und Neuenkirchen gegründet. Auch die Kirchengründungen von Krien und Liepen gehören sicher noch in dieses Jahrhundert.

Die kirchliche Erschließung der Insel Usedom wurde durch das 1307 nach Pudagla verlegte Kloster Grobe bei Usedom vorangetrieben. Für die erste Hälfte des 13. Jh. sind hier bereits Kirchen im Land Bukow und auf dem Gnitz bezeugt. Ins 13. Jh. gehören ferner die Kirchengründungen in Liepe, Stolpe, Benz, Zirchow und Garz. Für den Nordteil der Insel gewann das 1302 für eine Tochter des Pommernherzogs Bogislaw IV. gegründete Nonnenkloster in Krummin einige Bedeutung.

Das siedlungsarme, landwirtschaftlich wenig ertragreiche Gebiet von Ueckermünde blieb – abgesehen von den bereits genannten frühen Kirchengründungen an der Haffküste – kirchlich ungegliedert. Einen in den Einzelheiten allerdings nicht genau beschreibbaren Einfluß auf die kirchliche Entwicklung in diesem Gebiet wird das 1260 unmittelbar bei Ueckermünde gegründete, mehrfach verlegte Augustiner-Chorherrenstift, das sich später in Jasenitz (Jasienica) nördlich von Pölitz (Szczecin-Police) festsetzte, ausgeübt haben.

Das Gebiet des Randowbruchs, westlich der unteren Oder, verdankt seine dichte kirchliche Erschließung dem Einfluß Stettins, der hier besonders seit der Mitte des 13. Jh. wirksam wurde. Bis auf wenige Ausnahmen erfolgten die Kirchengründungen hier noch im 13. Jh. Als Beispiele seien genannt: Rosow, Tantow, Mescherin, Gartz, Blumberg, Hohenselchow, Groß-Pinnow, Luckow, Petershagen, Penkun und Brüssow.

DIE KIRCHLICHE ENTWICKLUNG IM FÜRSTENTUM RÜGEN

Die ersten Kirchengründungen auf Rügen erfolgten unmittelbar im Zusammenhang mit der Eroberung der Insel 1168 durch Bischof Absalom. Die damals geweihten Kirchen und Begräbnisstätten sind allerdings nicht mehr genau bestimmbar. Sicher ist jedoch, daß die Insel sehr bald mit einem zunächst allerdings noch grobmaschigen Netz von Kirchspielen überzogen wurde. Neben wichtigen Handelsplätzen boten sich vor allem die Fürstenburgen, in einigen Fällen auch die Tempelburgen für Kirchengründungen an.

Hier sind die nicht mehr bestehende Kirche auf dem Rugard bei Bergen, der Hauptresidenz Jaromars, und die Kirchen in oder unmittelbar bei den Tempelburgen von Garz und Arkona zu nennen. Noch ins 12. Jh. gehören ferner die Kirchengründungen in Altenkirchen, Schaprode, dem damals wichtigsten Hafen an der Westküste der Insel, Bobbin, Sagard und wahrscheinlich auch in Vilmnitz. Auch mit dem Bau der nahe der Fürstenburg gelegenen Kirche in Bergen wurde noch im 12. Jh. begonnen. Zunächst als Palastkirche geplant, ist sie ein beredtes Zeugnis für die Machtfülle und das Selbstbewußtsein Jaromars, der seit 1170 Alleinherrscher Rügens war. Dem dänischen Lehnsherrn muß jedoch ein solcher augenfälliger Ausdruck der Machtentfaltung seines Vasallen unangemessen erschienen sein. Jaromar wich aus, stiftete ein Nonnenkloster und überwies ihm die in Teilen bereits fertiggestellte Kirche in Bergen. Der anfängliche dänische Einfluß auf die kirchliche Entwicklung Rügens blieb jedoch gering. Er hat kaum Spuren hinterlassen. Die vom Festland ausgehenden Einflüsse gewannen rasch das Übergewicht. Bis zum Ende des 13. Jh. war auch auf der Insel die Einteilung in Kirchspiele im wesentlichen abgeschlossen.

Doch nicht nur auf der Insel selbst, auch im festländischen Rügen wurde die Wirksamkeit Jaromars bestimmend für die kirchliche Entwicklung. Als wichtiger Vorkämpfer und Bundesgenosse Dänemarks stieß er weit ins Festland hinein bis nach Zirzipanien vor. Dieses Gebiet war außerordentlich dünn besiedelt und durch die wiederholten Kriege und Raubzüge verwüstet. Mit einer offenbar durch Jaromar veranlaßten Klostergründung 1172 in Dargun, westlich von Demmin, sollten die rasch eroberten Gebiete für die rügische Herrschaft gesichert werden. Mitbeteiligt bei dieser Gründung waren der Bischof von Schwerin und der pommersche Herzog von Demmin. Den Konvent entsandte – wie es die dänische Abhängigkeit Jaromars nahelegte – das Kloster Esrom auf Seeland. Dargun galt als die erste Kirche in ganz Zirzipanien und wurde zum wichtigen Ausgangspunkt für die kirchliche Erschließung in diesem Gebiet. Ende des 12. Jh. wurde das Kloster jedoch im Krieg zwischen Rügen/Dänemark und Brandenburg zerstört und von den Mönchen verlassen. Die Wiederbesetzung Darguns 1209 geschah unter mecklenburgischem Einfluß. Die ersten Mönche kamen nun aus Doberan.

Als weitere noch in das 12. Jh. gehörende Kirchengründung im festländischen Rügen ist auf Gristow, den Sitz einer Seitenlinie der rügischen Fürsten, zu verweisen. Ähnliches gilt sicher auch für die wichtigen Burgorte Tribsees und Barth und vielleicht auch für Grimmen. Auch in Wusterhusen, dem Zentrum eines geographisch klar begrenzten slawischen Gebietes zwischen der rügischen und der pommerschen Herrschaft, wird bereits Ende des 12. Jh. eine Kirche gestanden haben.

Um 1200 wies Jaromar durch die Gründung des Klosters Eldena, am Unterlauf des Rycks, den aus Dargun geflohenen Mönchen ein neues Arbeitsfeld zu. Hier hatte er ihnen bereits früher eine Salzpfanne geschenkt. Nun sollten sie das sumpfige Waldgebiet, das offenbar eine alte Grenze bezeichnete, für seine Herrschaft sichern und wirtschaftlich erschließen. Nach dem Tode des Pommernherzogs Bogislaw I. (1187) hatte Jaromar die Vormundschaft über die noch unmündigen Söhne Bogislaws gewinnen können und war bemüht, sich gegenüber der zu Pommern gehörenden Herrschaft Gützkow dauerhaft festzusetzen. Kirchliche und weltliche Interessen sind bei den Klostergründungen im 12. und 13. Jh. besonders eng miteinander verzahnt gewesen. Es verwundert daher nicht, daß die Klöster von den Fürsten mit umfangreichem Grundbesitz ausgestattet wurden, einem Besitz, der allerdings erst urbar gemacht werden mußte.

Das Kloster Eldena gewann beträchtlichen Anteil an der Entstehung der auf keinen slawischen Vorgängerort zurückzuführenden Stadt Greifswald. Es hat die kolonisatorische Erschließung des Niederungsgebiets um Greifswald geleitet, zahlreiche Dörfer angelegt und Kirchen gebaut. Um 1280 war auch hier das Gebiet in Kirchspiele aufgegliedert. Im 14. Jh. gewann das Kloster auf der Insel Rügen weiteren Besitz. Der Name des südöstlichen Teils der Insel «Mönchgut» macht noch heute diesen Zusammenhang deutlich.

Eine ähnliche Rolle, wie sie Eldena im östlichen Teil des rügischen Festlandes gespielt hat, fiel dem 1231 vom Rügenfürsten Witzlaw I. gestifteten Kloster Neuenkamp für den westlichen Teil zu. Die aus dem Rheinland, aus Altenkamp, herbeigerufenen Mönche konnten einen beträchtlichen Grundbesitz übernehmen. Sie schufen mit der wirtschaftlichen Erschließung dieses Gebietes die Voraussetzungen für den Getreideexport, der seit dem 14. Jh. über Stralsund abgewickelt wurde. Schon bei der Gründung konnte dem Kloster die vorher bereits in Richtenberg errichtete Kirche überwiesen werden. Als Beispiele für die vom Kloster veranlaßten Kirchengründungen des 13. Jh. seien hier die offenbar im Zusammenwirken mit dem Propst von Tribsees gegründeten Kirchen in Drechow, Glewitz und Leplow sowie die Kirchen in Steinhagen, Stoltenhagen und Tribohm genannt.

Die kirchliche Erschließung der übrigen festländischen Teile von Rügen erfolgte von Tribsees aus. Sie setzte verstärkt ein, nachdem 1221 zwischen dem Schweriner Bischof Brunward und dem Rügenfürsten Witzlaw I. ein Zehntenvertrag zur Besiedelung des Landes geschlossen worden war. Auf Grund der damaligen politischen Situation ist es verständlich, daß die rügischen Fürsten bei der kirchlichen Erschließung dieses Gebietes, in dem sich eine Abgrenzung der Einflußbereiche erst noch herausbilden mußte, das mecklenburgische Bistum Schwerin, die mecklenburgischen Fürsten dagegen das pommersche Bistum Kammin begünstigten. Als Beispiel für Kirchengründungen des 13. Jh. seien hier Damgarten, Ahrenshagen, Starkow, Eixen, Semlow, Pütte, Kirch Baggendorf und Voigdehagen bei Stralsund genannt.

Bei den ebenfalls ins 13. Jh. gehörenden Kirchen am Sund, dem Wasserstreifen zwischen der Insel und dem Festland, wurde die Gründung offenbar vom rügischen Fürstenhaus veranlaßt. Zu nennen sind hier die Kirchen in Prohn, Brandshagen und Reinberg, das lange Zeit den wichtigsten Übergang zur Insel bezeichnete.

Die politischen Auseinandersetzungen zwischen Rügen und Pommern zogen sich zwei Jahrhunderte hin. Dabei war Rügen zunächst erfolgreicher. Doch änderte sich dies, als in der Schlacht bei Bornhöved 1227 die dänische Vormachtstellung gebrochen worden war. Pommern wandte sich nun zwangsläufig stärker der Mark Brandenburg zu. Die zahlreichen immer wieder geschlossenen und gebrochenen Verträge der Fürsten untereinander, zusammen mit anderen Interessierten, veranschaulichen das uns heute in vielen Einzelheiten nicht mehr erkennbare Ränkespiel der damaligen Politik. Durch die Heirat Bogislaws IV. von Pommern mit einer Tochter des Rügenfürsten bereitete Pommern Erbansprüche auf Rügen vor und konnte 1315 das rügische Erbfolgerecht gewinnen. Nach dem Tode des letzten Rügenfürsten, Witzlaw III. 1325, vermochte Pommern diese Ansprüche durchzusetzen und in langwierigen Auseinandersetzungen zu behaupten. Rügen fiel an Wartislaw IV. von Pommern-Wolgast. Obgleich Dänemark seine Lehnshoheit über Rügen nicht aufgab, verlor sie in der Folgezeit ihre Bedeutung.

KIRCHLICHE ADMINISTRATION UND RECHTSPRECHUNG

Die rasch wachsende Zahl der Kirchspiele machte eine regionale Aufgliederung der kirchlichen Administration erforderlich. Bereits Anfang des 13. Jh. begannen sich Archidiakonatsbezirke herauszubilden. Die Archidiakone waren Vertreter der bischöflichen Gewalt. Sie errangen rasch eine beachtliche Selbständigkeit. Zu ihren Obliegenheiten gehörte es auch, Kleriker und Laien ihres Bereichs zu Synoden zusammenzurufen. Mit diesen Synoden wurde die Tradition der alten Sendgerichte fortgeführt. Deshalb haben an den pommerschen Archidiakonatssynoden – im Unterschied zu den vom Bischof für die Weltgeistlichen des Bistums einberufenen Diözesansynoden – noch bis ins 14. Jh. hinein auch Laien teilgenommen. Nach der Anfang des 14. Jh. erfolgten Reform des Archidiakonatswesens in Pommern und der Neugliederung der Archidiakonatsbezirke ging die kirchliche Gerichtsbarkeit auf die bischöflichen Generaloffiziale über. Generaloffizialate bildeten sich als ständige Einrichtungen heraus.

Das offenbar älteste und zeitweilig auch wichtigste Archidiakonat entwickelte sich aus der sicher schon im 12. Jh. in Demmin, der Residenz der Herzöge in West-

pommern, errichteten Präpositur. Bis zum Ende des 13. Jh. besaßen die Herzöge von Demmin das Patronat für dieses Archidiakonat. Anfangs gehörte das ganze Peene- und Tollensegebiet sowie Zirzipanien dazu. In den dreißiger Jahren des 13. Jh. wurden – offenbar als Folge des Rückzuges Pommerns aus Zirzipanien – die westlich von Demmin gelegenen Gebiete vom Demminer Archidiakonat abgegliedert und dem Güstrower Stift beziehungsweise dem Archidiakonat des Darguner Klosters unterstellt. Weitere Teile fielen später an das Archidiakonat des Klosters Stolpe und das Archidiakonat Usedom. Dabei wurde offenbar die Marienkirche in Anklam zur geistlichen Residenz dieser beiden Archidiakonate. Seit dem Anfang des 14. Jh. war der Usedomer Archidiakon gleichzeitig Pleban der damals wichtigen Kirche in Wusterhusen. Im Osten bildeten die Swine und der obere Teil des Haffs die Grenze zum Kamminer Archidiakonat.

Innerhalb des Usedomer Archidiakonats entwickelte sich auf Grund der dem Kloster Eldena verliehenen kirchlichen Gerichtsbefugnisse die Greifswalder Propstei. Noch im 13. Jh. wurde sie mit den Plebanaten von St. Nikolai in Greifswald und St. Nikolai in Gützkow verbunden. Dem Greifswalder Propst fielen im 14. Jh. die bereits genannten Aufgaben eines Generaloffizials für das Gebiet diesseits der Swine zu. In der Mitte des 15. Jh. gelang es dann nach langen, anfangs vergeblichen Bemühungen, im Zusammenhang mit der Gründung der Greifswalder Universität ein Kollegiatstift an der Greifswalder Nikolaikirche zu errichten. Damit war Greifswald, entsprechend der Bedeutung, die die Stadt im 14. Jh. gewonnen hatte, zum kirchlichen Mittelpunkt des zu Kammin gehörenden Teils von Vorpommern geworden.

Für den zum Kamminer Bistum gehörenden Teil der Uckermark bildete sich – anfangs in enger Verbindung zum Kamminer Archidiakonat – das Pasewalker Archidiakonat heraus. Es wurde mit einer schon früher für Pasewalk bezeugten Präpositur verbunden. Die Kirchen in Ueckermünde und Altwarp unterstanden dem Archidiakon von Stettin.

Im festländischen Rügen bildete sich das zum Schweriner Bistum gehörende Archidiakonat Tribsees heraus. Tribsees war ein alter slawischer Gebietsmittelpunkt, dessen Kirche offenbar schon im 12. Jh. vom Schweriner Bischof gegründet worden war. Eine besondere Stellung in diesem Archidiakonatsbezirk gewann die sicher noch in der ersten Hälfte des 13. Jh. gegründete Kirche in Voigdehagen, südlich von Stralsund. Sie blieb bis zur Reformation die Mutterkirche für die ihr angegliederten Stralsunder Stadtkirchen. Der in Stralsund residierende Pleban von Voigdehagen war Oberkirchherr von Stralsund.

Im Gebiet der dem Roskilder Bistum unterstellten Propstei für die Insel Rügen hat sich ein dauerhafter, kirchlicher Mittelpunkt nicht herausgebildet. Die

Propstei – gelegentlich mit dem Offizialat gekoppelt – wurde im Laufe der Zeit mit verschiedenen rügischen Pfarren verbunden.

ZUR KIRCHLICHEN ENTWICKLUNG AUF DEM LANDE IM 14. UND 15. JAHRHUNDERT

Im Verlaufe des 14. und 15. Jh. ging es zunächst um den weiteren Ausbau der Pfarrkirchen. Die für die gewachsene Bevölkerung zu klein gewordenen Kirchenschiffe wurden erweitert, vielfach aber auch den Chören erst in jener Zeit angefügt. In der Regel sind die Dorfkirchen auch im vorpommerschen Bereich dem Baugedanken der Saalkirche verpflichtet. Die Saalkirche entsprach der gesellschaftlich nur wenig gegliederten dörflichen Bevölkerung, innerhalb derer das adelige Patronat den unangefochtenen, selbstverständlichen Vorsitz hatte. Der Kirchsaal schloß die aufeinander angewiesene Dorfgemeinschaft übersichtlich zusammen. Daneben gab es einige besonders verkehrsgünstig gelegene Dörfer, die sich zu Marktflecken entwickelt hatten oder auf dem Wege dazu waren. In diesen Dörfern eiferte man beim Weiterbau an den Kirchen verständlicherweise dem städtischen Vorbild nach.

Zu den bestehenden Pfarrkirchen trat dann im 14. und 15. Jh. eine Fülle von Filialkirchen, Kapellen und Wegeheiligtümern. Dabei bildete sich im Bereich des Demminer Archidiakonats und im Odergebiet im Verlauf der weiteren Erschließung der Kirchspiele vor allem das System der Filialkirchen heraus, während in den Einflußgebieten der großen Zisterzienserklöster Eldena und Neuenkamp in den Außendörfern vorzugsweise Kapellen errichtet wurden. Die Kapellen blieben enger als die Filialkirchen mit ihren Mutterkirchen verbunden. Auf diese Weise konnten die pfarrherrlichen Rechte im Kirchspiel besser behauptet werden. In den Gebieten einer vielfach aufgesplitterten adeligen Grundherrschaft bot dagegen die Errichtung der recht selbständigen Filialkirchen bessere Möglichkeiten, über Patronatsrechte Einfluß zu erlangen.

Die Elendenfürsorge und das Hospitalwesen gewannen im ausgehenden Mittelalter auch auf dem Lande einen immer breiteren Raum. Während die vielfach schon im 13. Jh. gestifteten Heiliggeisthospitäler und später auch die Gertraudenkapellen zum unmittelbaren Umkreis der Städte gehörten – sie standen bei den Toren außerhalb der Stadtmauern –, sind die Georgenhospitäler, häufig als Jürgenkapellen bezeichnet, auch in der Nähe von Kirchdörfern, später in den Dörfern selbst errichtet worden. Ursprünglich waren sie für die Leprosen bestimmt gewesen. Nachdem diese, auch als Aussatz bezeichnete, durch die Kreuzzüge nach Europa eingeschleppte Krankheit Anfang des 15. Jh. bei uns erlosch, dienten die Georgen-

hospitäler ganz allgemein der Kranken- und Fremdenfürsorge. Auch die im 15. Jh. in den Dörfern errichteten Spitäler wurden nun dem heiligen Georg geweiht.

Die Hospitalkapellen standen zunächst vor allem bei jenen Dörfern, die an Wegekreuzungen wichtiger Land- und Wasserstraßen lagen. Die ersten Gründungen waren vielfach durch die Städte veranlaßt worden. Dies veranschaulicht die anfängliche Interessenlage bei der Errichtung der Spitäler. Das von Stralsund aus gegründete Georgenhospital in Rambin auf Rügen und das von Greifswald aus am Greifswalder Bodden in Gristow gegründete Hospital – beide Gründungen gehören noch in die erste Hälfte des 14. Jh. – sind Beispiele hierfür. Als frühe weitere Beispiele seien hier nur Altenhagen (Starkow), wo sich die Straße von Stralsund gabelte und nach Damgarten beziehungsweise nach Barth weiterführte, Katzow an der Straße zwischen Greifswald und Wolgast und Ranzin, wo sich die von Gützkow kommende Straße in die Richtungen Wolgast und Anklam gabelte, genannt.

Für die Betreuung dieser Hospitäler, die vor allem für die kranken Fremden, die Elenden, bestimmt waren, wußten sich vielfach besondere Bruderschaften, die Elendsbruderschaften, verpflichtet. In Wiek, einem ehemals wichtigen Hafen an der Westküste Rügens, läßt sich dieser Zusammenhang besonders gut belegen. Doch wurde natürlich für diese Hospitäler unter allen Dorfbewohnern während bestimmter Gottesdienste gesammelt. Ein noch nach der Reformation benutztes Sammelbrett vom Georgenhospital in Trent auf Rügen mit dem Bild des Heiligen ist erhalten geblieben.

Wir können davon ausgehen, daß am Ende des Mittelalters alle größeren Dörfer ein kleines Spital oder zumindest doch ein Armenhaus gehabt haben. Im Volksmund wurden diese Armenhäuser nach der Reformation vielfach «Kloster» genannt. Sie sind vereinzelt in Katen ähnlichen Nachfolgebauten erhalten geblieben, hinsichtlich ihres ursprünglichen Verwendungszwecks aber nicht mehr unmittelbar erkennbar. Von den mittelalterlichen Hospitalkapellen ist nur die im 15. Jh. in Rambin neu erbaute, nach der Reformation durch den Einbau von Wohnungen mehrfach veränderte Georgenkapelle erhalten geblieben. Sie wird bis heute zusammen mit drei anderen kleinen Gebäuden aus dem 18. und 19. Jh. als Altersheim benutzt.

HEILIGENVEREHRUNG UND RELIQUIENWESEN

Die Entfaltung der reich gegliederten mittelalterlichen Frömmigkeit geschah im Aufschauen zu der großen, immer weiter anwachsenden Schar der Heiligen, deren Fürsprache und Hilfe man durch Gebete und Gelübde,

Opfer und Almosen zu gewinnen bemüht war. Die vielgestaltigen Lebensläufe der Heiligen spiegelten deutlich die zahllosen Lebenswidrigkeiten, denen die Menschen ausgesetzt waren, wider und veranschaulichten zugleich die auf irdische Hilfe und himmlischen Lohn gerichteten Hoffnungen. Eng verbunden hiermit war die Verehrung dessen, was mit den Heiligen oder gar mit Christus selbst in unmittelbarer Beziehung gestanden hatte oder die direkte Folge eines Wunders war. Splitter vom Kreuz Christi und blutende Hostien gewannen dabei eine besondere Bedeutung.

Jede Kirche, jede Kapelle war einem bestimmten Heiligen oder einer Heiligengruppe geweiht. Reliquien der Heiligen waren in den Altären eingelassen. Hinter und auf den Altären standen die geschnitzten Figuren dieser Heiligen, anfangs als Einzelfiguren, später als Altarschreine, in denen zugleich die wichtigsten Stationen aus dem Leben des betreffenden Heiligen dargestellt waren. Zu diesen Darstellungen der Heiligen auf den Altären traten die auf die Wände und die Gewölbekappen gemalten Heilsereignisse hinzu. In traditionellen Bildzusammenstellungen vermittelten sie dem Glauben an eine Himmel und Erde umfassende Herrschaft und Heilsgeschichte Gottes eine anschauliche, bild- und beispielreiche Vorstellung. Viele Dorfkirchen waren auf diese Weise ausgemalt und boten sich den Menschen als beeindruckende Bilderbücher dar. Da sie die Vorstellungen der Menschen oft jahrhundertelang geprägt haben, kann ihre Bedeutung für die Frömmigkeitsgeschichte kaum überschätzt werden.

Die Auswahl für die Verehrung der Heiligen war keineswegs zufällig, sondern weist auf vielfältige Bezüge und Abhängigkeiten hin. Die ins Land gekommenen Missionare, Mönche und Priester sorgten dafür, daß die ihnen besonders vertrauten und für ihre Glaubensvorstellungen bestimmend gewordenen Heiligen im Bereich ihrer neuen Wirksamkeit eine entsprechende Verehrung gewannen. Auch die rasch in starken Schüben ins Land ziehenden Siedler aus Niedersachsen brachten die Verehrung ihrer Heiligen in ihre neue Heimat, die ihnen trotz der in Aussicht gestellten Befreiung von manchen Abgabelasten zunächst recht unwirtlich und fremd erscheinen mußte, mit. Dabei ist allerdings zu berücksichtigen, daß die Verehrung einzelner Heiliger in bestimmten Zeiten besonders populär war. Die Weihen zahlreicher Dorfkirchen in der Zeit der intensiven deutschen Siedlungstätigkeit spiegeln daher oft nur die allgemeine Beliebtheit einzelner Heiliger jener Zeit wider.

Der rasch an Bedeutung gewinnende Fernhandel, der in den aufblühenden Hansestädten, zu denen auch weiter flußaufwärts gelegenen Städte wie zum Beispiel Demmin gehörten, abgewickelt wurde, erschloß spätestens in der ersten Hälfte des 14. Jh. zusammen mit dem sich immer mehr ausweitenden Wallfahrtswesen auch dem vorpommerschen Gebiet das allgemeine kultisch-religiöse Leben. Die Verehrung der Heiligen, das Aufsuchen ihrer Reliquien an besonderen Gnadenstätten, verbunden mit verschiedenen zusätzlichen Frömmigkeitsübungen, verhießen den Menschen den Erlaß kirchlicher Bußstrafen, den sogenannten Ablaß. Das im Ausgang des Mittelalters anschwellende Ablaßwesen hat dann zu einer Inflation dieser kirchlichen Gnadengaben geführt. Es kam zu immer größeren Reliquienanhäufungen an den Gnadenstätten und zu Massenwallfahrten der Gläubigen. Im vorpommerschen Bereich boten vor allem die Klöster – auch die Nonnenklöster – solche Ansammlungen von Reliquienschätzen dar. Ein Besuch des seit langem mit bekannten Reliquien ausgestatteten Klosters Stolpe verhieß zum Beispiel Ablaß von mehreren Jahren. Man wird das Phänomen der Massenwallfahrten, das Sammeln von Reliquien sowie das Entdecken immer neuer Gnadenstätten nur verstehen, wenn man das spätmittelalterliche Wallfahrtswesen als eine Lebensäußerung begreift, bei der sich religiöser Eifer, Hoffnung auf Heilung, Reiselust und ein zeitweiliger Ausbruch aus dem oft kümmerlichen Alltag die Waage hielten.

Die Pilger brachten von ihren Wallfahrten amulettartige, meist aus Metall gegossene kleine Nachbildungen der aufgesuchten Gnadenbilder heim. Verschiedentlich hat man Glocken mit diesen religiösen Andenken versehen. Die dort erhalten gebliebenen Abdrücke der Pilgerzeichen zeigen, daß auch von den Dörfern aus nicht nur die nahe gelegenen Gnadenstätten, sondern vereinzelt auch weit entfernte Wallfahrtsziele aufgesucht wurden. Zu ihnen gehörten: Santiago de Compostela, Aachen, Köln, Königslutter, vor allem aber Einsiedeln und Thann im Elsaß. Gern wurden auch die Stätten der Heiligblutverehrung und der Hostienwunder in Wilsnack, Zehdenick, Belitz, Schwerin, Doberan, Techow, Sternberg und Güstrow aufgesucht.

Auch in Pommern selbst gab es zahlreiche Gnadenstätten. Außer den noch zu besprechenden besonders wichtigen Stätten der Marienverehrung sind hier die Kirche in Zudar auf Rügen, die Apolonienkapelle neben der Marienkirche in Stralsund, die Kirchen in Rakow und Eixen sowie das wundertätige Kreuz in der Georgenkapelle vor dem Kahldentor in Demmin zu nennen. Die meisten dieser Gnadenstätten sind erst im Verlauf des 15. Jh. entstanden. Stätten der Heiligblutverehrung und der Hostienwunder haben sich im Unterschied zu Mecklenburg und Brandenburg im vorpommerschen Gebiet nur am Rande ausgebildet und nur begrenzte Bedeutung erlangt. Zu erwähnen ist hier das später in Bergen aufbewahrte Heilige Blut, das auf ein Hostienwunder in Jasmund am Ende des 13. Jh. zurückgeht.

Nur vereinzelt hat die Verehrung eines Heiligen in Pommern eine besondere Ausprägung erfahren. Ein Beispiel hierfür bietet der heilige Theobald. Der lange schon in Thann im Elsaß aufgesuchte Heilige wurde auf Grund der an ihn herangetragenen Bitten der Fischer und Schiffer zu einem weiteren Schutzheiligen für die Küstenbewohner. Er fand – nun St. Ewald genannt – in der Mitte des 15. Jh. im Anschluß an eine besonders spektakuläre Rettung aus Seenot in Bodstedt bei Barth eine neue Stätte seiner Verehrung. Die Bodstedter Ewaldkapelle ist als nördlicher Anbau der Pfarrkirche erhalten geblieben.

BISTUMS- UND LANDESHEILIGE

Auch politische Abhängigkeiten und Zielsetzungen haben bei der Verehrung bestimmter Heiliger eine wesentliche Rolle gespielt. Das wird im Hinblick auf die Politik der Kamminer Bischöfe an der Verehrung Johannes' des Täufers besonders deutlich. Dieser Heilige war – wahrscheinlich durch die Vermittlung des Klosters Stolpe – zum Diözesanheiligen des pommerschen Bistums geworden. Die Weihungen einer ganzen Reihe von Kirchen in dem weit nach Westen vorgeschobenen Teil des Kamminer Bistums an ihn zeigen, wie die Kamminer Bischöfe in diesem Grenzgebiet ihre Diözesanhoheit dokumentierten. Auf die gleiche Weise versuchten auch die Schweriner Bischöfe bei den Weihungen ihrer Kirchen ihre Diözesanhoheit deutlich zu machen. Sie griffen dabei auf die ihrem Bistum entsprechende Heiligenkombination von Maria und Johannes dem Evangelisten zurück. Eine ähnliche Bedeutung scheint die vom Kloster Grobe aus durch den pommerschen Bischof nach Prenzlau verpflanzte Sabinusverehrung für die Diözesanansprüche in der Uckermark gehabt zu haben.

Doch nicht nur die Bischöfe, auch die Herzöge haben ihre politischen Programme mit der Pflege einer bestimmten Heiligenverehrung verbunden. Die vom pommerschen Herzogshaus gezielt erneuerte Verehrung Ottos von Bamberg, der bereits im 12. Jh. vor allem auf Grund seiner Verdienste bei der Bekehrung der Pommern heiliggesprochen worden war, ist ein anschauliches Beispiel hierfür. Die anfänglichen Einflüsse Bambergs waren durch die Verschiebungen in der politischen Abhängigkeit Pommerns, die engen Beziehungen, die sich zur sächsischen Kirche ergaben, und dann vor allem durch den Einwandererstrom aus Nordwestdeutschland überlagert und zurückgedrängt worden. Indem sich die Herzöge auf den heiligen Otto, den Apostel der Pommern, beriefen und damit zugleich die direkte Mitwirkung des pommerschen Herzogshauses bei der Christianisierung des Landes deutlich machten, wiesen sie auf Verdienste hin, die älter und wirksamer waren als die der Kamminer Bischöfe. In der Auseinandersetzung mit dem Anfang des 14. Jh. erstarkenden Bistum Kammin, das den Bestand eines einheitlichen, zusammenhängenden Herzogtums gefährdete, konnte durch die Verehrung des heiligen Otto der Anspruch auf die Schirmherrschaft der Landesfürsten über die Kirche in ihrem Gebiet anschaulich begründet werden. Der heilige Otto wurde zur religiösen Repräsentanz der pommerschen Landesherrschaft. Er gewann die Bedeutung eines Landesheiligen. Seine Verehrung gehörte später zum geistesgeschichtlichen Hintergrund für den weiteren Aufstieg Pommerns zum reichsunmittelbaren Herzogtum.

Leider sind im Gebiet der Greifswalder Landeskirche keine mittelalterlichen Bildwerke des heiligen Otto erhalten geblieben. Es sind aber eine schöne Darstellung aus Bertikow, südlich von Prenzlau, und eine kleine Figur im Altarschrein der Malchiner Stadtkirche bekannt geworden. Beide Orte gehörten zum Bistum Kammin. Sein Fest wurde in Pommern am 1. Oktober mit einer Oktav, einer sich im liturgischen Ablauf über acht Tage verteilenden Feier, begangen. Dabei wurden seine Wundertaten vorgelesen und in Gesängen gepriesen. Das Gedenken an den heiligen Otto blieb über die Reformation hinaus lebendig. Seine Verehrung als Heiliger wurde von einer an seine geschichtliche Wirksamkeit anknüpfende Sagenbildung abgelöst.

Im Mittelpunkt der Heiligenverehrung stand aber auch in Pommern Maria. Die ihr geweihten Kirchen und Kapellen sind kaum zu zählen. Maria spielte seit den Kirchengründungen im 13. Jh. in Pommern die entscheidende Rolle. Die der Marienverehrung besonders verpflichteten Zisterzienser haben sie in ihrem Bereich naturgemäß von Anfang an in den Mittelpunkt gerückt. Das wird in den Bereichen der Klöster Eldena und Neuenkamp besonders deutlich. Auch die wichtigsten über die pommerschen Grenzen hinaus bekannt gewordenen Gnadenstätten waren mit der Marienverehrung verbunden. Zu ihnen gehörten die Kapellen auf dem Gollen bei Köslin (Koszalin), auf dem Revekol bei Groß Garde (Gardna Wlk.) und dem Heiligen Berg bei Pollnow (Polanów). Diesen von weither aufgesuchten Gnadenstätten «unserer lieben Frau» gesellte sich im vorpommerschen Bereich die Maria von Kenz bei Barth hinzu. Sie wurde auf Grund ihrer hervorgehobenen Bedeutung als «Maria pomerana» bezeichnet.

Darüber hinaus gab es eine Vielzahl weiterer als Mariengnadenstätten aufgesuchter Wallfahrtsziele in Pommern. Hierzu gehören die Maria von Binow (Binowo), westlich von Kolbatz (Kołbacz), und die Maria von Wischow bei Treptow (Trzebiatów), die Bugenhagen in seiner Geschichte Pommerns beschrieben hat. Weitere Mariengnadenstätten im Bereich des jetzigen Kirchengebietes gab es in Levenhagen bei Greifswald, in Schaprode auf Rügen und auf der im nördlichen Teil des Greifswalder Boddens gelegenen Insel Vilm. Auch auf dem Gnitz bei Zinnowitz stand eine Kapelle, in der die Himmelskönigin eine besondere Verehrung genoß.

In Levenhagen hat sich noch die kleine Kapelle am Friedhofseingang, dem Ort des Erscheinungswunders, erhalten. Es handelt sich hierbei um die kleinste erhalten gebliebene mittelalterliche Kapelle im Bereich Mecklenburg/Vorpommern. Aber auch das große, die ganze Westwand einnehmende Wallfahrerportal der Pfarrkirche weist den Ort als Wallfahrtsziel aus. Beim Bau der Wallfahrtskirche in Kenz scheinen Einflüsse aus Wilsnack eine Rolle gespielt zu haben.

Die Zeit der Reformation

REFORMBEWEGUNGEN UND SOZIALRELIGIÖSE AUSEINANDERSETZUNGEN

Schon Anfang des 15. Jh. wurden vereinzelt Reformbestrebungen erkennbar. Doch handelte es sich hierbei nur um gelegentliche Eingriffe einzelner kirchlicher Oberer. Sie schritten ein, wenn die Verehrung einer Reliquie von der Erwartungserhaltung des Volkes übersteigert wurde und der kirchlichen Kontrolle zu entgleiten drohte. Die Beseitigung des Mechthildbildes im Krumminer Nonnenkloster und das Zerbrechen einer vom Papst geschenkten Goldenen Rose, die in einer Kapelle in der Nähe der Stadt Usedom ausgestellt worden war, sind Beispiele hierfür. Solche Eingriffe blieben jedoch für die allgemeine Steigerung der vielfältigen Frömmigkeitsübungen ohne Bedeutung.

Die Hussitenkriege, die viele Menschen mit dem Ideengut der frühen sozialreligiösen Reformbewegungen bekannt machten, betrafen – obgleich Pommern in den dreißiger Jahren hineingezogen wurde – Vorpommern nicht. Über eine offenbar den Waldensern nahestehende Gruppierung im Lande Barth in der Mitte des 15. Jh. sind wir leider nur durch unzureichende Hinweise unterrichtet. Die uns deutlich werdenden Auseinandersetzungen blieben auf die Uckermark beschränkt. Verhandlungsprotokolle der in Stettin vor einem Sondergericht geführten Prozesse in den Jahren 1392/94 sind erhalten geblieben.

Die großen pommerschen Reformsynoden in den Jahren 1440, 1454 und 1500 stellten sich den Gläubigen – soweit sie davon wußten – als innerkirchliche Ordnungsversuche im Hinblick auf den Lebenswandel und die Amtsführung der Geistlichen dar. Vielfach standen die auf diesen Synoden gegeißelten Mißstände den Menschen auf dem Lande überdies nicht so deutlich vor Augen wie den Städtern. Manches wurde auch – wie das Konkubinat der Priester, das vielfach in festen, der Ehe ähnlichen Formen verlief – als nicht so schwerwiegend empfunden.

Als dann Anfang der zwanziger Jahre des 16. Jh., im Rahmen der allgemeinen gesellschaftlichen Gärung jener Zeit, reformatorische Ideen in den Städten Einfluß gewannen, als es in Stralsund zum offenen Aufruhr gegen den Rat und zum Bildersturm in der Nikolaikirche und in den Klöstern kam, als sich Stralsund durch den neuen Rat der Achtundvierzig im November 1525 zur evangelischen Stadt erklärte, hörten das die Menschen auf dem Lande mit Staunen, so wie andere Nachrichten, die sie nicht betrafen. Wiederholt griffen die Stralsunder Unruhen auch auf Kirchen im Einflußbereich dieser Stadt über. Auf der Insel Hiddensee hat 1528 ein aus Stralsund kommender Volkshaufen das Kloster gestürmt und dessen Bilder zerschlagen. Dabei kam es auch zur Mißhandlung des Abtes. Die Berichte von zerschlagenen Bildern in der Bergener Klosterkirche und anderen rügischen Kirchen lassen ähnliche Ereignisse auch dort vermuten. In diesen Volkshaufen fanden sich Vertreter aus den untersten sozialen Schichten zusammen. Sie wurden vielfach von einzelnen niederen Geistlichen, die durch die Reformation ihre kümmerlichen Einkünfte verloren hatten, angeführt. Solche gelegentlichen Übergriffe im ländlichen Bereich spiegeln jedoch auch dort nur die Unzufriedenheit der unteren Schichten der städtischen Bevölkerung wider. Die Menschen auf dem Lande blieben in der Regel unbeteiligt.

Das vermehrte Angebot kirchlicher Gnadengaben erregte bei der ländlichen Bevölkerung – anders als in den Städten, wo man, wie in Stralsund, gelegentlich sogar Betrug witterte und aufdeckte – keinen Unwillen. Die Menschen auf dem Lande konnten sich inzwischen – wenn auch nur in bescheidener Form – diese Gnadengaben leisten. Sie gewannen damit ein Bewußtsein unmittelbarer Einflußnahme auf ihr Ergehen und das Gefühl, an einem vermeintlichen, allgemeinen Aufschwung teilzunehmen. Die wirtschaftliche Lage der Landbevölkerung in Pommern war besser und ausgeglichener als die der Bauern in Mitteldeutschland. Die sich in jener Zeit beschleunigende Geldentwertung traf sie zunächst noch nicht. Die Tatsache, daß die Bauernunruhen damals nur vereinzelt auf die nördlichen Gebiete übergriffen, ist ein deutlicher Beleg hierfür.

Manche Entwicklungen, die zum reformatorischen Umbruch führten, stellten sich daher für die ländlichen Gebiete eher als eine Intensivierung denn als Verfall des kirchlichen Lebens dar. Die Reformation war eine Angelegenheit der Städte. Auf dem Lande wurde sie erst durch ihre Folgen wirksam. Diese Folgen aber waren hinsichtlich des kirchlichen, sittlichen und sozialen Lebens zunächst verheerend.

DIE EINFÜHRUNG DER REFORMATION IN POMMERN

Die offizielle Erklärung zur Annahme der Reformation wurde von den Herzögen vor den versammelten Ständen auf dem eigens dazu einberufenen Landtag

KIRCHLICHE UND POLITISCHE GLIEDERUNG ZUR ZEIT DER REFORMATION IM GEBIET DER HEUTIGEN LANDESKIRCHE GREIFSWALD

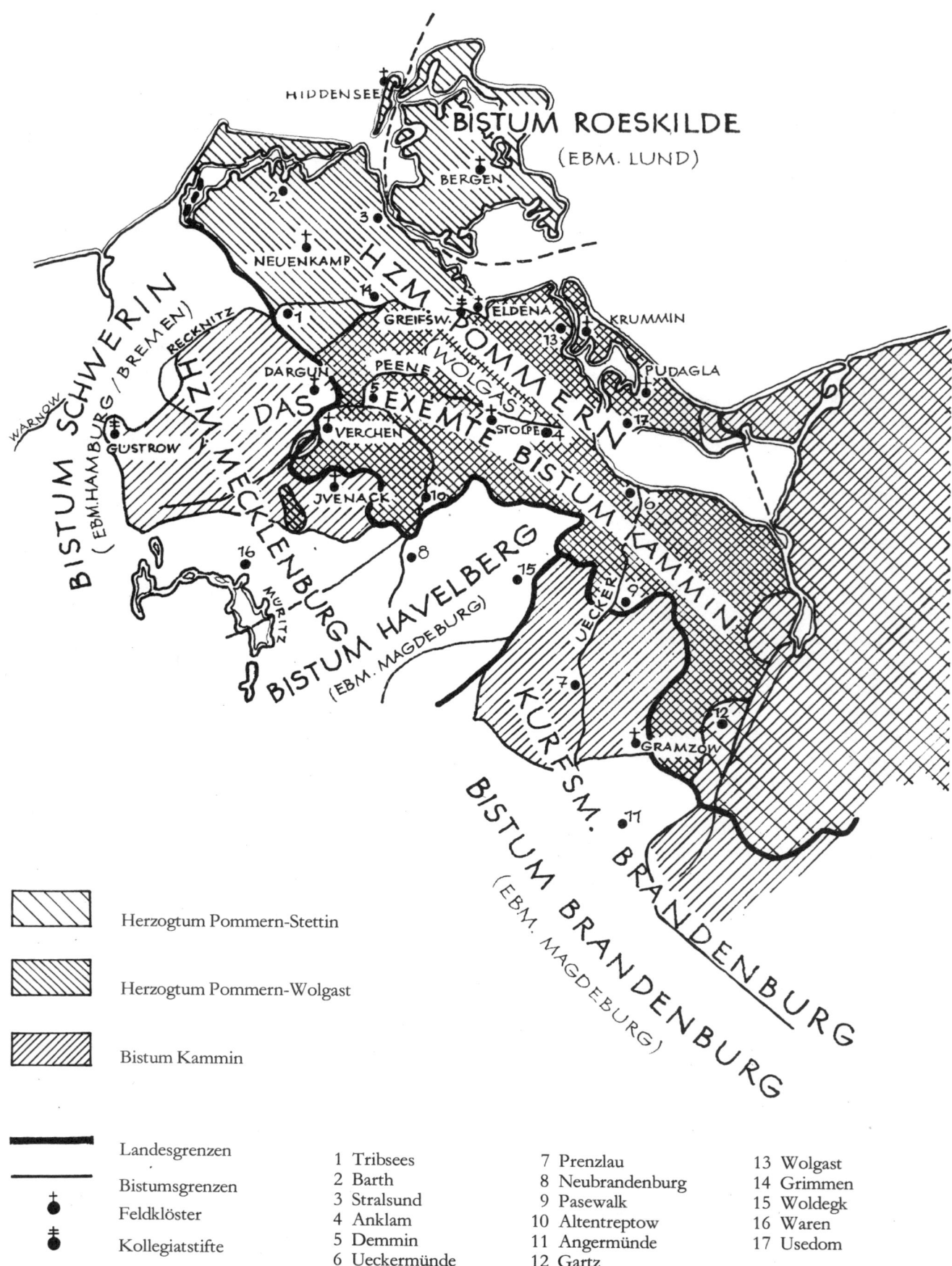

Herzogtum Pommern-Stettin

Herzogtum Pommern-Wolgast

Bistum Kammin

Landesgrenzen

Bistumsgrenzen

† Feldklöster

‡ Kollegiatstifte

1 Tribsees	7 Prenzlau	13 Wolgast
2 Barth	8 Neubrandenburg	14 Grimmen
3 Stralsund	9 Pasewalk	15 Woldegk
4 Anklam	10 Altentreptow	16 Waren
5 Demmin	11 Angermünde	17 Usedom
6 Ueckermünde	12 Gartz	

am 13. Dezember 1534 in Treptow an der Rega (Trzebiatów) abgegeben. Sie wurde mit der Vorlage von Vorschlägen für eine evangelische Kirchenordnung verbunden. Die Herzöge hatten Bugenhagen – den «Doktor Pommer», wie man ihn nannte – um seine Mitwirkung gebeten. Bugenhagen, gebürtig in Wollin, wirkte zeitweilig als Rektor an der Ratsschule in Treptow und war zugleich als Lektor an der neu errichteten Schule des bei Treptow gelegenen Klosters Belbuck tätig gewesen. Durch seine bereits 1518 zum Abschluß gebrachte Schrift «Pomerania» hatte er sich um die pommersche Geschichtsschreibung verdient gemacht und bei seinen dazu notwendigen Reisen das Land kennengelernt. Er war nach Wittenberg gegangen und galt inzwischen längst als allgemein anerkannter Reformator, der bereits in Braunschweig, Hamburg und Lübeck die kirchlichen Verhältnisse geordnet hatte.

Die Herzöge hatten bislang mit der Einführung der Reformation gezögert. Die Stimmung im Lande war in der Tat keineswegs schon so allgemein, daß eine Annahme der Reformation geboten gewesen wäre. Die Stellung des Kamminer Bischofs war – vor allem im Stiftsbezirk – noch unangefochten. Der katholische Klerus hatte nach wie vor in den übrigen Landesteilen – auch in manchen Städten, wie zum Beispiel in Greifswald – beherrschenden Einfluß. Die plötzliche Eile, mit der 1534 die Herzöge trotzdem die Einführung der Reformation betrieben, verdient deshalb besondere Beachtung.

Nach dem 1523 erfolgten Tode Bogislaws X. beeinträchtigte die sich anbahnende Erbteilung in die Bereiche Pommern-Wolgast und Pommern-Stettin die einheitliche Regierungsführung im Lande erheblich. Das Selbstbewußtsein der großen Hansestädte war weiter gewachsen. Sie standen ihren Herzögen inzwischen in offener Auflehnung und Unbotmäßigkeit gegenüber. Im Krieg zwischen Lübeck und Dänemark (1534) hatten die an der Seite Lübecks kämpfenden Stralsunder den von den pommerschen Herzögen zur Unterstützung ihres königlichen Verwandten Christian III. von Dänemark entsandten Hilfstrupp geschlagen.

Da die Lübecker unter der Führung ihres Bürgermeisters Jürgen Wullenweber und die mit Lübeck verbündeten Städte den Kampf unter der Parole «Freiheit für das Evangelium» führten, da sich Stralsund bereits 1525 zur evangelischen Stadt erklärt hatte und gewillt war, daraus weitere Selbständigkeitsansprüche abzuleiten, blieb den Herzögen, denen die Auflösung ihres Landes vor Augen stand, nichts anderes übrig, als sich selbst an die Spitze der reformatorischen Bewegung zu stellen. Sie hätten sonst – wie der gut unterrichtete, genau beobachtende herzogliche Sekretär und Chronist Thomas Kantzow feststellte – Land und Leute verloren. Als Führer der Reformation in ihrem Lande konnten die Herzöge jedoch ihren politischen und, durch die Säkularisierung des Klosterbesitzes, ihren wirtschaftlichen Einfluß stabilisieren und ausbauen.

Hinzu kam die Sorge der Herzöge um den Besitz der Insel Rügen. Sie mußten verhindern, daß sich die Dänen im Zusammenhang mit den reformatorischen Wirren, die von Stralsund aus auf die Insel überzugreifen drohten, auf Rügen festsetzten. Vorsorglich hatten die Herzöge bereits 1525 Inventarverzeichnisse in den rügischen Klöstern aufstellen und eine Reihe von Kleinodien in die Wolgaster Residenz schaffen lassen. Sofort nach der Einführung der Reformation ordneten sie Visitationen auf der Insel an. Darüber hinaus ließen sie die rügischen Tafelgüter des Roskilder Stifts beschlagnahmen. In den hierdurch ausgelösten Auseinandersetzungen mußten die Herzöge später zwar einige Zugeständnisse machen, sie hatten jedoch die Insel mit Erfolg behauptet. Die Befürchtungen der Herzöge waren keineswegs unbegründet. Dänemark hat immer wieder den Besitz der Insel angestrebt. Die dänischen Herrscher versuchten, die Insel zu kaufen (1623/29), ließen sie mehrfach besetzen (1657/75) und errangen im Nordischen Krieg 1715 sogar eine feste Zusage auf die Insel, die sich allerdings nicht verwirklichen ließ.

Bei der Einführung der Reformation darf jedoch nicht unberücksichtigt bleiben, daß die Herzöge über eine gute Kenntnis des reformatorischen Ideenguts verfügten. Barnim XI. hatte in Wittenberg studiert und mit vielen anderen Luther zur Disputation nach Leipzig begleitet. Philipp I. war zwar katholisch erzogen worden, öffnete sich jedoch dem humanistischen Gedankengut und machte das Wolgaster Schloß, seine Residenz, zu einer Pflegestätte des Humanismus. Der Einsatz der Herzöge für die Reformation war also keineswegs nur politisch begründet. Politische und religiöse Motive sind in jener Zeit schwer voneinander zu trennen.

Wichtig für die Durchsetzung der Reformation auf dem Lande wurde die Haltung des Adels. Seine anfängliche Aufgeschlossenheit erwuchs jedoch nicht aus einem Interesse an der Reformation selbst, sondern ergab sich aus den vielfältigen, oft schon seit Generationen schwelenden Konflikten mit den Feldklöstern. Durch die Ausweitung des Klosterbesitzes war der Landadel in seinem Grundbesitz und seinem wirtschaftlichen Einfluß geschmälert worden. Er war nicht nur von den Städten, sondern auch von den vom landwirtschaftlichen Erlös weithin abhängigen Klöstern übertroffen worden. Handstreichartige Auseinandersetzungen zwischen dem Landadel und den Feldklöstern gehörten zum alltäglichen Bild des Mittelalters. Der Adel hoffte nun, einen angemessenen Anteil bei der Säkularisierung des Klostergutes zu erhalten.

Hier überschnitten sich jedoch die Interessen des Adels mit denen der Herzöge. Auf Grund alter Ablagerechte verstanden sich die Herzöge als die Grundherren der Klöster und beanspruchten nach deren Aufhebung das Verfügungsrecht über sie. Der Adel aber widersprach und verließ unter Protest jenen Landtag, auf dem die Reformation eingeführt wurde, so daß eine förmliche Annahme der von Bugenhagen erarbeiteten Kirchenordnung nicht möglich war. Auch der Adel konnte Ansprüche auf das Klostergut geltend machen. Seit langem dienten ihm die Frauenklöster als eine sichere Versorgungsmöglichkeit für die unverheirateten Töchter. Viele der Nonnenklöster wurden dann in der Tat auch in adelige Fräuleinstifte umgewandelt und blieben als Stiftungen – wie zum Beispiel in Bergen – bis ins 20. Jh. hinein erhalten.

Nach dem Treptower Landtag vollzog nun der Adel eine Wendung. Er verbündete sich mit dem altgläubigen Klerus oder versuchte auf eigene Faust, sich am Grundbesitz und Vermögen seiner Pfarrkirchen schadlos zu halten. Der Adel zögerte Kirchenvisitationen in seinem Bereich hinaus und ließ, wo er das Besetzungsrecht der Pfarrstellen besaß, die Pfarren gelegentlich bis zum Ende des 16. Jh. unbesetzt. Die unter landesherrlichem Patronat stehenden Kirchen erhielten, da die Herzöge naturgemäß an einem einheitlichen, geordneten Kirchenwesen in ihrem Lande interessiert waren, in der Regel bald nach der Reformation evangelische Pfarrer. Die Zahl der unter herzoglichem Patronat stehenden Pfarrstellen hatte sich durch die Säkularisation der umfangreichen Klosterländereien beträchtlich erhöht.

AUSWIRKUNGEN DER REFORMATION AUF DIE VOLKSFRÖMMIGKEIT

Die Reformation wurde von der ländlichen Bevölkerung zunächst als Zerstörung und Verfall des kirchlichen Lebens verstanden. Die vertrauten Frömmigkeitsübungen, die den Menschen bisher die religiöse Sicherheit vermittelt hatten, galten nichts mehr. Die Menschen sahen, wie die zahlreichen Kapellen und Wegeheiligtümer verachtet wurden und verfielen. Die neue evangelische Bürgerschaft ließ die vor der Stadt gelegenen Kapellen abbrechen, wenn Baumaterial zur Ausbesserung von Spitälern oder Stadtmauern gebraucht wurde. Die Verwüstungen des Dreißigjährigen Krieges haben bei der späteren Betrachtung vielfach vergessen lassen, daß die meisten während des Krieges völlig ruinierten Kapellen schon längst verfallen waren. Von den über 40 ehemals im Landkreis von Greifswald existierenden Kapellen blieben beispielsweise nur eine mittelalterliche und fünf spätere Nachfolgebauten erhalten.

Mit der Beseitigung des Reliquienwesens und der Verehrung von Heiligen verloren die Menschen ihre bisherigen Mittel und Fürsprecher, mit deren Hilfe sie die vielfältigen Schwierigkeiten ihres mühseligen Lebens seit vielen Generationen bewältigt hatten. Der volkstümliche, neben der Kirche herlaufende Aberglaube erhielt neuen Auftrieb. Seine Begriffswelt läßt sich oftmals unmittelbar aus der alten Heiligenverehrung und dem Wunderblutglauben ableiten. Hinzu kam der wachsende Unterschied im Bildungsniveau zwischen den Menschen in den Städten und auf dem Lande. Der Reformation gelang der Ausbau der niederen Schulen vorerst nur in den Städten.

Viele Dorfkirchen verarmten. Ihre Ländereien waren nicht selten von den adeligen Patronatsherren übernommen worden. Die kirchlichen Gebühren und Abgaben wurden nicht mehr gezahlt. Auch viele Pfarrhäuser verödeten und verfielen. Die Einkünfte der neuen evangelischen Pfarrer reichten oft für ihren Lebensunterhalt nicht aus. Bezeichnend hierfür ist eine Äußerung des damaligen Generalsuperintendenten Jakob Runge aus dem Jahre 1556. «Keiner, der etwas Redliches studiert hat, will sich zum Predigtamt begeben um der schändlichen Armut und Verachtung willen.» Die bis zum heutigen Tage wirksame Kombination mancher selbständiger Gemeinden, die gemeinsam von einem Pfarrer verwaltet werden, geht auf die Reformationszeit zurück und erfolgte schon vor dem Dreißigjährigen Krieg.

Bei der Beurteilung der wirtschaftlichen Situation der evangelischen Geistlichen darf auch die rapide Geldentwertung, die sich im 16. Jh. vollzog, nicht außer acht gelassen werden. Hinzu kam die oft recht demütigende Abhängigkeit der Pfarrer von ihren adeligen Patronatsherren. Die Achtung, die die Pfarrer bisher genossen hatten, verkehrte sich vielfach in Verachtung. Günstiger lagen die Verhältnisse nur für die rügischen Pfarrer. Ihre besonderen Rechte sicherten ihnen weiterhin zum Teil recht beträchtliche Einkünfte und Möglichkeiten der Einflußnahme.

Eine durch theologische Leitbilder nicht überlagerte Betrachtung jener Zeit unmittelbar nach der Reformation offenbart einen erschreckenden religiösen und sittlichen Verfall. Der pommersche Chronist Thomas Kantzow fühlte sich 1540 zu folgender bitteren Feststellung genötigt. «Also daß man billig sagen möchte, daß sich die Leute am Evangelium mehr geschlimmert denn gebessert hätten.»

Vieles der kirchlich gebundenen Frömmigkeit vollzog sich jedoch noch lange nach der Reformation – vor allem auf dem Lande – in den alten, traditionellen Formen. Ein krasses Beispiel hierfür bietet die nur wenige Kilometer von Greifswald gelegene Marienkapelle neben der ehemaligen Wallfahrtskirche in Levenhagen. Obwohl 1578 eine Kirchenvisitation in Levenhagen durchgeführt worden war, pilgerten die Menschen weiterhin zur Levenhäger Maria. Man sah sich 1634 gezwungen, das Gnadenbild zu beseitigen und die Kapelle zu verschließen. Doch noch um 1800 stammte ein Fünftel aller Kircheneinnahmen aus den in die Kapelle geworfenen Gaben, die nun allerdings als Pönitenzgelder betrachtet wurden.

Es gibt eine Reihe von Beispielen, vor allem auf Rügen, daß katholische Pfarrherren zur evangelischen Lehre übertraten und weiterhin in ihren Gemeinden blieben. Diese Geistlichen können an einer spektakulären Aufhebung der bisherigen religiösen Bräuche nicht interessiert gewesen sein. Die liturgischen Gewänder, Alba und Kasel, wurden weiterhin getragen und bei Bedarf neu angefertigt. Sie wurden erst im 18. Jh., nachdem es verboten worden war, diese «papistischen Überbleibsel» zu benutzen, ausgesondert. Der uns heute geläufige schwarze Talar der evangelischen Pfarrer ist in Pommern offiziel erst 1811 eingeführt worden. Auch das Sammeln mit dem Bedelt wurde beibehalten. Die Heiligenbilder auf diesen Sammelbrettern tauschte man erst im Laufe der Zeit durch Bibelsprüche oder Christusbilder aus. Im 17. Jh. wurden die Bedeltbretter dann von den uns noch heute bekannten Klingelbeuteln abgelöst. Wie aus den zahlreichen Visitationsprotokollen hervorgeht, bewahrte man zunächst auch die für den evangelischen Gottesdienst nicht mehr benötigten Dinge wie Weihrauchgefäße, Monstranzen, Breviere und Missalen auf. Im 17. Jh. gerieten sie dann in Vergessenheit. Ihre Spur verliert sich in Kriegswirren und Gerümpelkammern.

Ein deutliches Zeichen für den allgemeinen Fortbestand der mittelalterlichen Frömmigkeitsvorstellungen bietet die Tatsache, daß die Altarschreine mit den Darstellungen der vielen Heiligen und vor allem mit den Darstellungen der besonders gepflegten Marienfrömmigkeit zunächst keinerlei Anstoß auf dem Lande erregten. Die nicht mehr benutzten Nebenaltäre wurden zwar – in der Regel im Zusammenhang mit der Errichtung von Gestühl – beseitigt, die Altaraufsätze der Hauptaltäre blieben jedoch an ihren Plätzen, und die Pfarrer amtierten weiter vor ihnen. Erst bei notwendig gewordenen Kirchenrenovierungen wurden diese Altaraufsätze beseitigt oder verändert.

Diese Hinweise und Beispiele zeigen, daß sich die Reformation auf dem Lande nur sehr langsam, oft auch recht widersprüchlich durchsetzte. Sie blieb hinter den Ereignissen und damit auch hinter den Vorstellungen, die sich in den Städten ausformten, zurück. Die epochale geistesgeschichtliche Neubesinnung der Reformation wurde von den Menschen auf dem Lande erst am Ende des 16. Jh. langsam aufgenommen und zu einem weiterwirkenden Bestandteil ihrer Glaubensvorstellungen gemacht.

DIE HERAUSBILDUNG DER POMMERSCHEN LANDESKIRCHE

Obgleich die förmliche Annahme der von Bugenhagen entworfenen Kirchenordnung durch den Protest der Ritterschaft verhindert worden war, galt sie bei der weiteren Durchsetzung der Reformation als beschlossen und gewann allgemeine Anerkennung. Weitere Bestimmungen hinsichtlich der Gottesdienstordnungen traten 1542 hinzu. Es zeigte sich jedoch bald, daß dies als rechtliche Grundlage für die Neuordnung der Kirche nicht ausreichte. Deshalb verabschiedeten die Landstände 1563 eine neue, zum Teil wesentlich detailliertere Kirchenordnung. Sie blieb jahrhundertelang in Kraft und hat alle Veränderungen in der politischen Oberhoheit Pommerns überdauert. Sie wurde sowohl von der schwedischen als auch von der brandenburg/preußischen Regierung als fortbestehendes Recht anerkannt. Die Einheit der aus der Reformation erwachsenen Landeskirche blieb formal unangetastet. Erst mit der Herausbildung der neuen Gemeindeverfassungen im 19. Jh. und der Entwicklung der Kirchenverfassung im Rahmen der altpreußischen Union wurde die Kirchenordnung von 1563 schrittweise abgelöst.

Auch der Aufbau der kirchlichen Verwaltung und Gerichtsbarkeit wurde weiter vorangetrieben. Die Aufsichtsbezirke der Generalsuperintendenten wurden in Präposituren gegliedert. Entsprechende Gesetze legten 1574/94 die Aufgaben der Präpositi, der späteren Superintendenten, fest. In Anlehnung an die damaligen Hofgerichte wurden von den Herzögen abhängige Konsistorien gebildet. Sie hatten bei Streitigkeiten, die sich bei der Durchführung der die Kirche betreffenden Gesetze ergaben, zu entscheiden. Die Konsistorialinstruktion von 1569 beschreibt den Aufbau und die Aufgaben dieser sich zu Aufsichtsbehörden entwickelnden kirchlichen Gerichte.

In Anbetracht der Tatsache, daß sich in Greifswald eine Universität befand und die Stadt bereits vorher Sitz eines Generaloffizialats war, wurde das Konsistorium für den Landesteil Pommern-Wolgast in Greifswald errichtet. Es bestand hier als geistliches Gericht bis zum 19. Jh. Auch die Generalsuperintendenten für den Landesteil Pommern-Wolgast verlegten sehr bald ihren Sitz vom Wolgaster Hof nach Greifswald. Sie übernahmen nicht nur die erste theologische Professur an der Greifswalder Universität, sondern sehr bald auch die rügischen Superintendentur sowie die Superintendentur der Stadt Greifswald und des Greifswalder Landgebietes.

Von Anfang an war die Einführung der Reformation in der erklärten Absicht betrieben worden, eine einheitliche Landeskirche für das gesamte pommersche Hoheitsgebiet zu schaffen, die auch die nicht zum Kamminer Bistum gehörenden Landesteile umfaßte. Dafür wurden die außerhalb Pommerns liegenden Gebiete des Kamminer Bistums aufgegeben. Das Gebiet des Herzogtums und das Gebiet der pommerschen Kirche waren nun wieder identisch. Die von den pommerschen Fürsten seit der Christianisierung ihres Gebietes beanspruchte, zeitweilig nur unter großen Anstrengungen und Zugeständnissen behauptete Landeshoheit in Religionsangelegenheiten mußte nun unmittelbar wirksam werden. Das gesamte Kirchenwesen lag deshalb in der direkten, ungeteilten Verantwortung der von den Herzögen geführten Landstände. Sie beschlossen die Kirchenordnung und die Agende und legten fest, welche Bekenntnisschriften im Lande galten. Mit der 1565 herausgegebenen Zusammenstellung der in Pommern geltenden Bekenntnisschriften, die die Kirche als eine lutherische Kirche ausweisen, war der Prozeß der Herausbildung einer pommerschen Landeskirche im wesentlichen abgeschlossen.

Es ist das Verdienst der damaligen Theologen, daß der Zusammenhalt der aus der Reformation Luthers erwachsenen Kirchen über die Landesgrenzen hinweg aufrechterhalten wurde und bei der Herausbildung der eigenen Landeskirche bestimmend blieb. Die erforderlichen Beschlüsse der Landtage waren durch die Synoden von den Generalsuperintendenten vorbereitet worden. Diese Synoden stellten Generalkonvente der evangelischen Stadtpfarrer dar. Dorfpfarrer waren – mit gelegentlicher Ausnahme einiger Pfarrer auf Rügen, die auf Grund der Bedeutung ihrer Pfarrorte hinzugezogen wurden – auf diesen Synoden nicht vertreten.

SICHERUNG UND AUFBAU DER EVANGELISCHEN KIRCHE AUF DEM LANDE

Die Besetzung der ländlichen Pfarrstellen mit evangelischen Pfarrern stieß anfangs auf große Schwierigkeiten. Es fehlte an geeigneten Bewerbern. Gelegentlich setzten sich zugewanderte Mönche, Vikare oder Altaristen, die durch die Reformation ihren kümmerlichen Lebensunterhalt in den Städten verloren hatten und sich nicht wieder ins bürgerliche oder bäuerliche Leben fanden oder finden wollten, für kurze Zeit in den Pfarrhäusern fest. Sie hatten weder viel von der katholischen Lehre noch gar von den Gedanken der Reformation begriffen. Gelegentlich kamen wohl auch Laienprediger – meist kleine Handwerker – in die Dörfer. Die bei vielen Dorfkirchen oft in rascher Folge wechselnden Namen der ersten evangelischen Prediger veranschaulichen die anfänglichen Schwierigkeiten bei der Besetzung der Pfarren. Eine geordnete Pfarrverwaltung blieb zunächst die Ausnahme.

Die in der zweiten Hälfte des 16. Jh. auch auf dem Lande in größerem Umfang einsetzenden Visitationen wurden nun zum wichtigsten Instrument beim Auf-

bau der neuen evangelischen Kirche. Sie geschahen unter der Führung der von den Herzögen eingesetzten Generalsuperintendenten. Doch auch die zuständigen Amtsleute waren an ihnen beteiligt. Das Ergebnis dieser Visitationen wurde in den von Notaren ausgefertigten Kirchenmatrikeln festgehalten. Diese Matrikeln gewährten den einzelnen Kirchen neuen Rechtsschutz und sicherten ihnen ihren Besitzstand. Ihre Bedeutung für die weitere kirchliche Entwicklung und die Stabilisierung der kirchlichen Verhältnisse auf dem Lande kann kaum überschätzt werden. Die Rechtsgrundlage hierfür bildete die Kirchenordnung, in der die Durchführung der Visitationen auf den Dörfern in einem besonderen Abschnitt genau geregelt war.

Gleichzeitig versuchte man im Rahmen der Visitation auf die Entwicklung des kirchlichen Lebens einzuwirken. Das Augenmerk wurde dabei auf den ordnungsgemäßen Ablauf der Gottesdienste, die Predigttätigkeit des Pfarrers und den ordnungsgemäßen Vollzug der Amtshandlungen gerichtet. Pfarrer, Kirchenvorsteher und Küster wurden an ihre Pflichten gemahnt und erhielten oft, im Hinblick auf spezielle Fragen im Kirchspiel, genaue Anweisungen. Es fehlte auch nicht an Ermahnungen den Kirchspielbewohnern gegenüber, sich zu den Gottesdiensten und Sakramenten zu halten und sich der kirchlichen Ordnung zu unterwerfen.

Das Amt des Kirchenvorstehers für die kirchliche Vermögensverwaltung der einzelnen Kirchen und Kapellen gewann zunehmend an Bedeutung. Dieses Amt, das vor allem bei den Stadtkirchen, bei der Verwaltung der Spitäler und der Vermögensaufsicht bei den zahlreichen Gilden und Brüderschaften seit langem bekannt war, wurde weiterentwickelt und zu einem festen Bestandteil der kirchlichen Organisation auch in den dörflichen Kirchspielen. Die gewachsene Bedeutung der Kirchenvorsteher läßt sich deutlich an den zahlreichen Glockeninschriften der nachreformatorischen Zeit ablesen, in denen neben dem Pfarrer auch die Kirchenvorsteher namentlich genannt werden. Die Kirchenvorsteher haben ihre Bedeutung bis ins 18. Jh. behaupten können. Im Rahmen des sich immer stärker ausprägenden Absolutismus – anfänglich in patriarchalischer Form und später unter polizeistaatlichem Obrigkeitsdenken – haben sie dann an Einfluß und Bedeutung verloren. Mit der Bildung der Gemeindekirchenräte in der zweiten Hälfte des 19. Jh. kam es dann zu der uns heute geläufigen Vertretung der Gemeinde.

Eine spezielle Form der Visitation fand in der Einrichtung der Partikularsynoden ihren Niederschlag. Hierbei rief der Präpositus oder Superintendent die Pfarrer eines bestimmten Bereichs – anfangs zusammen mit den Küstern – zu sich, um sie zu examinieren und über ihre Amtsführung zu verhören.

Das ging nicht ohne Ermahnungen, Verweise und gelegentliche Geldstrafen ab. Auch sollte das inzwischen von den Pfarrern generell geforderte theologische Studium an einer Universität durch die weitere Beschäftigung mit theologischen Fragen vertieft werden. Diese Partikularsynoden trugen wesentlich zur Herausbildung einheitlicher lutherischer Lehrvorstellungen bei. Sie förderten überdies entscheidend die Ausbildung der Küster, die nicht nur bestimmte Aufgaben hinsichtlich der Gottesdienste wahrzunehmen hatten, sondern auch für viele Beerdigungen, bei denen keineswegs immer eine Leichenpredigt gehalten wurde, verantwortlich waren.

Diese Partikularsynoden, die von den allgemeinen, den Generalsynoden, grundsätzlich zu unterscheiden sind, entwickelten sich bald zu Konventen, in denen der ursprüngliche visitatorische Charakter einem kollegialen, brüderlichen Verhalten wich. Sie entwickelten sich zu Einrichtungen, in denen eine gegenseitige Unterstützung in besonderen Fällen gewährt wurde. Mit unseren heutigen Kreissynoden, die aus den Vorstellungen des gemeindlichen Vertretungsrechtes im 19. Jh. entwickelt wurden, haben die damaligen Partikularsynoden nichts zu tun. Es waren Vorläufer unserer heutigen Pfarrkonvente.

DIE VERWIRKLICHUNG
DES NEUEN GEMEINDEVERSTÄNDNISSES

Zu den einschneidendsten Veränderungen, die durch die Reformation in der Kirche herbeigeführt wurden, gehört die Tatsache, daß die Pfarrer zu Predigern ihrer Gemeinden wurden. Bisher hatten die Menschen auf den Dörfern Predigten in der Regel nur von durchziehenden, Almosen einsammelnden, gelegentlich Ablaß verkaufenden Bettelmönchen gehört oder auf Wallfahrten und Jahrmärkten erlebt. Mit der Reformation wurde nun die Predigt zum Hauptbestandteil des Gottesdienstes. Sie gewann mit der notwendigen Erklärung der reformatorischen Erkenntnisse zwangsläufig einen lehrhaften Charakter.

Es ist erstaunlich, wie rasch sich die Predigt auch auf dem Lande durchsetzte. Sie entsprach offenbar einem bisher unbefriedigten Bedürfnis. Es wurde viel und lange gepredigt. Außer den Predigten an den Sonn- und Festtagen waren auch Wochenpredigten in den Kapellendörfern vorgeschrieben. Am Sonntagnachmittag wurden Katechismuspredigten gehalten. Die Predigten weiteten sich zeitlich derartig aus, daß 1717 Friedrich Wilhelm I. Prediger, die länger als eine Stunde sprachen, mit einer Strafe von zwei Reichstalern bedrohte. An manchen Kanzeln befinden sich noch heute die Sanduhren, die «Stundengläser», mit deren Hilfe die Länge der Predigten gemessen wurde.

Die Predigtsprache war bis in die Mitte des 17. Jh. – in manchen Dörfern aber noch weit länger – das Niederdeutsche. Die Menschen wurden von den Reformatoren bewußt in ihrer Muttersprache angeredet, damit sie die evangelischen Heilswahrheiten verstehen konnten. Auf diese Weise gewann das Niederdeutsche eine nicht mehr erwartete gesellschaftliche Anerkennung. Es wurde, nachdem es schon in den Handelskontoren als ein Zeichen für die Selbständigkeit der Hansestädte gebraucht worden war, in Norddeutschland zu einem Sinnbild für die reformatorische Entwicklung. Das sich schon lange abzeichnende Vordringen des Hochdeutschen, das seit dem 14. Jh. am pommerschen Fürstenhof Eingang gefunden hatte, wurde für einen längeren Zeitraum unterbrochen. Während dieser Zeit hat der parallele Gebrauch des Hoch- und Niederdeutschen zu einer deutlichen Angleichung dieser beiden Dialekte geführt.

Die Aufwertung des Niederdeutschen führte ferner dazu, daß es zur kirchlichen Rechtssprache wurde. Nicht nur die Heilige Schrift und die von Bugenhagen geschaffene Zusammenstellung der Leidensgeschichte – das eigentliche religiöse Volksbuch der damaligen Zeit, das später Eingang in den Anhang des Gesangbuches gefunden hat – wurden in niederdeutscher Übersetzung verbreitet, auch die pommersche Agende von 1542 und die pommerschen Kirchenordnungen von 1535 und 1563 waren niederdeutsch geschrieben. Für sie wurde später eine hochdeutsche Übersetzung erforderlich. Noch im 18. Jh. wurden die Ausgaben der Kirchenordnung zweisprachig gedruckt. Das niederdeutsche Gewand, in dem die Reformation den Menschen des 16. Jh. in Norddeutschland begegnet war, blieb ein lange gehütetes Traditionsgut der pommerschen Kirche.

Das zweite Herzstück des evangelischen Gottesdienstes war das Abendmahl. Die Austeilung auch des Weines war zu einem Sinnbild für den Sieg der Reformation geworden. Auf Grund dieser hervorgehobenen Bedeutung erforderte der Gang zum Abendmahl eine sehr ernsthafte Vorbereitung und wurde zu einem besonderen gottesdienstlichen Ereignis. Da nun der Kelch allen Kommunikanten gereicht wurde, änderte sich auch seine Form. Der bisherige Kelchbecher war zu klein. Eine ganze Reihe mittelalterlicher Kelche ist den neuen Erfordernissen entsprechend umgearbeitet worden.

Auf Grund der Bedeutung, die die Predigt mit der Reformation gewonnen hatte, wurde nun die Kanzel zum neuen, wichtigen Ausstattungsstück der aus dem Mittelalter überkommenen Kirchen. Bisher hatte es Kanzeln nur in Stadt- und Wallfahrtskirchen gegeben. Die Reste einer mittelalterlichen Kanzel in Voigdehagen stellen eine Ausnahme dar, die sich aus der Tatsache erklärt, daß Voigdehagen die Pfarrkirche des Stralsunder Kirchherrn war. An den nun in allen Kirchen und Kapellen zu errichtenden Kanzeln wurde das neu begriffene, evangelische Verständnis in reichen Bildprogrammen entfaltet.

In der Regel erhielten die Kanzeln ihren Platz an der Nordseite des Triumphbogens und verbanden nun den Chor, den Raum für den am Altar amtierenden Priester, mit dem Schiff, dem Raum der zuhörenden Gemeinde. Die Kanzel wurde damit zu einem anschaulichen Hinweis auf die neue Stellung und die neuen Aufgaben des Pfarrers. Die mittelalterlichen Kirchenräume waren nicht von der Predigt her konzipiert worden, dennoch kamen gerade die Dorfkirchen auf Grund ihres saalartigen Charakters den neuen Anforderungen durchaus entgegen.

Der Errichtung der Kanzel für den Prediger entspricht der Einbau von Gestühl für die Predigthörer. Die Menschen hatten bisher stehend oder kniend an den Meßfeiern teilgenommen und sich bei gelegentlichen Predigten nach Bedarf und Möglichkeit gelagert. Nun, da für die Predigthörer Gestühl, Emporen und Bänke aufgestellt und eingebaut wurden, ergab sich ein weit höherer Platzbedarf als zuvor. Die Nebenaltäre fielen rasch diesem Bedürfnis zum Opfer.

Das Gestühl wurde in der Regel als privates oder genossenschaftliches für die Kirchenpatrone und die Dorfgemeinschaften einzelner zum Kirchspiel gehörender Orte errichtet. Auch die Kirche war vielfach an der Errichtung des Gestühls beteiligt. Sie forderte deshalb Miete für die Benutzung der Bänke. Knechte und Mägde brauchten allerdings nichts zu zahlen. Für sie waren die Bänke in den hintersten Reihen bestimmt. Das Gestühl und die Emporen sind in ihrer Anordnung, ihrer Gestaltung und ihrem Schmuck ein getreues Spiegelbild der jeweiligen sozialen Schichtung im Kirchspiel. Männer und Frauen saßen in gesonderten Bänken, rechts und links vom Mittelgang, und gingen getrennt – auch Eheleute – zum Abendmahl. Gelegentlich kann man noch heute Schilder an den Bänken finden mit der Bezeichnung der Ortschaften, für die die Bänke bestimmt gewesen waren. Die meisten Dorfkirchen waren – wie es sich aus den Verzeichnissen für die Bankmieten ergibt – bereits um 1600 mit Gestühl ausgestattet.

Die Emporen für die Patronatsherren und die anderen adeligen Grundherren im Kirchspiel waren besonders hervorgehoben und in der Regel reich verziert. Sie erhielten ihren Platz nach Möglichkeit im Altarraum, oft unmittelbar neben, manchmal beinahe über dem Altar. Nicht selten waren diese Patronatslogen über besondere, von außen angelegte Treppenaufgänge zu erreichen. Gitterfenster, die sich öffnen und verschließen ließen, grenzten die Logen vom gemeinsamen Kirchenraum ab. Später, in der Zeit des Barocks, erhielten sie – vor allem in den Schloßkapellen – bequeme Sessel, eventuell eine Beheizungsmöglichkeit oder gar eine kleine Bibliothek. Von diesen künstlerisch oftmals sehr wertvollen, kulturgeschichtlich interessanten Patronatslogen sind nur noch wenige erhalten geblieben. Sie sind vielfach erst bei den jüngsten Renovierungen beseitigt worden, da sie seit 1945 keinerlei Funktionen mehr besaßen. Völlig zu Recht hatte man oftmals das Empfinden, daß sie den Altarraum unangemessen verstellten.

Seit langem hatte man in den Kirchen Tote bestattet. Eine Reihe schöner mittelalterlicher Grabplatten sind auch in den Dorfkirchen erhalten geblieben. Nach der Reformation wurden nun immer häufiger Grab- und Gedächtniskapellen eingerichtet, Grüfte angelegt. Statt der Nebenaltäre, an denen früher vielfach die Seelenmessen für die Verstorbenen gelesen worden waren, brachte man nun erhöht und gut sichtbar Epitaphe an. Auch sie spiegeln die soziale Stellung ihrer Stifter wider. Neben volkskundlichen Beispielen finden sich künstlerisch oft sehr wertvolle Epitaphe, die den Kirchenraum von ihrer Wirkung her oft stärker beherrschen als Kanzel und Altar. Dadurch gewannen die Kirchenräume gelegentlich den Charakter einer Ahnen- und Gedächtnishalle für den Grundherrn. Was im Mittelalter den hohen Geistlichen und den Angehörigen der Fürstenhäuser vorbehalten war, wurde nun auch vom mittleren und kleineren Landadel, gelegentlich von reichen Bauern und Schiffern für sich beansprucht.

Die Grabstellen in den Kirchen waren wie das Gestühl privates Eigentum. Sie wurden gekauft, weiterverkauft und geerbt. Oft wurden die Kapellen für die Erbbegräbnisse mit reich verzierten, repräsentativen Holzverschlägen abgegrenzt. Die begehrtesten Grabplätze waren natürlich möglichst nahe am Altar. So wurden die Kirchen nicht nur immer weiter mit Gestühl, Emporen und Gedächtniskapellen vollgestellt, auch der Fußboden wurde im Hinblick auf die Begräbnismöglichkeiten nahezu parzelliert. Erst seit dem Ende des 18. Jh. war das Begraben in den Kirchen verboten.

In dieser neuen Einrichtung der evangelischen Kirchen, der privaten Inbesitznahme des Kirchenraumes, schlägt sich das neue Gemeindeverständnis nieder, das Bewußtsein einer gleichberechtigten Teilhabe an der Kirche. Zugleich wird mit aller Kraßheit deutlich, wie stark dieses evangelische Gemeindebewußtsein durch das gesellschaftliche Gefüge jener Zeit gebrochen wurde. Der Anteil an der Kirche entsprach der jeweiligen gesellschaftlichen Stellung des Gemeindegliedes. Die soziale Integration, die der von Gestühl freie mittelalterliche Kirchenraum geboten hatte, ging verloren. Die von der Kirche zusammengehaltene, einheitliche Welt des Mittelalters war nun auch auf dem Lande unwiederbringlich dahin. Die Kirche war nicht mehr der vorgegebene Rahmen, sondern konnte und mußte selbst ergriffen und gestaltet werden. Das war eine Aufgabe, deren Bewältigung man sich zu einfach vorgestellt hatte. Sie zwang dazu, mühsame und schmerzliche Lernprozesse zu durchlaufen.

Da das Land seit langem mit ausreichend großen mittelalterlichen Kirchen versehen war, ist es nur noch in Ausnahmefällen zum Bau einer neuen Pfarrkirche gekommen. Eine solche Ausnahme stellt die um 1600 in Deyelsdorf errichtete Kirche dar. Im Jahre 1498 war das Kirchspiel Dorow wahrscheinlich auf Grund von Rangstreitigkeiten zwischen den beiden, als Patronatsherren im Kirchspiel ansässigen, wichtigen vorpommerschen Adelsfamilien, den von Bugenhagen und den von Behr, in die Kirchspiele Nehringen und Bassendorf aufgegliedert worden. Die in Deyelsdorf ansässigen von Behr ließen 1583 die ehemals als Filialkirche errichtete Kirche von Bassendorf abbrechen und statt dessen an ihrem Adelssitz an Stelle der bisherigen Kapelle eine neue Pfarrkirche errichten. Dieser sich in den Formen an der 1575–1577 errichteten Schloßkirche in Stettin orientierende Bau kann als Konkurrenzbau zu der in gleicher Zeit von den von Bugenhagen prächtig ausgestatteten Kirche in Nehringen, die ebenfalls auf einen mittelalterlichen Bau zurückgeht, verstanden werden. Mit der Deyelsdorfer Kirche dokumentierten die von Behr sehr anschaulich ihre Stellung und ihre Ansprüche am pommerschen Herzogshof. Bei den anderen in jener Zeit errichteten Kirchenbauten handelt es sich um Schloß- oder Gutskapellen.

Die evangelische Landeskirche innerhalb der politischen, religiösen und sozialen Auseinandersetzungen seit dem 17. Jahrhundert

DER DREISSIGJÄHRIGE KRIEG 1618–1648 DAS ENDE DES POMMERSCHEN FÜRSTENHAUSES

Der wechselhafte Verlauf des Dreißigjährigen Krieges braucht hier im einzelnen nicht dargestellt zu werden. Statt dessen ist zu zeigen, wie die Menschen auf den Dörfern den Krieg erlebten. Weit konsequenter als bisher wurden Söldnerheere aufgestellt und eingesetzt. Pünktliche Soldzahlung und Plünderungserlaubnis hielten die Soldaten zusammen. Was die Truppe benötigte, mußte von der Bevölkerung der besetzten Gebiete herbeigeschafft werden. In den Städten vollzog sich das vielfach noch im Rahmen mehr oder minder geregelter Kontributionszahlungen. Auf den Dörfern waren die Menschen der Willkür unmittelbar ausgesetzt. Die schwedischen Söldner standen dabei bald den kaiserlichen Truppen in nichts nach und überboten sie schließlich an Brutalität. Es gibt eine Reihe erschütternder Schilderungen und Notizen einzelner Dorfpfarrer aus jener Zeit.

Der Dreißigjährige Krieg brachte den schutzlos preisgegebenen Dörfern die schlimmsten Verwüstungen, die das Land seit Jahrhunderten erlebt hatte. Plünderung, Gewalttätigkeit, Brand, Hunger und Tod haben ganze Landstriche buchstäblich entvölkert. Am Ende des Krieges waren viele Dörfer, selbst wenn noch einzelne Häuser und Ruinen standen, menschenleer. Diejenigen, die sich in die Wälder flüchten konnten, kratzten Rinde von den Bäumen, um nur etwas zu essen. Wer schließlich noch einen Spaten hatte, um ein kleines Stück Land umzugraben und zu bestellen, der wurde für einen reichen Mann gehalten.

Die Schrecken waren zum alltäglichen Begleiter geworden und bemächtigten sich der Phantasie der Menschen. Blutregen und andere Mirakel schürten die Angst. Das Entdecken immer neuer, bedrohlicher Vorzeichen wollte kein Ende nehmen. Die wachsende Unsicherheit der Menschen nährte Verdächtigungen und Mißgunst. In diesem Klima der Angst und des Aberglaubens erhielt der Hexenwahn beträchtlichen Auftrieb. In dem Roman «Die Bernsteinhexe», mit seiner auf der Insel Usedom lokalisierten Handlung, schilderte der Koserower Pfarrer Wilhelm Meinhold in der Mitte des vorigen Jahrhunderts jene Zeit.

Auch die Kirchen waren nicht verschont geblieben. Man hatte sie aufgebrochen, beraubt und dabei oft völlig demoliert. Die Verluste an Ausstattungsstücken sind kaum zu ermessen. Nicht selten wurden Pfarrer, Küster und Kirchenvorsteher mißhandelt, weil man von ihnen die vermeintlichen Verstecke für das Kirchensilber erfahren wollte. Zahllose Pfarrhäuser gingen in Flammen auf. Mit ihnen verbrannten Akten und Kirchenbücher. Wo es möglich war, flohen die Pfarrer in nahe gelegene Städte. Am Ende des Krieges waren viele Kirchspiele verwaist. Bereits 1640 hatten in Vorpommern drei Jahre lang keine Ordinationen stattgefunden.

Zunächst hatte man den Krieg in Pommern eine Reihe von Jahren aus der Ferne beobachten können, ohne jedoch nennenswerte Verteidigungsvorkehrungen zu treffen. Die kinderlos gebliebenen Fürsten des pommerschen Herzogshauses waren gestorben. Als letzter vereinigte Bogislaw XIV. seit 1625 Pommern unter seiner schwachen Führung. Da auch er keine Nachkommen hatte, wurde der schon seit langem mit Brandenburg geschlossene Erbvertrag zu einem wichtigen Beweggrund für die Politik der den Krieg führenden Parteien. In jener Zeit näherten sich die Kämpfe der pommerschen Grenzen. Ende 1627 erschienen kaiserliche Truppen im Land. Ungeachtet aller Durchzugsverträge, die auch die Zusicherung enthielten, daß man den lutherischen Bekenntnisstand in Pommern respektieren wollte, wurde das Land als besetztes, feindliches Gebiet behandelt. Nur Stralsund widersetzte sich. Wallenstein, der «Generalissimus des Baltischen und Ozeanischen Meeres», vermochte die zur See hin offene Stadt, die von den Schweden rasch entsetzt werden konnte, nicht zu zwingen. Durch den von der anfangs relativ kleinen schwedischen Besatzung der Stadt aufgenötigten Widerstand lieferte sich Stralsund den Schweden immer mehr aus und löste sich faktisch nicht nur von Pommern, sondern auch vom Reich. Aus den schwedischen Beistandszusicherungen entwickelte sich eine nicht mehr auflösbare Abhängigkeit. Die schwedische Besatzung in der Stadt bot nun sowohl ihren eigenen wie den kaiserlichen Generälen einen ständigen Vorwand zum Eingreifen.

Weithin hatte man zwar auch in Pommern begriffen, daß die Eroberung Norddeutschlands durch die Kaiserlichen, die Truppen der katholischen Kriegspartei, die errungene Reformation aufs äußerste gefährdete. Man war jedoch anfangs keineswegs gewillt, sich dem schwedischen Retter bedingungslos in die Hände zu geben. Doch Gustav II. Adolf von Schweden ließ sich nicht aufhalten und landete im Sommer 1630 – gerade als das Gedächtnis der Confessio Augustana feierlich begangen wurde – in Peenemünde. Von der lutherischen Geistlichkeit als Retter des evangelischen Glaubens gefeiert, begann er seinen Siegeszug. Für den pommerschen Herzog und seine Regierung bedeutete dieser Siegeszug jedoch eine der schwersten Demütigungen, die das Herzogtum jemals erfahren hatte. Der Prozeß der Loslösung vom Reich ließ sich nun nicht mehr aufhalten. Die lutherische Konfessionsverwandtschaft zwischen Schweden und Pommern vermochte über die Eroberungsabsichten der Schweden nicht hinwegzutäuschen.

Der Beginn der dreißiger Jahre brachte Pommern zunächst eine Verschnaufpause. Man begann mit der Wiederherstellung zerstörter Kirchen. Auch die kirchliche Visitationstätigkeit setzte wieder ein. Bogislaw XIV. sorgte für eine bessere Ausstattung der darniederliegenden Greifswalder Universität und überwies ihr das im Krieg vielfach zerstörte, aber sehr fruchtbare Gebiet des ehemaligen Klosters Eldena. Die Treue des Landes zum lutherischen Bekenntnis wurde in der Regimentsverfassung des Herzogtums erneut festgeschrieben. Als der Schwedenkönig 1632 in der Schlacht bei Lützen gefallen war und seine Leiche in einem glanzvollen Zug in die Heimat überführt wurde, ließ man sie im Wolgaster Schloß noch einmal feierlich aufbahren.

Die konfessionellen Auseinandersetzungen hatten sich inzwischen weiter zugespitzt. Man kämpfte nicht nur gegen die kaiserliche, die katholische Partei, sondern mit gleicher Schärfe auch gegen den Kalvinismus. Die reformatorischen Überzeugungen waren lehrmäßig immer weiter ausgebaut worden. Dabei arteten die Auseinandersetzungen zwischen diesen ein-

zelnen Lehrmeinungen in theologische Rechthaberei aus. Durch den 1613 erfolgten Übertritt des Brandenburger Kurfürsten Johann Sigismund zum Kalvinismus sah sich die lutherische Geistlichkeit in Pommern veranlaßt, mit Nachdruck gegen Brandenburg und seine pommerschen Erbansprüche aufzutreten, obgleich der Kurfürst bereits ein Jahr nach seinem Übertritt den ungehinderten Bestand des Luthertums in seinem Lande zugesichert hatte. Die pommersche Geistlichkeit vereitelte alle Bemühungen um eine Verständigung Pommerns mit Brandenburg und arbeitete dem schwedischen Eroberer gezielt in die Hände. Die großen Kirchengebete wurden mit ihren Verdammungen der «Papisten, Kalvinisten und anderer Rottengeister» zu einem wirksamen Instrument kirchlicher Einflußnahme. So war das kirchliche Leben im Dreißigjährigen Krieg einerseits durch immer häufigere Buß- und Bittgottesdienste und andererseits durch das Schüren einer immer ärgeren konfessionellen Intoleranz bestimmt.

Die kaiserlichen Truppen brachen abermals ins Land. Auch die Brandenburger kamen, um ihre Anwartschaft auf Pommern zu sichern. In dieser Zeit der Demütigung und Bedrängnis starb im März 1637 der kranke und von keiner kriegführenden Seite mehr respektierte Bogislaw. Mit ihm war das pommersche Herzogshaus, das das Land Jahrhunderte regiert und seinerzeit nicht nur zum Christentum, sondern auch zum evangelischen Glauben geführt hatte, erloschen. In völliger Zerrüttung und Unfreiheit war es den Erb- und Eroberungsansprüchen seiner Nachbarn und Freunde ausgeliefert.

Die letzte Phase des Krieges war für Pommern die bitterste und verheerendste. Das Herzogtum wurde zu einem Tummelplatz vor allem der schwedischen Söldnerhaufen, die nach zeitgenössischen Berichten in Pommern schlimmer gehaust haben als der ärgste Feind. Während Schweden in anderen Teilen Deutschlands empfindliche Niederlagen erlebte, vermochte es sich in Pommern zu behaupten und Teile des Herzogtums der schwedischen Krone für lange Zeit anzugliedern.

POMMERN UNTER SCHWEDISCHER HERRSCHAFT

Nachdem im Westfälischen Frieden der Krone Schwedens unter anderem Vorpommern mit den Inseln Rügen, Usedom und Wollin sowie das Gebiet um Stettin zugesprochen worden war, bemühte sich die schwedische Regierung, den wirtschaftlichen Wiederaufbau der ausgebluteten neuen Erwerbungen einzuleiten und zu fördern. Man ging dabei mit großem Geschick vor. Die schwedische Krone gestand dem Herzogtum seine alte Landesverfassung, die sogenannte Regimentsverfassung, zu und bestätigte den

Städten ihre zahlreichen Privilegien. Auch der pommerschen Kirche wurde ihre überkommene Kirchenordnung bestätigt. Der schwedische Teil Pommerns gewann damit einen Sonderstatus innerhalb des schwedischen Königreiches und blieb trotz seiner Zugehörigkeit zur schwedischen Krone ein deutsches Gebiet. Stralsund wurde dabei zum wirtschaftlichen und Greifswald mit seiner Universität zum geistigen Mittelpunkt des Landes.

Zunächst gingen jedoch die Auseinandersetzungen Schwedens mit Polen, Dänemark und Brandenburg weiter. In den Kriegen der fünfziger und siebziger Jahre, in denen Schweden die Gebiete jenseits der Oder an Brandenburg abtreten mußte, wurde Pommern erneut zum Kriegsschauplatz. Es ist verständlich, daß das Land unter diesen Umständen die Folgen des Dreißigjährigen Krieges trotz vieler Bemühungen nur langsam überwinden konnte. Die ein halbes Jahrhundert nach der Beendigung des Dreißigjährigen Krieges für Pommern aufgenommene schwedische Landesmatrikel – ein in Deutschland einmaliges frühes Katasterwerk – zeigt, daß von den verwüsteten Bauernstellen immer noch viele nicht besetzt waren.

Der Nordische Krieg (1700–1721), in dem Rußland Schweden als Ostseegroßmacht ablöste, machte Vorpommern wiederum zum Kriegsschauplatz. Gelegentlich erlebten dabei die Menschen auf den Dörfern voller Staunen und Unverständnis, wie russische Soldaten entsprechend der orthodoxen Bilderverehrung die alten Heiligenfiguren respektierten. Diese erste, von Krieg und Plünderung überschattete, zufällige Berührung mit der orthodoxen Kirche ist den Menschen längere Zeit in Erinnerung geblieben. Im Ergebnis des Nordischen Krieges behielt Schweden nur noch das Gebiet nördlich der Peene, den später Neuvorpommern genannten Teil. Die südlichen Teile Vorpommerns und die Insel Usedom fielen an Brandenburg. Sie gerieten damit in den Bereich einer offiziellen konfessionellen Toleranz gegenüber dem reformierten Bekenntnis. Eine entsprechende Toleranz zeichnete sich in dem schwedisch gebliebenen Teil erst viel später ab.

Mit dem Erstarken des Absolutismus und der Herausbildung einer polizeistaatlich denkenden und handelnden Verwaltung wurde auch die Kirche konsequent als Erfüllungsgehilfe staatlicher Aufgaben herangezogen. Die Pfarrer hatten die staatlichen Verordnungen bis hin zu den Steckbriefen für Deserteure und Verbrecher von den Kanzeln zu verlesen, Listen über den Bevölkerungsbestand und den Viehbesatz zu führen sowie Berichte über die Verluste bei der häufig grassierenden Hornviehseuche einzureichen. Im ganzen entwickelte sich jedoch ein relativ geruhsames Leben. Von der übrigen Entwicklung in Deutschland nur noch am Rande berührt, genoß man seine abgeschiedene Lage, pflegte seine relative Selbständigkeit und freute sich seines selbstgenügsamen Daseins.

In jener Zeit entwickelte sich der ehemalige Wallfahrtsort Kenz mit seinem für heilkräftig gehaltenen Brunnen zu einem Kurort. Hier trafen sich während des Sommers die gesellschaftlichen Kreise von Schwedisch-Vorpommern.

DIE ZEIT DES BAROCKS

Nach der Beendigung der vielen Kriege, die im 17. und Anfang des 18. Jh. das Land heimgesucht hatten, ergab sich die Notwendigkeit, die zerstörten Kirchen wieder instand zu setzen und neu auszustatten. Die Mehrzahl der Dorfkirchen ist im Inneren durch eine spätbarocke Ausstattung geprägt. Die im 17. Jh. vielfach sehr subtilen, oft geradezu ausgeklügelten Bildprogramme der Altaraufsätze und Kanzeln, die durch die Anbringung einer Vielzahl von Bibelzitaten erklärt und ausgedeutet wurden, wandelten sich zu symbolhaften, allegorischen Darstellungen einer immer stärker individuell geprägten Frömmigkeit.

Besonders auffällig sind die zahlreichen Engelfiguren, die als Putten, vielfach auch als geflügelte Engelköpfchen den ganzen Kirchenraum bevölkern. Sie tragen das kleine Lesepult auf der Kanzel, sitzen auf den Altarverzierungen, den Kanzeldeckeln, Orgeln und Emporen. Sie musizieren und singen. Dabei halten sie oft Instrumente und Notenblätter in den Händen oder bieten die Marterwerkzeuge Christi dar. Diese kindlichen, pausbäckigen Figuren erschienen allein schon durch ihre Körperrundungen als ein Sinnbild himmlischen Reichtums und Überflusses. Sie entsprachen auf diese Weise den Wunschbildern der oft kärglich lebenden Dorfbewohner. Zugleich vermischen sich in diesen Engeldarstellungen die himmlische Daseinsfreude mit den Vorstellungen von einer kindlichen und damit himmlischen Unschuld. Die Engel sind kleine, überall gegenwärtige, Gott lobende, dienstbare Geister. Gelegentlich erscheinen sie jedoch auch als schöne, jugendliche Helfer, die Lesepult und Taufschale tragen, oder schweben als Taufengel, die nach Bedarf herabgelassen werden können, an einer speziellen Vorrichtung hängend, im Altarraum.

Die Predigten, die auch auf dem Lande in für die Bewohner völlig unverständliche Polemik abgeglitten waren, gewannen nun immer stärker einen erbaulichen Charakter. Die allegorischen Darstellungen an den Brüstungen der Emporen und des Gestühls sind ein treues Spiegelbild der veränderten Predigtweise. Die Dorfkirchen bergen zahlreiche volkskundliche Zeugnisse einer naiven religiösen Malerei. Mit ihrem moralisierenden, manchmal scharadenartigen Inhalt erscheinen uns diese Bilder heute als Vorläufer der im 19. Jh. so beliebten Bilderbögen. Bestimmte Mahn- und Trostworte versuchte man gelegentlich wörtlich in Bilder umzusetzen. So kommt es dann, daß ein Beter

Jesus sein Herz darreicht und es von Jesus gereinigt zurückerhält. Damit beim Betrachter auch kein Irrtum entsteht, sind die Herzen dann noch genau als «sündiges altes Herz» und «reines neues Herz» bezeichnet.

Manches von dem barocken Gestühl in den Kirchen ist dem Betrachter heute hinsichtlich seiner ursprünglichen Bedeutung und Nutzung nicht mehr verständlich. Bis zum Beginn des 19. Jh. wurde die Beichte vor dem Gang zum Abendmahl in besonderen Beichtstühlen gehalten. Es sind schrankartige, zum Kirchenraum hin abgeschlossene, durch eine Tür zu betretende Kammern, in denen der Pfarrer die Beichtenden einzeln oder in kleinen Gruppen verhörte, ihnen die Absolution zusprach und seelsorgerlich auf sie einzuwirken versuchte.

Hinzuweisen ist auch auf die noch mehrfach anzutreffenden Kanzelaltäre. Hier hat die protestantische Zuordnung von Wort und Sakrament eine unmittelbare, anschauliche Darstellung gefunden. Nicht eine festgeschriebene, zitierbare Formulierung, sondern das durch den Prediger zu vermittelnde Wort Gottes bildet den entscheidenden Bezugspunkt. Im Unterschied zu den bisherigen Altaraufsätzen sind die Kanzelaltäre erst im Vollzug des Gottesdienstes eine in sich abgeschlossene Darstellung des damaligen theologischen und kirchlichen Verständnisses. Der predigende Seelsorger wird zu einem bestimmten Bestandteil dieser Darstellung. Der Gottesdienstbesucher bleibt jedoch nicht bloßer Betrachter, sondern wird durch den Gesang und die Teilnahme am Abendmahl in die Darstellung der Heilswirklichkeit Gottes einbezogen. Hierbei ist noch ein weiterer Gesichtspunkt zu beachten. Die Kanzelaltäre eröffnen die Möglichkeit, das Gestühl nicht nur näher an den Altar heranzuführen, sondern auch an den Seiten unmittelbar mit dem Altar zu verbinden. Die Gemeinde wird auf diese Weise zusammen mit dem Prediger um Wort und Sakrament zusammengeschlossen.

Als weiteres Ausstattungsstück kam nun auch in den Dorfkirchen die Orgel hinzu. Zwar hat es bereits im ausgehenden Mittelalter vereinzelt Orgeln in Dorfkirchen gegeben – Zirkow ist ein Beispiel dafür –, im allgemeinen blieben sie jedoch bis zum 18. Jh. den Stadtkirchen vorbehalten. Die durchgängige Ausstattung der Dorfkirchen mit Orgeln setzte erst im 19. Jh. ein, als die große Zeit des evangelischen Chorals, der erheblich dazu beigetragen hat, daß sich die lutherische Lehre in den Herzen der Menschen festsetzte, zu Ende ging. Man kann nicht sagen, daß die Orgeln in den Dorfkirchen den Gemeindegesang in dem traditionell nicht allzu singefreudigen Vorpommern gefördert haben. Mehr und mehr fühlte man sich durch die Orgeln vom Singen entlastet.

Vielfach stand man im 18. Jh. vor der Aufgabe, zerstörte Kirchen völlig neu herzurichten oder – wie im Gebiet der Ueckermünder Heide, in dem erst in jener Zeit Siedler angesetzt wurden – neu zu bauen. Es waren in der Regel schlichte, aus Fachwerk rasch errichtete Gottesdienststätten. Die damals gebauten Kapellen haben wir uns besonders einfach, nach unseren heutigen Maßstäben oft ärmlich vorzustellen. Sie sind damit ein treues Spiegelbild jener Zeit und zeigen, wie relativ für die Mehrheit der Dorfbevölkerung der bescheidene Wohlstand und das geruhsame Leben unter den drei Kronen war.

Etwas aufwendiger und dauerhafter waren die Schloßkapellen, die vielfach in Verbindung mit dem Neubau der Adelssitze auf dem Lande errichtet wurden. Auch bereits vorhandene Kirchen sind gelegentlich in die Gestaltung der neuen Schloßkomplexe einbezogen worden. Auf diese Weise gewannen einzelne Adelsdörfer den Charakter einer Miniresidenz. Ein besonders schönes Beispiel hierfür bietet die Schloßanlage in Nehringen, in die man die bereits prächtig ausgestattete ältere Kirche geschickt eingefügt hat. War den alten Dorfkirchen bisher, sofern ein entsprechend einflußreicher Grundherr das Patronat über sie besaß – wie zum Beispiel in Vilmnitz –, der Stempel kleiner Hofkirchen aufgeprägt worden, so wurden nun den neu errichteten Schloßkapellen geradezu selbstverständlich auch die Aufgaben von Dorfkirchen zugewiesen. Die zahlreichen, vielfach erhalten gebliebenen Schloßkapellen stellen häufig eine eigentümliche, keineswegs spannungsfreie, patriarchalisch verklärte Mischung von Schloßkapelle und Dorfkirche dar.

ERBUNTERTÄNIGKEIT UND TAGELÖHNERDASEIN

Mit dem Entstehen der Gutsherrschaft war es zu einer verstärkten Abhängigkeit der ländlichen Bevölkerung von ihren Grundherren gekommen. Es hatte sich die Erbuntertänigkeit herausgebildet. Danach waren die Untertanen an das jeweilige Gut gebunden und gehörten mit ihren Familien – nicht viel anders als das Vieh – zum lebenden Inventar. Immer häufiger wurden Bauerndörfer durch ihre Grundherren in Ackerwerke, Pachthöfe oder Holländereien umgewandelt, weil sich auf diese Weise ein größerer wirtschaftlicher Nutzen erzielen ließ. Auch die Greifswalder Universität folgte im Bereich ihrer Grundherrschaft diesen Vorstellungen.

Im rügisch-vorpommerschen Gebiet setzte dieses Bauernlegen erst Ende des 16., Anfang des 17. Jh. ein. Seinen Höhepunkt erreichte es um 1800. In jener Zeit entstanden mehr Wüstungen auf der Insel Rügen als während des Dreißigjährigen Krieges. Von den 23 000 Einwohnern, die 1783 auf der Insel lebten, wohnten nur etwas mehr als 2000 in den beiden kleinen Landstädten Garz und Bergen. Von der Landbevölkerung waren etwa 15 000 Leibeigene. Der Berliner Ober-konsistorialrat Propst Zöllner berichtete über seine Reise nach Rügen im Jahre 1795 unter anderem: «Der ganze Strich ist mit adligen Höfen wie besät. Ich sage mit Höfen, nicht mit Dörfern, denn die meisten Güter bestehen bloß aus einem herrschaftlichen Wohnhause und wenigen Wirtschaftsgebäuden, wozu bisweilen noch einige Einlieger-Wohnungen kommen. Von den ehemaligen Dörfern sind nur wenige übrig, seit es hier wie im Mecklenburgischen Sitte geworden ist, die Bauern zu legen, d. h. ihre Wohnungen eingehen zu lassen und ihre Äcker zum herrschaftlichen Lande zu schlagen.»

Auf Grund alter Sonderrechte waren auch die Kirchen auf der Insel Rügen recht ansehnliche Grundherren gewesen. Viele der Eingepfarrten waren zugleich Untertanen ihrer Pfarrkirche, und die Pfarrer nahmen grundherrliche Rechte ihnen gegenüber wahr. Ein rühmliches Beispiel gab hier der zu den Kreisen der Aufklärung gehörende Präpositus Picht in Gingst, der bereits 1774 seine sämtlichen Untertanen freiließ. Besondere Verdienste bei der Aufhebung der Leibeigenschaft in Vorpommern hat sich der aus Rügen stammende Dichter und Patriot Ernst Moritz Arndt erworben. In seiner 1803 erschienenen Schrift «Versuch einer Geschichte der Leibeigenschaft in Pommern und Rügen» deckte er das sittliche Unrecht und die politische Torheit der Leibeigenschaft auf. «Die Habsucht», so schrieb er unter anderem, «hat über die Humanität gesiegt. Je höher der Ertrag der Äcker geworden ist, desto mehr hat man geeilt, die Bauernhöfe zu zerstören und Höfe und Vorwerke daraus zu machen.» «Wieviel schöne Dörfer sind so in den letzten 20 Jahren zu stolzen Rittersitzen und ihre alten Inhaber aus Besitzern eines leidlichen Herdes zu dienenden Knechten geworden!» Mit seiner Schrift trug Arndt dazu bei, daß die Leibeigenschaft 1806 in Schwedisch-Vorpommern aufgehoben wurde. Etwa zur gleichen Zeit erfolgte im Zusammenhang mit den preußischen Reformen auch in Preußen die Aufhebung der Leibeigenschaft.

Die Bauernbefreiung ist vor dem Hintergrund des nationalen Aufbruchs zu sehen, der dann in den Befreiungskriegen seinen unmittelbaren Ausdruck fand. Mit ihm wurde nicht nur die napoleonische Fremdherrschaft abgeschüttelt, sondern auch das ebenfalls von französischen Truppen besetzte Schwedisch-Vorpommern von Schweden gelöst, wieder mit Pommern verbunden und damit Preußen angegliedert. Auch hierbei ist der persönliche Einsatz Arndts, der an der Aufrechterhaltung geheimer Verbindungen beteiligt war, den Menschen auf dem Lande in lebendiger Erinnerung geblieben. Was er in einem seiner Choräle gesungen hat: «Die Freiheit und das Himmelreich gewinnen keine Halben!» war für ihn selbst eine unabdingbare Verpflichtung.

Doch weder die Befreiung von der Leibeigenschaft noch vom französischen Joch brachte den auf den Gutshöfen arbeitenden Menschen die erhofften Erleichterungen. Als freie Tagelöhner blieben sie von der Gutsherrschaft weiterhin materiell abhängig. Vor allem dort, wo die Besitzer rasch wechselten und die Güter auf Zeitpacht nahmen, fiel jede persönliche Bindung, die sich im Rahmen alter patriarchalischer Ordnungen vielfach noch erhalten hatte, fort. Besonders erbärmliche Bedingungen ergaben sich auf jenen Gütern, auf denen man sich in der Hoffnung, die sich rasch vergrößernden Manufakturen gewinngünstig mit Wolle beliefern zu können, in großem Umfang der Schafzucht zugewandt hatte. Die alles abweidenden Schafherden verwandelten weite Landstriche in ein mit einzelnen Wacholderbuschgruppen durchsetztes Heideland. Alte Bilder von Rügen zeigen dies sehr anschaulich.

Die Situation auf dem Lande ist in jener Zeit durch die Verelendung der Tagelöhner in den Gutsdörfern gekennzeichnet. Wir besitzen einen ergreifenden Bericht des Pfarrers Thilo aus Gülz bei Altentreptow. Er schrieb 1821 über die steigende Not des Tagelöhners in Pommern. «O, wenn du ein fühlendes Herz hast, mein lieber Leser, dann blicke umher in diesen niedrigen, finsteren, dunstigen Stuben, auf die dünnen, geklehmten, von Nässe durchdrungenen oder mit Reif überzogenen Wände; – sieh die halb erstarrten, schlecht bekleideten Kleinen auf dem naßkalten Fußboden von Lehm, und wie sie wimmern und vor Frost in die Hände blasen, während die Mutter mit verklommten Fingern kaum noch den Faden am Spinnrade zu drehen vermag, daß keinen Augenblick stille stehen darf, wenn das Stück Garn vollzählig geschafft und der kümmerliche Spinnerlohn, der doch kaum das dabei aufgebrannte Oel in der Lampe gutthut, verdient werden soll. Dann kehrt endlich aus Regen und Schnee der Hausherr von seiner Arbeit zurück; tritt aus Kälte in Kälte; vermag seine durchnäßten Kleidungsstücke nicht zu trocknen, sondern muß sie des anderen Tages feucht wieder auf den Leib ziehen...» «So wie die eben beschriebene Wohnung... so sind sie herkömmlich in der Regel alle... Der Name ‹Kathen›, den sie führen, ist eigentlich noch viel zu gut für sie... Und dennoch wohl dem, der ein solches Nest sein eigen nennen mag und als wirklicher Häussler oder Büdner doch ein armseliges Plätzchen hat, wohin er sich betten kann, ohne mit jedem Jahre oder halben Jahre heimatlos... bald hie bald dort, ein Unterkommen ängstlich suchen zu dürfen.»

Auf Grund der reich gegliederten vorpommerschen Küste gab es an den vielen Bodden- und Küstengewässern auch zahlreiche Dörfer mit kleinen Fischerbauern, die neben ihrer bescheidenen Viehhaltung periodisch für den eigenen Bedarf, bei günstiger Verkehrslage auch für den Verkauf, fischten. Die große

Zeit des Fischhandels, der im hohen und ausgehenden Mittelalter die Wirtschaft an der Küste wesentlich bestimmt hatte, war im 16. Jh. zu Ende gegangen. Während sich der Großgrundbesitz an der Küste ausschließlich der Landwirtschaft widmete, wurde die Fischerei für die Kleinbauern zum wichtigsten Teil ihres Lebensunterhaltes. Die Lage dieser Fischerbauern war oft nur wenig besser als die der Tagelöhner. Sie lebten in ihren windschiefen Rauchkaten, die Carus in seiner Rügenreise beschreibt. Das noch aus der ersten Hälfte des 19. Jh. stammende Bild von Gristow am Greifswalder Bodden, das der dortige Küster gemalt hat, vermittelt mit der Darstellung der strohgedeckten Häuschen eine Vorstellung hiervon.

Abschließend ist noch auf einen weiteren Nahrungserwerb, die Segelschiffahrt, hinzuweisen. Sie entwickelte sich – ausgehend von den schwedischen Bemühungen um die wirtschaftliche Konsolidierung des Landes – vor allem auf dem Darß zu einem blühenden Erwerbszweig. In der Regel wurden Holz- und Torffrachten versegelt. Die zahlreichen mit Schiffsdarstellungen versehenen Grabstelen in Prerow sind ein Zeugnis dieses bis in die erste Hälfte des 19. Jh. wichtigen und gewinnbringenden Gewerbes. Der allgemeine Niedergang der Segelschiffahrt hat diese Dörfer empfindlich getroffen und zu Not und Verarmung geführt. Die ausgefallenen Einkünfte versuchte man durch den langsam einsetzenden Fremdenverkehr zu kompensieren.

BILDUNG, DORFSCHULE UND KIRCHLICHE ARMENPFLEGE IM 19. JAHRHUNDERT

Trotz allen Fortschritts, der sich auf wirtschaftlichem und geistesgeschichtlichem Gebiet abzeichnete, blieben die Menschen auf dem Lande im Aberglauben befangen. Krankheiten und Unglücksfälle wurden bei Mensch und Vieh durch halblaut gesprochene Zauberformeln, das sogenannte Böten, behandelt und Wunden mit Stockverbänden kuriert. Entsprechende, sorgfältig geheimgehaltene Aufzeichnungen sind in den «Flüsterbökern», die vielfach noch Anfang des 20. Jh. gebraucht wurden, erhalten geblieben.

Da auch die Kirche bis weit ins 19. Jh. hinein den Exorzismus, die Beschwörung und Austreibung von Dämonen, übte und als Bestandteil der Taufliturgie beibehielt, verwundert es nicht, daß magische Vorstellungen im Volk fest verwurzelt blieben. Erst die Ende des 18. Jh. in der Kirche Fuß fassende Aufklärung bereitete den Weg zu einem neuen, von magischen Elementen freien Taufverständnis.

Der bereits im 18. Jh. deutlich werdende Verfall des kirchlichen Lebens, der sich im Rahmen des auch nach der Kirche greifenden Absolutismus vor dem Hintergrund einer oft vulgär-rationalistischen Auseinandersetzung mit der erstarrten lutherischen Orthodoxie vollzog, war durch die sich verschlechternde soziale Lage der ländlichen Bevölkerung beschleunigt worden. Klagen über den schlechten Gottesdienst- und Abendmahlsbesuch gehörten schon damals zum kirchlichen Alltag.

Hinzu kam, daß die ländliche Bevölkerung – wie es vor allem für die Insel Rügen deutlich wird – in einer uns heute kaum vorstellbaren Abgeschiedenheit lebte. Sie hatte keine, allenfalls nur eine äußerst unzureichende Kenntnis von den sie betreffenden politischen Ereignissen. Die Bauern der Reformationszeit und die geschundenen Dorfbewohner in der Zeit des Dreißigjährigen Krieges wußten mehr von den Ereignissen ihrer Zeit als die Untertanen, Kossäten und Einlieger des 18. und 19. Jh. Der Maler und Arzt Carl Gustav Carus gibt in der Schilderung seiner Rügenreise aus dem Jahre 1819 ein Beispiel hierfür. Leute, die eine kleine Meierei auf der Insel Vilm betrieben und in Abständen mit ihrem Boot nach Greifswald hinüberfuhren, um ihre Produkte zu verkaufen, wußten nichts von dem, was sich «in der Geschichte ereignet hatte, selbst Napoleons Vertreibung und Absetzung war ihnen ganz unbekannt geblieben».

Der kirchlichen Aufklärung, die weithin zu Unrecht gegen die Pflege echter Frömmigkeit ausgespielt wird, eröffnete sich hier ein weites Arbeitsfeld. Es waren vor allem die rügischen Pfarrer, die über den herkömmlichen, alltäglichen Pflichtenkreis hinaus wirksam wurden. Ihre hervorgehobene gesellschaftliche Stellung und die angenehme wirtschaftliche Situation, in der sie sich befanden, begünstigten sie hierbei. Sie gehörten in jener Zeit zu den gebildetsten Vertretern Pommerns. Mit ihnen gewann die Aufklärung eine Reihe interessanter Persönlichkeiten, die am geistigen Leben, zum Teil durch eigene Forschungen, regen Anteil nahmen. Von ihnen sind Arbeiten auf den Gebieten der Geschichte und Literaturgeschichte, Übersetzungen klassischer und zeitgenössischer Literatur, Beiträge zur Philosophie, Religionsgeschichte und Pädagogik sowie Forschungen zur Botanik und Geologie bekannt geworden. Auch Friedrich Daniel Ernst Schleiermacher, der bedeutendste Theologe des 19. Jh., gewann durch seine mehrfachen Reisen nach Pommern, die der Anknüpfung patriotischer Verbindungen dienten, und dann durch seine Heirat Zugang zu den religiös geprägten Kreisen der Aufklärung in Rügen. Hier lernte er Ernst Moritz Arndt, der später die Halbschwester Schleiermachers heiratete, kennen. Ein Bild aus der Mitte des 19. Jh., das eine gesellige Konversation im Gingster Pfarrgarten zeigt, vermittelt einen kleinen Eindruck vom Leben jener Kreise, wie sie sich zum Gedankenaustausch und zur Pflege der Bildung zusammenfanden.

Im Blick auf die Stellung und die Wirksamkeit der rügischen Pfarrer wird allerdings eine Ausnahmesituation erkennbar. Die wirtschaftliche Lage der Pfarrer in den anderen Landesteilen war weit weniger günstig. Ehe es ihnen gelang, in eine Pfarrstelle befördert zu werden, waren sie in der Regel mehrere Jahre schlecht bezahlte Hauslehrer auf den adeligen Gütern gewesen. Sie erfuhren, nachdem sie eine Pfarre gewonnen hatten, vielfach erneut eine erniedrigende Abhängigkeit von ihren adeligen Patronen. Überdies mußten sie sich um die Bewirtschaftung ihres Pfarrhofes, aus dessen Einkünften der größte Teil des Lebensunterhaltes zu bestreiten war, kümmern. Es ist verständlich, daß der wissenschaftliche Eifer vieler Pfarrer oft rasch erlahmte und von den Sorgen des Alltags erstickt wurde.

Die Reformation hatte sich mit Nachdruck dem Ausbau des Schulwesens zugewandt. Die dabei erzielten Erfolge blieben jedoch auf die Städte beschränkt. Auf den Dörfern kam man über eine Katechismusunterweisung, die vor allem im 18. Jh. recht eifrig betrieben wurde, nicht hinaus. Der Katechismus wurde zum Lesebuch der Dorfschulen. Was darüber hinaus von den vielfach untauglichen, kümmerlich besoldeten Lehrern an Unterricht und Erziehung geboten wurde, war völlig ungenügend. Es ist ein Verdienst der Kirche, sich im Rahmen der Aufklärung für die Verbesserung und den weiteren Aufbau des Schulwesens auf dem Lande mit Erfolg eingesetzt zu haben. Wichtig wurde hier das endlich nach langen Bemühungen 1791 vom Generalsuperintendenten eröffnete Landschullehrerseminar in Greifswald. Bis ins letzte Viertel des 19. Jh. wurde diese später nach Franzburg verlegte Ausbildungsstätte von den vorpommerschen Landgemeinden finanziert.

Im preußischen Teil Pommerns hatten sich die Schulverhältnisse allerdings etwas früher als im schwedischen entwickelt. Die allgemeine Schulpflicht war bereits 1735 eingeführt worden. Man begann mit dem Bau von Schulhäusern. Vereinzelt sind solche alten Küsterschulen aus dem 18. Jh. erhalten geblieben. Manche Pfarrer bemühten sich um die Errichtung von Waisenschulen und förderten im Privatunterricht, mit dem sie auch ihre eigenen Kinder auf das Studium vorbereiteten, begabte Dorfkinder. Der Weg zum Lehrerberuf und zum Theologiestudium war für die Dorfkinder in der Regel die einzige Möglichkeit, eine bessere Bildung zu erlangen. In den Bereich dieser Bemühungen gehört auch die 1868/73 in Ducherow vom dortigen Pfarrer errichtete Lehrerpräparandenanstalt, die bis zum ersten Weltkrieg bestand. Das mit dieser Anstalt verbundene Waisenhaus war der Anfang für die inzwischen beträchtlich ausgeweitete Diakonische Anstalt in Ducherow.

Die Aufsicht über die Dorfschulen wurde von den Pfarrern als den Ortsschulinspektoren wahrgenommen. Auch der größte Teil der erforderlichen Mittel für die Besoldung der Lehrer und den Unterhalt der Schulen floß aus dem Kirchenvermögen und den vielfach schon in den alten Kirchenmatrikeln festgelegten Leistungen des Kirchspiels. Die Trennung von Küster- und Schulamt erfolgte 1893, die Trennung von Kirche und Schule erst nach dem ersten Weltkrieg. Noch heute zeugen die zahlreichen alten Küsterschulen auf den Dörfern vom kirchlichen Einsatz für die Dorfschule. Viele dieser Gebäude haben noch bis in die sechziger Jahre unseres Jahrhunderts als Schulen gedient, ehe sie durch Neubauten ersetzt werden konnten. Heute sind diese Küsterschulen in der Regel Wohnhäuser. Viele von ihnen enthalten kirchliche Gemeinderäume, in denen oft auch die Gottesdienste in der kalten Jahreszeit gehalten werden.

Gelegentlich wurde die Bildungsarbeit der Kirche auch mit den traditionellen Aufgaben der Armenpflege eng verknüpft. Ein interessantes, in der pädagogischen Zielstellung bemerkenswertes Beispiel bietet die Filialkirche in Sarnow im Kreis Anklam. Sie wurde in der Mitte des 18. Jh. errichtet. Kirche, Schule und Armenhaus befinden sich hier unter einem Dach. Sie sind zu einem schlichten, langgestreckten Bau, an dessen Anfang die Kirche mit ihrem kleinen Dachreiter steht, zusammengefaßt worden.

ENTWICKLUNG UND BEURTEILUNG DES KIRCHLICHEN LEBENS UNTER DEM EINDRUCK DER ROMANTIK

Die Entdeckung der landschaftlichen Schönheit der beiden großen, vielfach gegliederten Inseln Usedom und Rügen, die uns heute so selbstverständlich erscheint, setzte erst am Ende des 18. Jh. ein und war eng verbunden mit dem neu aufbrechenden Natur- und Weltverständnis der Romantik. Bisher hatte sich die Natur den Menschen nur als eine Aufgabe dargestellt, die es bei der Erhaltung der wichtigsten Lebensvorraussetzungen in zähem Kampf zu bewältigen galt. Im 17. Jh. hatte die Landschaft — vor allem auf Rügen — mit ihren Großsteingräbern und vermeintlichen Tempelbergen als Ort lokaler Religionsgeschichte ein historisches Interesse gewonnen. Gleichzeitig bereitete die niederländische Landschaftsmalerei den Weg zur landschaftlichen Entdeckung auch der vorpommerschen Küsten. Ein Höhepunkt in der Darstellung der landschaftlichen Schönheit wurde dann mit den Bildern Caspar David Friedrichs und seines Freundes Carl Gustav Carus erreicht.

Den Bildern standen Reiseberichte und dichterische Schilderungen zur Seite. Hier ist vor allem der Geschichtsprofessor und Dichter, der Pfarrer von Altenkirchen, dessen Grabstein noch heute südlich der Kirche steht, Gotthard Ludwig Kosegarten, zu nennen. Seine weithin bekannt gewordenen, am Strand von Vitt gehaltenen Uferpredigten waren ein besonders originelles Zeugnis des neuen romantischen Naturverständnisses. Dabei ist allerdings zu berücksichtigen, daß Kosegarten mit diesen Uferpredigten an eine bis ins Mittelalter zurückreichende Pfarrverpflichtung anknüpfte. Auf Grund seiner Initiative wurde am Rande der Steilküste 1806/16 eine Kapelle errichtet. Erste, später allerdings nicht ausgeführte Entwürfe für die Kapelle stammen von Caspar David Friedrich.

Eng verbunden mit der Entdeckung der landschaftlichen Schönheit der Insel waren der Beginn des Fremdenverkehrs und die Anfänge des Badelebens an der Küste. Als Vorläufer hierfür kann die Entwicklung Sagards zum Brunnen- und Kurort, die in der zweiten Hälfte des 18. Jh. nach dem Vorbild von Kenz durch den Pfarrer in Sagard mit Nachdruck vorangetrieben worden war, gelten. Der Kurbetrieb wurde schon damals durch Ausflüge in die Umgebung aufgelockert. Es kam zur Landschaftsentdeckung von Stubbenkammer. Diese ersten mit einem Kuraufenthalt verbundenen Landschaftsausflüge können als das von bürgerlichen Kreisen aufgegriffene Gegenstück zu den Ausflügen der höfischen Jagdgesellschaften – wie sie auf Rügen der Herr von Putbus in das schöne Waldgebiet der Granitz liebte – verstanden werden. Mit der Entwicklung des Badelebens an der Küste gerieten die Brunnenkuren in Sagard jedoch rasch in Vergessenheit.

Nach dem Vorbild des ersten deutschen, 1793 vom mecklenburgischen Fürsten errichteten Seebades in Heiligendamm bei Doberan ließ Malte von Putbus 1816 in Lauterbach am Rande der Goor ein langgestrecktes Bade- und Gesellschaftshaus errichten. Für Gottesdienste stand die alte Kapelle im Putbuser Schloß zur Verfügung. Eine gewisse Parallele zu Lauterbach bietet das in dem kurz zuvor angelegten Fischerort Heringsdorf auf Usedom 1823 errichtete Bade- und Gesellschaftshaus. Gründer des Badebetriebes war der Besitzer des Dorfes, der Königlich Preußische Oberforstmeister Georg Bernhard von Bülow, der kurz zuvor das ganze Gebiet erworben hatte. Höchster und interessierter Gast war der Kronprinz und spätere König Friedrich Wilhelm IV. Auf dessen Anregung geht der Bau der malerisch auf einem Hügel gelegenen Kirche in Heringsdorf zurück. Von der offenen Vorhalle hatte man – solange die Bäume die Sicht noch nicht verstellten – einen weiten Blick über die Insel auf das Achterwasser und seitwärts auf das offene Meer. Diese Kirche war nicht mehr als Dorfkirche, sondern als Andachts- und Predigtstätte für die Gäste eines kleinen, aufstrebenden Seebades gebaut worden, Gäste, die das Naturerlebnis mit dem noch als selbstverständlich geltenden Gotteserlebnis zu verbinden suchten.

Der sich rasch vergrößernde Platz, den inzwischen auch das Bürgertum im Badeleben an der Küste einnahm, konnte nicht ohne Einwirkungen auf das kirchliche Leben in den Dörfern bleiben. Während der Sommermonate hatten die Pfarrer damit zu rechnen, daß nun auch städtische Badegäste unter ihren sonntäglichen Predigthörern saßen. Zu den ersten Gästen in den neu errichteten Seebädern in und bei Saßnitz gehörte die Familie des berühmten Berliner Theologen Schleiermacher. Das kirchliche Leben stellte sich ihnen allerdings als stark von der Gewohnheit geprägt und wenig lebendig dar. Wichtiger als diese neuen, an die Kirche gestellten Anforderungen waren die sozialen und wirtschaftlichen Veränderungen, die sich mit dem in der Mitte des 19. Jh. langsam herausbildenden, anfangs noch recht bescheidenen Fremdenverkehr ergaben. Die Gäste wohnten in der Regel zunächst in den ihnen für die Sommermonate überlassenen Wohnstuben der Fischer, die selbst solange in die Abseiten und Kammern, gelegentlich auch auf die Heuböden auswichen. Der Fremdenverkehr erbrachte einen Zuschuß für den kärglichen Lebensunterhalt der Eingesessenen. Die große Zeit des Badelebens setzte dann im letzten Drittel des 19. Jh. ein. Es kam zur Errichtung von Pensionen und Hotels. Die Kirche folgte den Badegästen und begann Ende des 19. Jh. in den nun rasch wachsenden Badeorten mit dem Bau von Gottesdienststätten. Da die alten Kirchdörfer an den Boddengewässern lagen, standen an den Seeküsten kaum Kirchen für die Badegäste und die im Rahmen des Fremdenverkehrs zugezogenen neuen Einwohner zur Verfügung.

Auch außerhalb des Badelebens an der Küste bestimmte in der zweiten Hälfte des 19. Jh. das Bild einer vermeintlichen dörflichen Idylle die allgemeinen Vorstellungen vom Leben auf dem Lande. Es wurde zumeist aus der Sicht einer bescheidenen, bürgerlichen Behäbigkeit entworfen. In den sich scheinbar kaum wandelnden, dörflichen Lebensformen meinte man, eine Beständigkeit wahrzunehmen, die man den sich in den größeren Städten im Rahmen der kapitalistischen Wirtschaftsentwicklung deutlich abzeichnenden Veränderungen gegenüberstellen konnte. Im Gegensatz zur Stadt glaubte man auf dem Lande eine heilgebliebene Welt zu entdecken. Man sehnte sich nach einer naiven, selbstverständlichen Frömmigkeit zurück. Auch die in jener Zeit betriebene Wiederbelebung und Pflege des Niederdeutschen wurzelt zu einem beträchtlichen Teil in solchen Vorstellungen. Die Gedichte der im Neuenkirchener Pfarrhaus bei Greifswald geborenen, von Fritz Reuter geförderten niederdeutschen Dichterin Alwine Wuthenow können als Beispiel hierfür dienen.

DIE POMMERSCHE KIRCHE
ALS PROVINZIALKIRCHE
DER ALTPREUSSISCHEN UNION

Bestimmend für die weitere Entwicklung der pommerschen Landeskirche war die Tatsache, daß Pommern als preußische Provinz – 1815 war auch der letzte, ehemals schwedische Teil des Herzogtums an Preußen gefallen – in die altpreußische Union eingegliedert wurde. Hierbei handelte es sich um eine für Preußen durchgesetzte Kirchengemeinschaft zwischen den Gemeinden des reformierten und des lutherischen Bekenntnisses. Die altpreußische Union entwickelte sich rasch zu einer sich aus Provinzialkirchen aufbauenden preußischen Landeskirche. Sie blieb allerdings auf die im Anfang des 19. Jh. zu Preußen gehörenden Provinzen beschränkt und wurde nicht auf die später erworbenen Gebiete¹ wie Schleswig-Holstein, Hannover und Hessen – übertragen. Es war daher sachgerecht, diese Union als altpreußische zu bezeichnen.

Die anläßlich der Feierlichkeiten zum Reformationsgedächtnis am 30./31. Oktober 1817 proklamierte Kirchengemeinschaft hatte in Brandenburg/Preußen eine bis ins 17. Jh. zurückreichende Vorgeschichte. Seit dem 1613 erfolgten Übertritt des Kurfürsten Johann Sigismund zum Kalvinismus und der daraufhin einsetzenden rechtlichen Gleichstellung dieser beiden protestantischen Konfessionen begann sich in Brandenburg eine zahlenmäßig zwar kleine, durch den planmäßig ermöglichten Zuzug von Siedlern aus reformierten Gebieten und vor allem durch die Aufnahme der hugenottischen Refugiés jedoch langsam wachsende reformierte Kirche zu entwickeln. Trotz ihres zahlenmäßig geringen Anteils an der Gesamtbevölkerung haben die Angehörigen der reformierten Kirche das geistige Leben in der Zeit um 1700 vor allem in Berlin entscheidend bestimmt.

Auch in Pommern – soweit es damals bereits zu Brandenburg/Preußen gehörte – entstanden, zunächst in Pasewalk und Strasburg, später in den neuen Siedlungen der Ueckermünder Heide, vereinzelt reformierte Gemeinden. Im 18. Jh. wurde dann die preußische Schutz- und Duldungspolitik gegenüber den Konfessionen auch auf die Katholiken – von denen ebenfalls Siedlungsdörfer in der Ueckermünder Heide angelegt worden waren – und auf die Juden ausgedehnt. In Schwedisch-Vorpommern setzte eine entsprechende Politik der konfessionellen Duldung angesichts des lutherischen Staatskirchentums der schwedischen Herrschaft erst am Ende des 18. Jh. ein, so daß es in diesem Teil Pommerns nicht zur Bildung von reformierten Gemeinden kommen konnte. Man beeilte sich daher im ehemaligen Regierungsbezirk Stralsund nicht mit der Annahme der Union. Die meisten Gemeinden sind hier erst in den dreißiger Jahren, meist stillschweigend, der Union beigetreten. Zu einer konsequenten

Ablehnung der Union und zur Herausbildung altlutherischer Gemeinden ist es jedoch – im Gegensatz zu Hinterpommern – nicht gekommen. In engem Zusammenhang mit der Einführung der Union stand die Annahme einer neuen Agende. Sie führte zu einer Vereinheitlichung des im Bereich der Liturgie herrschenden Durcheinanders. Das 1824 nachdrücklich herausgestellte Jahrhundertgedächtnis zur Christianisierung Pommerns bot einen geschickt genutzten Anlaß zur Einführung der neuen Agende.

Zur prägenden Gestalt der pommerschen Landeskirche wurde in dieser Zeit der 1827 berufene Generalsuperintendent Georg Karl Benjamin Ritschl, dem – wie seinem nur kurz amtierenden Vorgänger – der Titel eines evangelischen Bischofs verliehen worden war. Er stand der Theologie Schleiermachers nahe. Ritschls ausgleichende Haltung erwies sich in seiner 26 Jahre währenden Wirksamkeit im Pommern bei dem oft kleinlichen Parteienstreit innerhalb der Geistlichkeit als Segen für die Landeskirche. Nach einem Wort seines Seelsorgers war Ritschls Wesen das Zeichen der christlichen Humanität aufgeprägt gewesen. Die Umschrift eines Bildes rühmt ihn als einen Bischof «untadelig als Gottes Haushalter und der Union Förderer».

Nachdem 1824 der letzte Generalsuperintendent für Neu-Vorpommern und Rügen gestorben war, wurde die Wolgaster Generalsuperintendentur mit der Stettiner vereinigt. Das Greifswalder Konsistorium setzte seine Arbeit noch einige Zeit für einzelne Sachgebiete fort, bis dann Stettin zum Sitz aller zentralen kirchlichen Behörden der pommerschen Provinzialkirche wurde. Die neue, von den Gemeinden ausgehende Kirchenverfassung der altpreußischen Union begann sich durchzusetzen. Erste Ansätze zur Herausbildung von Gemeindeverfassungen sind bereits 1817 erkennbar. Die Bemühungen blieben jedoch bei der Bildung von Kreissynoden stecken. Die Restauration, die nach den Befreiungskriegen einsetzte, verhinderte jeden weiteren Fortschritt auf diesem Gebiet. Erst in den sechziger Jahren, nachdem die rechtliche Trennung von Kirche und Staat, die in den Verfassungen von 1848/50 ihren Ausdruck gefunden hatte, vollzogen worden war, konnte die Arbeit an der Kirchenverfassung auf der Grundlage der Gemeindeselbstverwaltung vorangetrieben werden. Sie fand ihren Abschluß, nachdem mit der Beseitigung der Monarchie in Preußen die bis dahin bestehende Personalunion von Monarchie und kirchlicher Repräsentanz mit dem Ende des ersten Weltkrieges fortgefallen war. Die 1924 beschlossene Verfassungsurkunde legte die noch heute geltenden Grundzüge der kirchlichen Selbstverwaltung fest.

Ein äußeres Zeichen für die fruchtbare Wirksamkeit der kirchlichen Selbstverwaltung bildet die in der zweiten Hälfte des 19. Jh. einsetzende, vom preußischen Königshaus nachdrücklich geförderte Kirchbautätigkeit. Auch auf dem Lande wurden zahlreiche Kirchen und Kapellen entweder völlig neu errichtet oder so gründlich instand gesetzt, daß ältere Bauteile oft nicht erkennbar blieben. Zahlreiche Dorfkirchen, die sich bisher mit hölzernen, verbretterten Glockenstühlen begnügen mußten, erhielten in jener Zeit ihre Kirchtürme. Es verdient in diesem Zusammenhang Beachtung, daß auch die Kirchen auf dem Lande – soweit sie nicht aus dem 13. und 14. Jh., der Zeit der kirchlichen Erschließung des Gebiets stammen – in der Mehrzahl während der zweiten Hälfte des 19. Jh. errichtet wurden. Die Zahl der Kirchbauten aus den anderen Jahrhunderten ist gering.

Bei dieser Kirchbautätigkeit wurden durch die Firmen und Bauunternehmer städtische Bau- und Formvorstellungen unmittelbar für die Dorfkirchen übernommen. Das gleiche gilt für die erforderlich gewordenen neuen Ausstattungen der Kirchen. Maschinell gefertigte, neogotische Bänke, Kanzeln und Altäre traten an die Stelle der handwerklichen Arbeiten, an denen die örtlichen Handwerker bisher ihren Anteil gehabt hatten. Die Renovierung und der Bau der Dorfkirchen im 19. Jh. wird zu einem deutlichen Anzeichen einer Angleichung der Dörfer an die allgemeine, industriell geprägte städtische Kultur. Während die Kirche in den Städten ihre führende Stellung bereits verloren hatte, die geistigen und gesellschaftlichen Entwicklungen nur noch – allerdings oft sehr genau und sensibel – registrierte und auf sie einzugehen versuchte, konnte sie ihre führende Stellung auf dem Lande noch fast ein Jahrhundert behaupten.

DIE HERAUSBILDUNG DER EVANGELISCHEN LANDESKIRCHE GREIFSWALD

Die innerkirchlichen Auseinandersetzungen in der Zeit zwischen den Weltkriegen hatten auch die dörflichen Gemeinden erfaßt. Gemeindekirchenräte und Gemeindeglieder nahmen daran teil. Extreme Vertreter der «Deutschen Christen» blieben jedoch im Bereich der ehemaligen pommerschen Provinzialkirche eine Ausnahme. Wesentliche Impulse, die bis heute über den deutschprachigen Raum hinaus weiterwirken, vermittelten die theologischen Arbeiten des 1943 verhafteten und am 9. April 1945 im Konzentrationslager Flossenbürg ermordeten Theologen Dietrich Bonhoeffer. Er hatte 1935 das von der Bekennenden Kirche in Zingst, gegenüber von Barth, eingerichtete, später nach Stettin-Finkenwalde verlegte Predigerseminar geleitet.

Die immer deutlicher werdenden Übergriffe des Staates gegenüber der Kirche und die Versuche einer Gleichschaltung führten – vor allem seit dem Beginn des Krieges – auch die nicht unmittelbar zur Bekennenden Kirche gehörenden Pfarrer und Gemeinden im Einsatz um die Sicherung und die Wahrung ihrer spezifischen Aussagen näher zueinander. An den Opfern des vom Faschismus entfesselten Krieges hatte auch die pommersche Provinzialkirche ihren beträchtlichen Anteil. Etwa 100 Pfarrer, Hilfsprediger und Vikare sind gefallen oder umgekommen. Die Zahl der Ältesten und Gemeindeglieder, die während des Krieges und seiner Folgen ihr Leben verloren haben, ist niemals genau feststellbar gewesen. Auch in den Dorfkirchen sind vereinzelt mit Namen übersäte Mahn- und Gedenksteine für die Opfer jener Zeit errichtet worden.

Obgleich die altpreußische Union seit der Mitte des 19. Jh. rechtlich vom Staat getrennt war, trug sie schwer an einem vom Faschismus grob verzerrten preußischen Ideengut. Dabei fiel besonders die Tatsache ins Gewicht, daß die Mehrzahl der führenden Vertreter der Kirche vom damaligen preußischen Kirchenministerium eingesetzt worden war und keine kirchliche Legitimation durch die Synoden besaß. Eine neue Konstituierung dieser Kirche nach 1945 erwies sich daher als notwendig. Die Evangelische Kirche der Union versteht sich seitdem als ein Zusammenschluß gleichberechtigter, theologisch und rechtlich eng miteinander verbundener Landeskirchen.

Auch für die ehemalige pommersche Provinzialkirche war es notwendig, sich im Rahmen der Evangelischen Kirche der Union in dem Gebiet des früheren Vorpommern neu zu konstituieren. Das Konsistorium der Provinzialkirche, das am Ende des Krieges von Stettin nach Züssow und zum Teil nach Altentreptow verlagert werden mußte, war nicht mehr arbeitsfähig. Es wurde im Juni 1945 reorganisiert und in Greifswald für den Bereich Vorpommern neu errichtet. Auf der ersten Tagung der Provinzialsynode im Greifswalder Lutherhof im Oktober 1946 erfolgte die Bildung einer Kirchenleitung. Kurz darauf erhielt deren Vorsitzender, der Greifswalder Stadtsuperintendent, die Berufung zum Bischof dieser sich neu konstituierenden Landeskirche. Mit der 1950 erfolgten Annahme einer neuen Kirchenordnung war die Phase der Reorganisation und neuen Konstituierung abgeschlossen.

Ohne ihre Zugehörigkeit zur Evangelischen Kirche der Union aufzugeben, trat die Evangelische Landeskirche Greifswald 1956 dem Lutherischen Weltbund bei. Sie hat damit für das Zusammenwachsen der evangelischen Landeskirchen ein damals von vielen nicht verstandenes Zeichen gesetzt. Die traditionellen Beziehungen zu den skandinavischen Kirchen erfuhren eine Wiederbelebung und Intensivierung.

Die Arbeit der Diakonie konnte beträchtlich ausgeweitet werden. Außer der Fortführung der bestehenden Anstalten wurde seit 1950 in Züssow, einem bisher nur als Bahnknotenpunkt bekannten Dorf, ein neues diakonisches Zentrum mit Alters-, Pflege- und

Behindertenheimen errichtet und kontinuierlich erweitert. Entsprechende Ausbildungsstätten traten hinzu. Eine durch dörfliche Gemeinden geprägte Landeskirche hat in diesem Dorf ein weithin sichtbares Zeichen für den kirchlichen Einsatz um den Nächsten gefunden. Nach wie vor bildet die alte Züssower Dorfkirche mit ihrer zum Teil noch aus dem Mittelalter stammenden Ausstattung den Raum der Gottesdienste, der Sammlung und des Gebetes derer, die sich hier – wie in den anderen Dörfern und Städten der Landeskirche – im Aufschauen zu Gott bemühen, ihren Aufgaben gerecht zu werden.

Alte Dorfkirchenabbildungen

Die frühesten Abbildungen einzelner Dorfkirchen lassen sich auf Karten, die relativ kleine Gebiete darstellen, finden. Kirchenvignetten dienten hier der Bezeichnung und Hervorhebung der Kirchdörfer. Bei diesen von Ortskundigen angefertigten Karten schimmert oft die dem Zeichner gegenwärtige Gestalt der einzelnen Kirchengebäude hindurch. Eine Durchsicht der für das vorpommersche Gebiet in Frage kommenden Karten führt zu folgenden Ergebnissen. Als älteste Karte ist hier die Rügenkarte von 1532 zu nennen. Sie ist in dem neuen, 1963 erschienenen Inventar der Kunstdenkmale des Kreises Rügen abgebildet. Die hier den Vignetten zugrunde liegende unmittelbare Anschauung wird nicht nur an der Darstellung der Schlösser Putbus und Wolgast sowie an der Bezeichnung des Klosters Neuenkamp, sondern auch an der Darstellung einzelner Dorfkirchen deutlich. Als Beispiel sei auf die Bezeichnung von Altenkirchen verwiesen. Das turmlose Schiff mit Chorquadrat und Apsis ist zweifelsfrei erkennbar.

Auf einer 1595 von Nikolaus Göde gezeichneten Rügenkarte haben die im 16. Jh. veranlaßten Umbauten der Schlösser in Putbus und Wolgast ihren deutlichen Niederschlag gefunden, die in unterschiedlichen Größen wiedergegebenen Dorfkirchen sind jedoch typisiert und werden zu Kartensignaturen für die Darstellung eines Kirchdorfes, so wie es auf den gedruckten Karten bereits üblich geworden war. Ähnlich verhält es sich mit der attraktiven, im Jahre 1600 vom Oderhaff durch Matthias Nether angefertigten Karte. Die Kirchdörfer sind hier durch kleine Gebäudeanhäufungen, aus denen ein Kirchturm herausragt, bezeichnet. Bei den im Unterschied dazu sehr bescheiden dargestellten Kirchen von Altwarp und Rieth scheinen allerdings damalige Bauzustände wiedergegeben zu sein. Sowohl die Karte von Göde als auch die von Nether werden im Stadtarchiv Stralsund aufbewahrt.

Die gedruckten Karten, die das Herzogtum Pommern oder Teilgebiete Pommerns zeigen – die erste erschien 1550 in der Kosmographie von Sebastian

Münster –, benutzen vielfach Kirchenvignetten als Signaturen nicht nur für die Bezeichnung von Städten, sondern gelegentlich auch von Dörfern. Diese Karten sind hier insofern von Interesse, als die Auswahl der Kirchdörfer Rückschlüsse auf ihre verkehrsgeographische Bedeutung zuläßt. Dabei spielten hohe Kirchtürme, die von See her sichtbar waren, für die Orientierung der Schiffer eine wichtige Rolle. Das ist der Grund dafür, daß zum Beispiel Wusterhusen auf den meisten alten Karten vermerkt und etwas zu nahe an die Küste gerückt wurde. Erwähnung verdienen in diesem Zusammenhang auch die sogenannten Landsichten, die den Segelhandbüchern beigefügt wurden. Es handelt sich um die Darstellung der Küsten, wie sie dem Schiffer von See her erscheinen. Auf diesen Orientierungshilfen sind vielfach auch markante Kirchtürme der an den Küsten gelegenen Dorfkirchen wiedergegeben. Die ältesten Landsichten für die pommerschen Küsten stammen aus dem Jahre 1558 und sind den Segelanweisungen von Cornelis Anthonisz entnommen.

Für das 17. Jh. gilt es, die zahlreichen Schlachtendarstellungen, die seit dem Dreißigjährigen Krieg in vielen Kupferstichen als Buchillustration oder Einzelblätter verbreitet wurden und vielfach auch recht detailliert gezeichnete Dorfkirchen zeigen, auf den Aussagewert dieser Darstellungen zu überprüfen. Dabei ergibt sich, daß es sich nur um allgemeine Wiedergaben und Schilderungen von Dörfern handelt, die keine Rückschlüsse auf die dargestellten Gebäude zulassen. Das Interesse der Zeichner und Stecher, die oft in weit entfernt gelegenen Werkstätten arbeiteten und von den zugeschickten Angaben ausgehen mußten, konzentrierte sich, entsprechend der Zielstellung dieser Blätter, auf die häufig idealisierte Darstellung des jeweiligen Schlachten- oder Gefechtsverlaufes.

Eine in Deutschland einmalige Quelle zur Darstellung von Dorfkirchen bietet die in den Jahren 1692 bis 1698 für das Gebiet von Schwedisch-Vorpommern angefertigte Landesaufnahme. Dieses frühe Katasterwerk umfaßt etwa 900 Kartenblätter und 64 bis zu tausend Seiten starke Foliobände mit den erforderlichen Ausrechnungen und Erläuterungen zu den Karten. Der größte Teil dieser Landesmatrikel befindet sich im Staatsarchiv Greifswald. Neben den Besitzverhältnissen und der Ertragsfähigkeit der Ländereien sind auch Bau- und Geschichtsdenkmale vermerkt. In der Anweisung für die Kartographen heißt es unter anderem: «Sie sollen gleichfalls alle Kirchen auf dem Lande in ihrer richtigen Form und nach ihrem Aussehen, ob sie mit oder ohne Turm gebaut sind, aufnotieren und vermessen . . . Sie sollen auch die alten Denkmäler, wie Ruinen alter Städte, Schlösser und Kirchen aufnotieren, sowie andere alte Denkmäler, die sich dort finden können.» So bietet dieses Kartenwerk kleine Ansichten beinahe aller Dorfkirchen von Schwedisch-Vorpommern. Sie bleiben allerdings vielfach hinter den gestellten Anforderungen zurück, erfassen jedoch nicht selten für uns heute interessante Details. Als hübsches Beispiel sei hier auf die nicht erhalten gebliebene Schloßkapelle von Wrangelsburg verwiesen.

Ein weiteres, in den sechziger Jahren des 18. Jh. entstandenes Kartenwerk, der sogenannte schwedische Militäratlas – er befindet sich im Besitz der Deutschen Staatsbibliothek Berlin –, bietet wiederum, diesmal als Grundrisse, die Darstellung einer Vielzahl von Dorfkirchen aus dem schwedisch-vorpommerschen Gebiet. Diese kleinen Grundrisse sind so genau, daß alle Anbauten und die Chorgestaltung zweifelsfrei erkennbar sind.

Andere Dorfkirchendarstellungen des 17. und 18. Jh. sind äußerst selten und nur dann angefertigt worden, wenn eine Dorfkirche auf Grund besonderer Umstände ins allgemeine Interesse rückte. Als Beispiel sei hier auf die noch Ende des 17. Jh. entstandenen Kupferstiche des sich zum Kurort entwickelnden Kirchdorfes Kenz und auf die Darstellung des berühmten, Ende des 18. Jh. bereits zur Ruine gewordenen Schlosses Wrangelsburg verwiesen. Auf dieser nach einer Zeichnung von Kleidke gestochenen Ansicht trägt die ehemals mit einer barocken Haube versehene Kapelle bereits ein zeltförmiges Notdach.

Genaue Darstellungen von Dorfkirchen werden erst im 19. Jh. häufiger. Als Beispiel sei zunächst auf eine aquarellierte Nachzeichnung einer 1815 entstandenen Ansicht des Fischerdorfes Gristow verwiesen. Es handelt sich hier um eine wirklichkeitsgetreue Darstellung der Kirche. Das Türmchen auf dem Ostgiebel, das früher den heimkommenden Fischern als kleiner Leuchtturm diente, ist – wie der abseits stehende Glockenstuhl – genau wiedergegeben. Recht reizvoll ist auch die allgemeine Darstellung des Dorfes. Die mit Stroh gedeckte alte Schule in der Mitte des Bildes und die Küsterscheune mit der seitlichen Einfahrt sind bis heute erhalten geblieben.

Die Darstellungen zahlreicher weiterer Dorfkirchen gehen auf Carl Schwarzbach zurück. Er war Kirchendiener an der Jakobikirche in Stralsund und hatte 1834 eine Zeichenschule in der Stadt gegründet. Seine Dorfkirchendarstellungen sind – wie viele seiner anderen Zeichnungen – der Stralsunder Zeitung «Sundine» als Steindrucke beigegeben worden.

Mit der Landschaftsentdeckung Rügens setzte in der ersten Hälfte des 19. Jh. die Illustration von Reisebeschreibungen ein. Es handelt sich um recht reizvolle, von den Besitzern der Bücher später gelegentlich kolorierte Stahlstiche. Die Ansicht des Hafens von Vitt bei Arkona ist einer solchen Reisebeschreibung, den 1847 erschienenen «Wanderungen an der Nord- und Ostsee» von Th. Kobbe und W. Cornelius, entnommen. Diese Darstellungen bildeten vielfach auch die Vorlagen für die vielen oft in Bildbänden und Alben erschienenen Steindrucke aus der Mitte des Jahr-

hunderts. Manche Ansichten von Dorfkirchen verdanken wir auch einzelnen Dorfbewohnern. Sie sind ein Zeichen der heimatlichen Verbundenheit. Als Beispiel sei hier eine volkskundlich interessante, im Kulturhistorischen Museum Stralsund aufbewahrte Arbeit aus dem Biedermeier erwähnt. Es handelt sich um Applikation mit Stickerei vor gemaltem Hintergrund. Dargestellt ist die Kirche von Groß Zicker auf Mönchgut. Gelegentlich wurden dann in der zweiten Hälfte des 19. Jh. altertümlich wirkende Dorfkirchen von Künstlern während ihrer Ausflüge und Urlaubsreisen gezeichnet. Bekannt geworden ist die von Adolph von Menzel gezeichnete Dorfkirche von Middelhagen auf Rügen.

Im Zusammenhang mit der im letzten Viertel des Jahrhunderts begonnenen Erfassung der Baudenkmäler ist dann eine Fülle von Skizzen mit genauen Aufmessungen vieler Dorfkirchen angefertigt worden. Die Skizzenbücher des Stadtbaumeisters von Stralsund, E. von Haselberg, dem die Inventarisierung des Regierungsbezirkes Stralsund übertragen worden war, sind erhalten geblieben. Sie werden im Stralsunder Stadtarchiv aufbewahrt. Eine willkommene Ergänzung zu diesen Skizzen und Aufmaßen bieten die ersten Aufnahmen des Stralsunder Fotografen Beerbom. Seine ältesten Aufnahmen von Dorfkirchen aus dem neuvorpommerschen Bereich stammen aus den siebziger Jahren des vorigen Jahrhunderts. Sie werden ebenfalls – zusammen mit einer Sammlung vor dem ersten Weltkrieg entstandener Radierungen von vorpommerschen Dorfkirchen – im Stralsunder Stadtarchiv aufbewahrt.

Literaturverzeichnis

Die hier zusammengestellte Übersicht berücksichtigt vor allem Publikationen mit umfangreicheren bibliographischen Nachweisen. Bei der Literaturauswahl zu speziellen Fragen handelt es sich in der Regel nur um Beispiele, mit deren Hilfe die angeschnittenen Themen weiter verfolgt werden können. Besondere Aufmerksamkeit wurde dabei den in der DDR erschienenen Veröffentlichungen geschenkt. Aufgenommen sind ferner jene Aufsätze und Darstellungen, aus denen wörtlich zitiert wurde.

Gesamtdarstellungen

F. W. Barthold, Geschichte von Rügen und Pommern, 4 Teile, Hamburg 1839–45; D. Cramer, Pommerische Kirchen Chronica, Alten Stettin 1603 und 1628; H. Heyden, Kirchengeschichte Pommerns, 2 Bde., Köln-Braunsfeld 1957; Des Thomas Kantzow Chronik von Pommern in hochdeutscher Mundart. Letzte Bearbeitung. Hrsg. v. G. Gaebel, Stettin 1897; K. Schmaltz, Kirchengeschichte Mecklenburgs, Bd. 1 u. 2, Schwerin 1935/36, Bd. 3, Berlin 1952; H. J. Weber, Zwischen Ostsee und Oder – Bilder aus der Evangelischen Landeskirche Greifswald, Berlin 1969; M. Wehrmann, Geschichte von Pommern, 2 Bde., Gotha 1904 und 1906, 2. Aufl. 1919/21

Mittelalter

N. Buske, Die Verehrung Bischof Ottos I. von Bamberg und die spätere Erinnerung an ihn im ehemaligen Herzogtum Pommern, in: Bischof Otto I. von Bamberg – Beginn der Christianisierung des Peenegebietes, Greifswald 1978, S. 48–84; *ders.*, Mittelalterliche Kirchen und Gnadenorte als Küstenstationen im Bereich des ehemaligen Herzogtums Pommern, in: Herbergen der Christenheit IX (1973/74), S. 9–30; *A. Gieysztor*, Bevor Polen entstand . . . Corona regni Poloniae, in: Tausend Jahre Polen, Warszawa 1976, S. 7–67; *H. Heyden*, Die Fürsorgearbeit und insbesondere das Hospitalwesen in Pommern bis zum 16. Jh., in: Greifswald-Stralsunder Jahrbuch 3 (1963), S. 17–44; *ders.*, St. Maria in Pommern – Ein Beitrag zur Patrozinienforschung, in: Blätter für Kirchengeschichte Pommerns 22/23 (1940), S. 21–41; *B. Metz*, Zur Lebensgeschichte des Bischofs Otto von Bamberg, in: Bischof Otto I. von Bamberg – Beginn der Christianisierung des Peenegebietes, Greifswald 1978, S. 21–44; *J. Petersohn*, Der südliche Ostseeraum im kirchlich-politischen Kräftespiel des Reichs, Polens und Dänemarks vom 10. bis 13. Jahrhundert – Mission – Kirchenorganisation – Kultpolitik, Köln/Wien 1979; Die Slawen in Deutschland, hrsg. v. *J. Herrmann*, Berlin 1970; *B. Wachowiak*, Polnische Forschungen zur westpommerschen Geschichte im 13.–18. Jahrhundert, in: Greifswald-Stralsunder Jahrbuch 12 (1979), S. 226–248

Reformationszeit

R. Burkhardt, Bilder aus der Geschichte der evangel. Kirchen auf der Insel Usedom, Swinemünde 1911; *N. Buske*, Zwei mittelalterliche Gnadenstätten auf der Insel Usedom, in: Baltische Studien 61 (1975), S. 33–43; *ders.*, Die Reformation im Herzogtum Pommern unter besonderer Berücksichtigung der Gebiete der späteren Generalsuperintendentur Greifswald, in: Reform und Ordnung aus dem Wort, Berlin 1985, S. 46–145; *ders.*, Die pommersche Kirchenordnung von Johannes Bugenhagen 1535, Text mit Übersetzung, Erläuterungen und Einleitung, Berlin 1985; *H. J. Gernentz*, Niederdeutsch – gestern und heute (Sprachgeschichtlicher Teil), Rostock 1980; *H. Heyden*, Protokolle der pommerschen Kirchenvisitationen 1535 bis 1555, 3 Bde., Köln/Graz 1961–64; *ders.*, Niederdeutsch als Kirchensprache in Pommern während des 16. und 17. Jahrhunderts, in: Greifwald-Stralsunder Jahrbuch 5 (1965), S. 189–210; *ders.*, Zur Geschichte der Reformation in Pommern, insonderheit politische Motive bei ihrer Einführung in den Jahren 1534/35, in: *ders.*, Neue Aufsätze zur Kirchengeschichte Pommerns, Köln/Graz 1965, S. 1–59; *O. Plantiko*, Pommersche Reformationsgeschichte, Greifswald 1922; *A. Uckeley*, D. Jakob Runges «Bedenken von Gebrechen in den Kirchen und Schulen in Pommern» 1556, in: Pommersche Jahrbücher 1909, S. 27–73; *ders.*, Zustände Pommerns im ausgehenden Mittelalter, Pommersche Jahrbücher 1908

Entwicklung seit dem 17. Jh.

F. Adler, Grabmäler auf westpommerschen Kirchhöfen, in: Beiträge zur Volkskunde Pommerns, Greifswald 1939, S. 39–50; *E. M. Arndt*, Versuch einer Geschichte der Leibeigenschaft in Pommern und Rügen, Berlin 1803; *C. G. Carus*, Eine Rügenreise im Jahre 1819, in: Eine Rügenreise in der Romantik, Schwerin 1978, S. 29–44; *H. Heyden*, Der Kampf zwischen Luthertum und Reformiertentum in Pommern während des 17. Jh. und seine Rückwirkungen auf die Politik, in: Blätter für Kirchengeschichte Pommerns 14 (1936), S. 8–34; *H. Laag*, Die Bedeutung

Friedrichs I. für die Entwicklung der Kirche in Schwedisch-Vorpommern, in: Blätter für Kirchengeschichte Pommerns 4 (1930), S. 33–59; *S. Schlauck*, Schule und Kirche in Vorpommern, besonders auf Rügen seit der Reformation, in: Herbergen der Christenheit VI (1967), S. 9–25; *I. E. A. Thilo*, Ein Wort über die steigende Noth des Tagelöhners in Pommern, in: Pommersche Provinzialblätter 1821, S. 478–503; *J. F. Zöllner*, Reise durch Pommern nach der Insel Rügen und einem Theile des Herzogthums Mecklenburg im Jahre 1795, Berlin 1797

Zur Geschichte einzelner Kirchen

Allgemeine Nachschlagewerke: H. Berghaus, Landbuch des Herzogthums Pommern und des Fürstenthums Rügen, 12 Bde., Berlin u. a. 1865–76; *L. W. Brüggemann*, Ausführliche Beschreibung des gegenwärtigen Zustandes des Kgl. Preuß. Herzogthums Vor- und Hinterpommerns, 3 Bde., Stettin 1779–1806; *H. Heyden*, Die Evangelischen Geistlichen des ehemaligen Regierungsbezirkes Stralsund (mit vielen Angaben zur mittelalt. Geschichte der einzelnen Kirchspiele), 4 Hefte, Greifswald 1956–71; *H. Hoogeweg*, Die Stifter und Klöster der Provinz Pommern, 2 Bde., Stettin 1924/25; Kirchen in einzelnen Gebieten: *N. Buske*, Die Nikolaikirche in Gützkow – eine kurze Darstellung der Kirchengeschichte des Gebietes um Greifswald, in: Festschrift zu den 700-Jahr-Feiern der Greifswalder Kirchen, Berlin 1980, S. 79–113; *B. Metz*, Die Kirchen auf Usedom und ihre Geschichte seit Otto von Bamberg 1128–1978, Usedom 1978; *Bauberichte* (mit zahlreichen geschichtl. Angaben): Zusammenfassender Bericht über die kirchl. Bautätigkeit im Kirchenkreis Greifswald-Land 1958 bis 1973; Zusammenfassender Bericht zur Pflege der mittelalterlichen Kirchen und ihrer Ausstattung im Kirchenkreis Greifswald-Land, 1976; Zusammenfassender Bericht über die mittelalterlichen Kirchen und deren Umbauten in den letzten Jahrhunderten im Kirchenkreis Altentreptow, 1979; Berichte über das Baugeschehen an den Kirchen und Kapellen des Kirchenkreises Demmin . . ., 1982; nach Orten: *Bodstedt*: N. Buske, Die Verehrung des Hl. Ewald und die Errichtung der Bodstedter Kapelle, in: Baltische Studien 58 (1972), S. 19–32; *Gingst*: A. Haas, Geschichtliches über Gingst, in: Rügensche Heimat 10 (1933), Nr. 4/5; N. Buske, Pfarrkirche in Gingst/Rügen, Kleine Kirchenführer der Ev. Landeskirche Greifswald Nr. 1 (1984); *Kenz*: N. Buske, Kenz als mittelalterlicher Wallfahrtsort und späterer Gesundbrunnen, in: Herbergen der Christenheit XI (1977), S. 7–32; *Levenhagen*: ders., Die Marienkapelle in Levenhagen, in: Baltische Studien 55 (1969), S. 33–43; ders., Die Baugeschichte der Kirche in Levenhagen – Ein Bericht über die Ergebnisse der Grabungen 1965/1968, in: ebd., 59 (1973), S. 17–26; *Middelhagen* und *Groß Zicker*: N. Buske, Kirchen auf Mönchgut, Berlin 1987; *Neuenkirchen b. Greifsw.*: E. Zunker, in: Pommersche Jahrbücher 1914, S. 31–66; Evangelische Pfarrkirche in Neuenkirchen bei Greifswald (kl. Kirchenführer) 1979; *Poseritz*: G. Scharf, Chronik des Kirchspiels Poseritz/Rügen, 1939; *Rakow*: H. Schultz, Entstehung des Kirchspiels Rakow, in: Kirchl. Monatsbl. Loitz 26 (1933), Nr. 5–8; *Sagard*: K. Schmidt, Aus längst vergangenen Tagen, in: Rüg. Hausfreund 1931; Nr. 6, 7, 9, 10; *Schaprode*: N. Buske, Die barocke Kanzel der Kirche in Schaprode – ein Zeugnis zwischen Orthodoxie und Pietismus, in: Baltische Studien 71 (1985), S. 114–128. *Trent*: S. Bock, Pfarrkirche in Trent/Rügen, Kleine Kirchenführer der Ev. Landeskirche Greifswald Nr. 2 (1984); *Weitenhagen*: Evangelische Pfarrkirche in Weitenhagen bei Greifswald 1280–1980 (kl. Kirchenführer); *Züssow*: G. Ott, Züssow – vom lebendigen Wort zur helfenden Tat – eine Geschichte der Diakonie-Anstalten, Berlin 1977

GERD BAIER

KUNSTGESCHICHTLICHER TEIL

Die Kirchenbauten der Frühzeit und der Gotik

Von dem, was die ersten Besiedlungswellen an Bauten romanischen Stils in Vorpommern entstehen ließen, ist nur sehr wenig erhalten geblieben. Wohl legten vereinzelt zustande gekommene Grabungen dar, wie die frühesten Baudenkmale im Grundriß und in ihren Ausmaßen beschaffen waren, aber die Gestalt des Raumes und die Formen der Details vermochten sie selten zu klären. So lassen die bisher als die Reste des 1168 von den Dänen niedergerissenen Swantevit-Tempels betrachteten Fundamente im slawischen Burgwall Arkona auf Rügen nur vermuten, daß es sich um die Spuren der ersten oder zumindest zu den frühesten Gotteshäusern gehörenden Rügenschen Kirche handelt, die man nach dänischem Vorbild über einem annähernd quadratischen Grundriß errichtete.

Auf Rügen, das anfangs sehr stark unter dem kulturellen Einfluß der dänischen Eroberer stand, stammen noch drei etwas jüngere, aus Backstein gemauerte Kirchen sicher von der Hand dänischer Bauleute. In den letzten Jahrzehnten des 12. Jh. wurden der im Osten von einer halbkreisförmigen Apsis abgeschlossene Chor und das Querhaus der Bergener Marienkirche sowie die beiden unteren Geschosse ihres breiten Westturmmassivs errichtet. Sie war als Hofkirche des damals zum Christentum bekehrten Rugierfürsten Jaromar begonnen, 1193 aber in ihren bis dahin fertiggestellten Teilen zur Kirche eines Nonnenklosters bestimmt worden. Der Bau des Langhauses zwischen dem westlichen Turmmassiv und den romanischen Ostteilen der Kirche wurde erst um die Mitte des 14. Jh. vollendet. Bald nach 1200 begann der Bau der Kirchen von Altenkirchen und Schaprode, deren Chöre mit innen gewölbten halbrunden Apsiden einen reichen Schmuck aus Rautenblenden, auf Konsolen ruhenden Friesen mit sich kreuzenden Rundbögen oder Dreiecken und zahnschnittartigen «Deutschen Bändern» besitzen. In Altenkirchen ist das westlich an den Chor anschließende und für die zum Gottesdienst

versammelte Gemeinde bestimmte Langhaus wie auch ursprünglich bei der Bergener Marienkirche als dreischiffige Basilika errichtet worden. Das bedeutet, daß ein höheres Mittelschiff von zwei niedrigeren Seitenschiffen begleitet wird. In Bergen hat man das Langhaus in gotischer Zeit allerdings als Hallenkirche mit drei gleich hohen Schiffen fertiggestellt, und in Altenkirchen wurden die Seitenschiffswände der Kirche erneuert, als man im 14. Jh. entsprechend dem damals üblichen Gebrauch in Chor und Schiff flache Kreuzrippengewölbe einbaute. Seitdem überschneiden die neuen Pultdächer über den Seitenschiffen die deshalb zugesetzten rundbogigen Fenster in der Wand über den auf kreuzförmigen Pfeilern ruhenden Spitzbogenarkaden zwischen Mittel- und Seitenschiffen. Das ebenso ursprünglich als dreischiffige Basilika gebaute Langhaus der Kirche von Schaprode ist im 14. Jh. leider weitgehend abgetragen und durch einen einschiffigen Saalbau mit Kreuzrippengewölben ersetzt worden.

Als der größte architektonische Gewinn jener frühen Zeit der kontinuierlichen Ausbreitung des christlichen Glaubens in unserem Gebiet ist demnach die von den dänischen Bauleuten übernommene Verwendung des Backsteins als Baustoff anzusehen und der Erwerb der Fähigkeit, mit seiner Hilfe raumfassende Wände und ragende Türme zu schaffen. Zwar war diese Technik seit der zweiten Hälfte des 12. Jh. auch schon in Bayern, Holstein und Brandenburg vereinzelt angewandt worden. Dennoch hat es den Anschein, als ob die Dänen als erste diesseits der Alpen das zuvor schon von den antiken Bauten der Römer sowie dem christlichen Kirchenbau Oberitaliens und der Kiewer Rus aus dem 10. und 11. Jh. bekannte Baumaterial aufs neue gründlich erprobten.

Das Bauen mit Backstein wurde auch in unserem Gebiet anfangs nur als Notbehelf und Surrogat für die auf einer vielhundertjährigen Tradition fußenden Hausteinarchitektur empfunden. Doch ist es nach einer kurzen Zeit der Erprobung zu demjenigen schöpferischen Element geworden, das den Charakter der norddeutschen Kunstlandschaft entscheidend prägte und mit dem Begriff der «Backsteingotik» einer Stilepoche ihr Prädikat verlieh. Davon zeugt die Vielzahl der ganz aus Backstein errichteten stattlichen Stadtpfarrkirchen und bescheideneren Dorfkirchen auch in unserem Gebiet.

Im übrigen sah man sich zwischen Oder und Recknitz ebenso auf die Erfahrungen der älteren Bautraditionen der schon längere Zeit dem christlichen Glauben und seiner Kultur erschlossenen Nachbarländer im Westen verwiesen, so daß bei dem umfangreichen Programm der «Nova plantatio» für den Bau der Dorfkirchen das Vorbild west- und ostfälischer, niedersächsischer und holsteinischer Kirchenbauten eine große Bedeutung erlangte. Der skandinavische Einfluß hingegen, den die dänischen Bauleute durch die Übernahme der Gestalt ihrer heimischen Kirchen und die Verbreitung der Ziegelbauweise nach Rügen und den unmittelbar hinter der Insel liegenden Küstenstreifen des Festlandes vermittelt hatten, begann schnell zu versiegen, als die Schlacht von Bornhöved 1227 der Vormacht Dänemarks hier eine Ende bereitete.

Zu den Kennzeichen des ostfälischen Kirchentyps ist der als breiter Riegel dem ein- oder mehrschiffigen Langhaus vorgelegte Westturmbau zu zählen, wie ihn neben der schon genannten und von dänischen Bauleuten ausgeführten Bergener Marienkirche unter den Dorfkirchen beispielsweise die in der zweiten Hälfte des 13. Jh. errichteten bzw. begonnenen Kirchen in Hetzdorf im Kreis Strasburg und von Groß Mohrdorf bei Stralsund besitzen. Westfälischer Art entspricht hingegen der vor die Mitte des Langhauses gesetzte und in Geschosse gegliederte Einzelturm von quadratischem Grundriß, wie er in der ersten Hälfte des 13. Jh. an den Kirchen von Semlow und Lüdershagen bei Franzburg zu finden ist und danach an vielen Kirchen des Landes wiederkehrt. Oft zeichnen sich die Westtürme durch reichen Blendenschmuck der Geschosse und Giebel aus, wofür die der Kirchen von Wusterhusen bei Greifswald und Poseritz auf Rügen als schöne Beispiele genannt werden sollen. Der gemeinsam mit dem Langhaus schon im 14. Jh. errichtete Westturm der Kirche von Brandshagen bei Grimmen ist zwischen die westlichen Enden der Langhausseitenschiffe gerückt und tritt im Westen nur wenig über deren Flucht vor.

Für die ältesten Zeugnisse dörflichen Kirchenbaus in unserem Gebiet müssen wir in der Regel eine flache Bretter- oder Balkendecke über Chor und Schiff annehmen. Mit Sicherheit gehört dazu die Kirche in Semlow. Dort aber, wo man dank großzügiger Stiftungen des Patrons und ländlichen Grundherrn aufwendiger bauen konnte, wählte man in Anlehnung an die städtischen Kirchen kuppelige, oft wenige Meter über dem Boden ansetzende achtrippige Domikalgewölbe, die den Raum in mehreren Jochen wie gewaltige Glocken umfingen. Das schönste Beispiel hierfür bietet der Innenraum der Kirche von Kirch Baggendorf bei Grimmen, an dessen Chorgewölbe die Rippen im Scheitelring enden und im Norden, Süden und Osten als Kreuz ausgebildet sind.

Sandstein und Kalkstein standen als Baumaterial praktisch nicht zur Verfügung, ausgenommen sind die Kirchen des Fürstentums Rügen, zu dem auch ein Teil des unmittelbar hinter der Insel gelegenen Festlandstreifens gehörte. Anfangs bediente man sich oft der im Geröll der späteiszeitlichen Endmoräne reichlich vorhandenen Granitfindlinge, die zu starken, urtümlich wirkenden Kirchenwänden aufgemauert wurden.

Die in der ersten Hälfte des 13. Jh. errichteten Kirchen von Tribohm und Semlow bei Franzburg sind unter die frühesten derartigen Bauten zu rechnen, die vergleichsweise in Ostholstein durch Kirchengebäude wie die in Süsel, Rathekau und Bosau vertreten sind. Im Unterschied zu diesen holsteinischen Kirchen besitzen die vorpommerschen Dorfkirchen jedoch an ihren Chören keine Apsis, sondern eine durchlaufende gerade Ostwand. Eine Ausnahme im Gebiet der Landeskirche Greifswald bildet die aus der zweiten Hälfte des 13. Jh. stammende Kirche in Wilsickow, die eine innen fast halbrunde, außen dreiseitige Apsis besitzt; im Kreis Strasburg gelegen, gehört sie eigentlich zur brandenburgischen bzw. märkischen Kulturlandschaft.

Die Westtürme sind meistens die jüngsten mittelalterlichen Teile der Kirchen oder wurden sogar erst wesentlich später als Anbauten hinzugefügt.

Anfangs waren auch die Gewände der Portale, Pforten und Fenster aus Feldsteinen gemauert. Wie das Beispiel der Kirche von Tribohm bezeugt, bestanden zuerst auch die Giebel noch aus Feldsteinen, wobei selbst da schon eine sparsame Blendengliederung vorkommen konnte. Erst seit der zweiten Hälfte des 13. Jh. wurde dann allgemein für die Wölbung, die Gewände der Portale und Fenster und für die Giebel Backstein verwendet, der sofort eine weitaus differenziertere Gestaltung des Baudekors möglich machte. Überall im Lande sind hierfür zahlreiche typische Beispiele zu finden, doch bestehen jetzt in der Regel nur die noch im 13. Jh. errichteten Chöre aus Feldstein, während die Langhäuser später in Backstein erneuert oder nachträglich angebaut worden sind.

Eine der beachtenswertesten, ganz aus Feldstein gebauten Kirchen unseres Gebietes, bei der die architektonisch hervorgehobenen Details aus Backstein gemauert sind, ist die um 1250 errichtete Dorfkirche von Kirch Baggendorf. Wie bei den meisten vergleichbaren Kirchenbauten aus dieser Zeit sind in die Stufen der Portal- und Fenstergewände als bereichernder Dekor dreiviertelrunde Stäbe gelegt, und in der Chorostwand und den Seitenwänden des Langhauses wurden jeweils drei Fenster so angeordnet, daß das mittlere etwas höher ist als die seitlichen und sogenannte «gestaffelte Dreifenstergruppen» entstanden.

Ohne Chor und turmlos blieb die Kirche in Eixen, wobei hier nur die den Hintergrund für den Hauptaltar bildende Ostwand durch eine gestaffelte Dreifenstergruppe hervorgehoben wird, die Längswände aber paarweise geordnete Fenster von gleicher Höhe besitzen. Von den aus Backstein gemauerten Giebeln wird der östliche von einer Vielzahl dicht gereihter Spitzbogenblenden geschmückt und gegliedert. Dieser reiche Dekor frei sichtbarer Giebel mit Kreuz- und Spitzbogenblenden, Maßwerkfriesen und aufgesetzten Türmchen, sogenannten Fialen, gehört in ganz Norddeutschland zur Eigenart gotischer Backsteinarchitektur, bot er doch die Möglichkeit zur Belebung großer Mauerflächen mit verhältnismäßig einfachen Mitteln. Als schöne Beispiele für reichen Blendendekor an den Giebeln einer Dorfkirche mögen hier die Dorfkirchen von Röckwitz im Kreis Altentreptow und Wiek auf Rügen genannt sein, als ein weiteres der Chorgiebel der Kirche von Groß Kiesow bei Greifswald. Dort sind die Gewände der Dreifenstergruppe der Ostwand und der Einzelfenster in den Chorseitenwänden abwechselnd aus schwarz glasierten und unglasierten roten Steinen gemauert, und für die beiden östlichen Chorecken wurden auffallend sorgfältig ausgesuchte oder bearbeitete Granitquaderblöcke verwendet. Am Chor der Kirche von Zettemin bei Malchin, einem Bau vom Ausgang des 14. Jh., wurde die Dreifenstergruppe mit einer breiten Spitzbogennische zusammengefaßt; ungewöhnlich ist indessen die Fensterrosette in der Nordwand des Chores. Daß auch ganz aus Backstein errichtete Chöre oder ganze Kirchengebäude von außerordentlichem architektonischem Reiz sein können, läßt sich vielfach belegen, wobei die um die Mitte des 13. Jh. gebauten Gotteshäuser von Wildberg im Kreis Demmin und von Brandshagen bei Grimmen hier als zwei der älteren Beispiele genannt sein sollen.

Trotz dieser Unterschiede im verwendeten Baumaterial und in den architektonischen Formen dominierte bei den Dorfkirchen das gesamte Mittelalter hindurch auch in Vorpommern das aus der Bautradition Nordeuropas erwachsene Schema des einschiffigen Saalraumes mit schmalem, ein- oder zweijochigem Chor, zu dem sich dann meistens als Ort der Zuflucht und gleichzeitig weithin sichtbares Zeichen für den auf das Dorf Zugehenden der massive Turm mit hohem Helm gesellte. Zuweilen leistete man aber auch auf den Turm Verzicht und begnügte sich mit Schiff und Chor, wie es heute u. a. noch bei den beiden Kirchen in Altenkirchen und Wiek auf Rügen zu sehen ist. Andere Kirchen haben ihre z. T. nur aus verbrettertem Fachwerk errichteten Westtürme oder auf das Westende des Dachstuhls gesetzten Türme erst in nachmittelalterlicher Zeit bis hin zum 19. Jh. erhalten. Auch hierfür finden wir in den Türmen der Kirchen von Abtshagen,

Spantekow, Hohenholz, Kemnitz und Ranzin typische Beispiele in unserem Gebiet. – In einigen wenigen Fällen, wie in Eixen und Wolkow, bestand die Kirche im Anfang nur aus einem saalartigen Raum ohne Chor und Westturm. In anderen Fällen diente der heutige Chor allein als Kirche, bis in späterer Zeit der Wunsch nach räumlicher Erweiterung dazu führte, daß ein weiterer Raum, das Langhaus, nachträglich angebaut wurde. Die Kirchen in Wildberg und Groß Kiesow lassen sehr gut eine solche bauliche Entwicklung erkennen.

War besonders im 13. Jh. der östliche Abschluß des Chores mit einer glatt durchlaufenden Wand und der in ihr gelegenen Dreifenstergruppe für die vorpommerschen Dorfkirchen üblich, so fand doch nicht selten auch der polygonale, meist fünfseitige Ostschluß mit schlanken Spitzbogenfenstern in jeder Wand des Polygons schon seit der Mitte jenes Jahrhunderts Verwendung und wurde seit dem 14. Jh. die Regel. Der am Ende des 13. Jh. errichtete Chor der Kirche von Glewitz bei Grimmen zeigt einen solchen polygonalen Chorschluß in schlanken, architektonisch ausgewogenen Proportionen, jünger und auch schlichter sind die der Kirchen in Wusterhusen, Kenz und Abtshagen. Neben den Kirchen mit einfachem saalartigem Schiff ließen sich wohlhabendere oder aus sonstigen Gründen auf Repräsentation bedachte Dorfgemeinden ähnlich wie die Stadtbürger Gotteshäuser mit mehrschiffigen Langhäusern bauen. Meistens waren es dann Basiliken mit höherem Mittelschiff. Außer der nur in nachträglich veränderter Gestalt erhaltenen Basilika von Altenkirchen ist hier noch das allerdings erst im 14. Jh. entstandene basilikale Kirchenschiff in Behrenhoff bei Greifswald zu nennen. Dort fehlt jetzt das nördliche Seitenschiff, das wahrscheinlich nach dem Dreißigjährigen Krieg abgebrochen worden ist. Dörfliche Hallenkirchen werden in unserem Gebiet häufiger erst seit dem 14. Jh. gebaut. Das älteste erhaltene Gotteshaus dieser Art ist die gegen Ende des 13. Jh. errichtete Hallenkirche in Groß Mohrdorf bei Stralsund. Ihr folgte bald nach 1300 das Hallenlanghaus der im Kreis Greifswald gelegenen Kirche von Kemnitz. Auch hier fehlt seit dem Dreißigjährigen Krieg das nördliche Seitenschiff. In Brandshagen und Reinberg, Dörfern im Kreis Grimmen, wurden in der ersten Hälfte des 14. Jh. bisher gut erhalten gebliebene Hallenkirchen gebaut, jünger sind die in Gingst, Wiek und Trent auf Rügen und das Hallenlanghaus der Kirche von Wusterhusen, deren noch im 13. Jh. errichteter Chor damals einen polygonalen neuen Ostabschluß erhielt. – Eine Variante der Hallenkirche entstand zudem im ebenfalls bei Greifswald gelegenen Dorf Levenhagen, wo das saalartige Langhaus von seitlichen Kapellen begleitet wird, die den Charakter von Seitenschiffen besitzen.

Somit reicht die Skala des mittelalterlichen Dorfkirchenbaus auch in unserem Gebiet von den auf einen kleineren Maßstab reduzierten Nachbildungen städtischer Basiliken und Hallenkirchen mit repräsentativer westlicher Turmfront bis hin zu den einschiffigen Rechtecksälen entlegener Dörfer. Sowenig wie wir die großen Kirchenbauten hansischen Bürgerstolzes missen möchten, da mit ihrem Untergang das Straßenbild und die Silhouette der Städte ihr charakteristisches Antlitz verlieren würden, bliebe der Verlust der dörflichen Gotteshäuser nicht ohne Folgen für ihre im historischen Prozeß Jahrhunderte während gesellschaftlicher Entwicklung gewachsene Umgebung. Denn was die großen Stadtpfarrkirchen als einzelnes Bauwerk und als maßstabbildender Bestandteil des städtebaulichen Organismus bedeuten, vermag am weitaus bescheideneren Ort auch die auf dem Kirchhügel oder am Anger gelegene kleine Dorfkirche zu erfüllen. Umgeben vom Kreis der urtümlich aus Feldsteinen aufgeschichteten Mauer des Kirchhofs mit seinem schlichten Portal und von dem Kranz alter mächtiger Bäume, ist sie hier auch bei äußerer Schlichtheit meistens das schönste und architektonisch bedeutendste Bauwerk geblieben und als Schöpfung der vormals von weither zugewanderten Siedler zugleich das älteste Monument der oft wechselvollen Geschichte des Dorfes.

Ausstattung und Gerät der mittelalterlichen Kirchen

Von den ältesten, noch im 13. Jh. zur Ausstattung der Kirchen bestimmten Werken der Holzbildnerei und der Malkunst ist in den Gotteshäusern zwischen dem Fluß Recknitz und dem Oderhaff nur noch weniges erhalten geblieben. Die Ursache dafür dürfte in dem allezeit bei den Gemeinden vorhandenen Wunsch nach einem Ersatz älterer Stücke durch den Zeitgeschmack und neuen liturgischen Gegebenheiten entsprechende neuere zu suchen sein. Es fällt dabei auf, daß der Anteil des Schaffens einheimischer Künstler und Meister an dem, was uns diese Zeit noch hinterließ, außerordentlich gering war. Bedenkt man jedoch die weitreichenden ethnischen, wirtschaftlichen und geistig-geistlichen Bindungen unseres Gebietes an die in ihren künstlerischen Traditionen schon viel weiter gereiften Kulturlandschaften Niedersachsen und Holstein, vor allem aber die Verbindungen zu Westfalen und dem um die Mitte des 13. Jh. zur führenden Stadt an der Ostseeküste gewordenen Lübeck, so erscheint die nachweisliche Einfuhr von Werken des älteren Kunstkreises fast als deren zwangsläufige Folge. Zudem stand ja seit dem 12. Jh. Südskandinavien – und dort besonders Seeland und Schonen – in unmittelbarer und enger schöpferischer Beziehung zu Westfalen und dem sächsisch-

thüringischen Gebiet. Von dem Kloster Helmarshausen, in dessen Malschule sich stilistische Einflüsse der Kunst des Maaslandes, des Niederrheins und englischer Vorbilder mit der byzantinisierenden Form des «zackbrüchigen Stils» verbanden, ist manche Anregung nach dem Norden gedrungen. Nur so ist es verständlich, daß die romanische Ausmalung von Chor und Querhaus der Bergener Klosterkirche auf Rügen als ein Werk dänischer Meister dennoch im Stil und Bildprogramm an die Malerei in Helmarshausen und in der Kirche des bei Braunschweig gelegenen Dorfes Melverode erinnert.

Zwischen diesem um 1200 entstandenen ältesten Werk monumentaler Malerei am mittleren Südrand der Ostsee und den folgenden dort erhalten gebliebenen Wandmalereien besteht ein zeitlicher Abstand von rund sieben Jahrzehnten. Dennoch wird in der Ausmalung des Chores der Kirche zu Behrenhoff im Kreis Greifswald mit den Szenen des Sündenfalls, des Jüngsten Gerichtes und der Krönung Mariens durch Christus, mit Apostelpaaren, Heiligen und in Medaillons zusammengefaßten Gruppen von Märtyrern jener den Wurf der Gewänder in hartkantigen Falten führende «zackbrüchige Stil» der sächsisch-thüringischen Malerschule noch einmal lebendig. Diese Malerei kann in die Zeit um 1300 datiert werden.

Wir können annehmen, daß eine solche reiche Ausstattung der Kirchen mit Wandmalerei, die in der Regel auch die Gewölbe einbezog, in den meisten mittelalterlichen Kirchen zu finden war. Sie stellte den zum Gottesdienst Versammelten in vielfältigen Bildern die grundlegenden Aussagen des Evangeliums – den Sündenfall und das österliche Erlösungsgeschehen sowie die Entscheidung zur Verdammnis oder zum Ewigen Leben am Tage des Jüngsten Gerichtes – ebenso sinnfällig vor Augen wie ganze Szenenfolgen aus den Berichten des Alten und des Neuen Testamentes oder den Lebensgeschichten von Märtyrern und Heiligen. Einzelfiguren und Figurengruppen symbolisierten die Gegenwart der «Versammlung der Heiligen» im Gottesdienst der Gemeinde. So erfüllten die mittelalterlichen Wandmalereien die Funktion einer optischen Vertiefung des in Liturgie und Predigt Verkündigten und der Vergegenwärtigung der christlichen «Glaubensinhalte» im Bild.

In nachreformatorischer Zeit, oft allerdings erst unter dem wechselnden Einfluß orthodoxer und rationalistischer Frömmigkeitsformen, wurden fast alle diese der katholischen Glaubenslehre entsprechenden Malereien übertüncht oder gar zerstört. So blieben sie günstigenfalls verborgen, bis seit dem letzten Drittel des 19. Jh. das historische bzw. denkmalpflegerische Interesse an diesen Zeugnissen mittelalterlicher Frömmigkeit und monumentaler Malkunst in zahlreichen Kirchen zu ihrer Freilegung geführt hat. Dabei wurden allerdings sehr oft die nur fragmentarisch zutage getretenen Malereien in sehr großzügiger Weise ergänzt und in der künstlerischen Handschrift des Restaurators wiederhergestellt. So sind ihr Stil und die differenzierte Thematik der Darstellung nicht selten erheblich entstellt worden. Diese Feststellung trifft übrigens in gewisser Weise auch für die Malereien in Behrenhoff zu.

Behutsamer restauriert wurden indessen die erst nach 1950 freigelegten Fragmente dreier alttestamentlicher Szenen an der Ostwand der Kirche in Ranzin bei Greifswald, der Erschaffung Evas, des Sündenfalls und der Vertreibung aus dem Paradies, sowie eine Darstellung des feierlich thronenden Weltenrichters, der sogenannten «Majestas Domini», in der Ostkappe des Chorgewölbes der Kirche von Reinberg im Kreis Grimmen. Vor allem gilt das aber für die monumentalen Bilder aus dem Marienleben an drei Kappen des Chorgewölbes der Kirche von Ahrenshagen bei Ribnitz-Damgarten. Diese Malerei trat so unversehrt zutage, daß sie bisher nur ganz wenig ergänzt werden mußte. Der Verkündigung des Engels an Maria mit der Gestalt Gottvaters in der «Mandorla», einer mandelförmigen Strahlenglorie, ist als kleinere Szene der Sündenfall zugeordnet, bei der Anbetung des Christkindes durch die drei Weisen steht die Verkündigung der Christgeburt an die Hirten, bei der Marienkrönung auf der südlichen Kappe des Gewölbes aber eigenartigerweise die Schar der fünf klugen und fünf törichten Jungfrauen. Solche Zusammenordnung verschiedener, in einem deutlich oder verborgenen Sinnzusammenhang stehender Szenen benutzte die mittelalterliche kirchliche bildende Kunst, vor allem dann, wenn es galt, im Neuen Testament berichtete Ereignisse als Erfüllung oder Bestätigung von schon im Alten Testament zu findenden «Vorstufen» oder dort gegebenen Verheißungen zu kennzeichnen. Wie die Malereien in Ranzin und Reinberg ist die außerordentlich qualitätvolle Ahrenshagener Gewölbemalerei wohl im zweiten Viertel des 14. Jh. entstanden. Sie ist vergleichbar mit den ältesten Wandbildern in der Stralsunder Nikolaikirche und den gleichzeitigen Gewölbemalereien in der Kirche der mecklenburgischen Landstadt Teterow, deren Meister dem Lübeckischen Kunstkreis zuzurechnen sind, so daß auch für Ahrenshagen dieser Zusammenhang angenommen werden kann.

Nicht anders stand es in unserem Gebiet mit den frühesten Bildwerken, denn auch beispielsweise die um die Mitte des 13. Jh. entstandene Holzfigur einer sitzenden Madonna aus der Kirche von Wolkwitz bei Demmin, eines der ältesten erhalten gebliebenen Werke der Bildnerei in Vorpommern, wird einem in Lübeck ansässigen oder zumindest dort ausgebildeten Künstler zugeschrieben. Allerdings ist dieses bei aller Freundlichkeit im Blick der Mutter wegen der Haltung und Gebärde des Kindes und der statuarischen Frontalität des Ganzen noch an spätromanische Madonnen

erinnernde Bildwerk ohne niedersächsische und rheinische Vorbilder kaum denkbar.

Noch am Ende des 13. Jh. ist eine weitere sitzende Madonnenfigur entstanden, die der Kirchengemeinde in Krien bei Anklam gehört. Hier ist die Haltung der Mutter und des Kindes jedoch schon gelöster und natürlicher und läßt gegenüber der Wolkwitzer Madonna eine stilistische Fortentwicklung erkennen. Daß sie aber ebenso zum Kreis der Lübecker oder zumindest der von dort beeinflußten Plastik gehört, dafür spricht die Vergleichbarkeit mit Bildwerken im benachbarten Mecklenburg und in Südskandinavien und die Verwandtschaft mit der etwa gleichzeitigen monumentalen Anna-Selbdritt-Gruppe der Stralsunder Nikolaikirche.

Zwei Kruzifixe aus der Zeit um und nach 1300 können uns eine Vorstellung von der frühen Gestalt solcher als Symbol und Andachtsbild bis zum heutigen Tag im christlichen Gottesdienst unentbehrlichen Kunstwerke vermitteln. Aus dem einstigen Brauch der Aufstellung monumentaler Triumphkreuzgruppen, die in der Regel auf einem zwischen Chor und Langhaus hoch über den Köpfen angebrachten kräftigen Balken zu beiden Seiten des am Kreuz hängenden Christus die ebenso großen Figuren von Maria zur Linken und Johannes dem Evangelisten zur Rechten umfaßten, ist uns in der Kirche von Wiek der Corpus des frühgotischen Christus erhalten geblieben. Die «Assistenzfiguren», Maria und Johannes der Evangelist, sind hier im 15. Jh. ausgewechselt oder ergänzt worden, das Kreuz stammt aus dem 19. Jh. Jünger und wesentlich kleiner ist der bei aller Herbheit auch als schön zu bezeichnende Kruzifixus in der auf der Insel Rügen gelegenen Dorfkirche von Landow. Diese Christusgestalt ist trotz allem ihr ablesbarem Leid hoheitsvoll, das Antlitz des schmerzvoll gesenkten Kopfes männlich schön, und das in kunstvollen Falten gelegte Lendentuch zeugt davon, daß der Schöpfer dieses Bildwerkes sich an sehr qualitätvollen Vorbildern orientierte. Man möchte meinen, daß hier der durch Händler und wandernde Künstler über das Rheinland, Westfalen und Niedersachsen nach Lübeck gedrungene Einfluß der französischen Kunst in gewisser Weise spürbar geworden ist.

Zur Zeit der auf die kriegerische Annektion folgenden friedlichen Besiedlung des Landes durch von Westen zuwandernde Kaufleute, Handwerker und Bauern war der Akt der oft nicht ganz widerstandslosen «Christianisierung» des ansässigen slawischen Teiles der Bevölkerung der Überlieferung nach erst einmal durch Massentaufen an den Ufern der Flüsse und Seen vollzogen worden. Nachdem aber in den Städten und Dörfern die ersten Kirchen errichtet waren und statt der Massentaufen die kontinuierliche Hineinnahme neugeborener Kinder in die christliche Gemeinde durch die Taufe anstand, gehörte zur Ausstatt ung jeder Kirche ein Taufstein, von denen nicht wenige über rund 700 Jahre bis heute ihren Dienst verrichtet haben. War der Taufstein als Kalkstein, dann kam er mit Sicherheit aus Gotland, wo Steinhauerwerkstätten dieses Material sowohl für den skandinavischen Inlandsbedarf als auch für einen weitreichenden Export verarbeiteten. Fast immer sind es auf einen Fuß und Schaft gesetzte, annähernd halbkugelige Becken, deren Außenwände durch scharfe Grate, bandförmige, z. T. sogar gedrehte Wülste oder wie beispielsweise an den Taufsteinen der Kirchen von Sanzkow, Rappin und Bobbin durch aufgelegte spitz- bzw. rundbogige Blendarkaden gegliedert werden. An den Taufsteinen in Altenkirchen und Rappin auf Rügen, von denen der in Rappin ein im oberen Querschnitt vierpaßförmiges Becken besitzt, stehen je vier plastische Köpfe vor, deren Sinn bisher noch nicht zuverlässig zu deuten war. In das nach oben hin zum Zwölfeck übergehende Becken des Taufsteines der Kirche von Levenhagen bei Greifswald sind außen die unter Arkaden stehenden zwölf Aposel als Ritzzeichnung eingeschlagen.

Zuweilen wurden die Taufsteine aber auch im Lande selbst aus im Geschiebe der Gletscher der Eiszeit herangebrachten Granitfindlingen geschlagen. Stücke wie die Taufsteine von Neu Boltenhagen und Wusterhusen bei Greifswald, aber auch der von Pütte bei Stralsund, strebten dabei trotz aller geringeren Feinformigkeit doch eine Ähnlichkeit mit den gotländischen Kalksteintaufen an. Andersartig und gerade deshalb besonders beachtenswert ist indessen der aus einem tonnenartigen Granitfindling gearbeitete Taufstein der Kirche in Krien. Aus seinen Außenwänden sind im flachen Relief ein Lebensbaumkreuz mit den stilisierten seitlichen Astansätzen und eine Weinranke herausgemeißelt, zwei Symbole Christi und seines in der Taufe zu empfangenden Heils. – Alle diese Taufsteine aus Kalkstein und Granit entstanden in der Zeit zwischen 1250 und 1350 und sind damit heute sehr oft die ältesten Zeugnisse gottesdienstlichen Lebens in den Dorfkirchen unseres Landes.

Mittelpunkt des Gottesdienstes der mittelalterlichen Kirchengemeinde war der unverrückbar errichtete und in seiner liturgischen Bedeutung festliegende Haupt- oder Hochaltar. So ist er auch das in allem Wandel der Jahrhunderte – wenn nicht der Gestalt nach, so doch in seiner grundsätzlichen Aufgabe erhalten gebliebene – wichtigste Ausstattungsstück unserer Dorfkirchen. Entweder im Chor oder, wo dieser fehlte, im zumindest besonders hervorgehobenen östlichen Teil der Kirche aufgestellt, nur dem Priester und seinen ministrierenden Gehilfen zugänglich, bezeichnete der Altar ursprünglich die Stelle, an der das Sakrament des unblutig erneuerten Opfertodes Christi – die Messe – gefeiert wurde. In Norddeutschland bestand er aus einem gemauerten blockartigen Unterbau, dem «Stipes»,

in dem meistens eine Reliquie verborgen war, und einer darüberliegenden Platte aus Naturstein, der «Mensa», die ebenfalls mit einer Reliquie ausgestattet sein konnte.

Dies ist der eigentliche Altar. Denn was wir heute landläufig als «Altar» bezeichnen, ist eigentlich nur der Aufsatz, das «Retabel», das in Vorpommern analog zu den benachbarten Kunstlandschaften in Gestalt von Holztafeln oder auch der Aufbewahrung weiterer Reliquien dienenden Schreinen mit gemaltem oder plastischem Figurenschmuck seit dem Beginn des 13. Jh. Anwendung gefunden haben wird; erhalten geblieben ist davon nichts. Ein vergleichbares Stück vom Anfang des 14. Jh. besitzt jedoch die Kirche von Vietmannsdorf, einem früher zur brandenburgischen Uckermark gehörenden und jetzt im Bezirk Neubrandenburg liegenden Dorf. Auf einer Eichenholztafel mit drei Reliefszenen sind dort zu seiten der Kreuzigungsgruppe die Geißelung und die Auferstehung dargestellt. Ähnlich mögen auch die ersten Aufsätze in unseren Dorfkirchen ausgesehen haben. Solange allerdings der Priester während der Messe hinter dem Altar und mit dem Antlitz zur Gemeinde stand, mußte auf alle Altaraufsätze verzichtet werden. Dafür wurde damals in der Regel die Vorderseite des Altarblockes mit Vorhängen, auch mit Tafeln aus Holz oder Metall verdeckt, die ornamental gestaltete Christussymbole oder entsprechenden figürlichen Dekor trugen.

Zur gleichen Zeit, als man diese anfangs noch nicht sehr hohen Retabel auf die Altäre stellte, dienten zuweilen auch größere Einzelbildwerke – Kruzifixe, Madonnenstatuen oder Heiligenstandbilder – als Altarschmuck und sichtbares Zeichen für die unsichtbare Anwesenheit der im Gottesdienst zu Verehrenden. Diesem Zweck könnten u. a. auch die aus dem 13. Jh. stammenden beiden schon genannten Sitzmadonnen aus Wolkwitz und Krien, vielleicht aber auch ein kleiner gleichzeitiger Kruzifixus in der Kirche von Plestlin und eine zur Ausstattung der Kirche von Gnevkow (beide bei Demmin) gehörende Madonnenfigur aus dem 14. Jahrhundert gedient haben. Daneben sind in den vorpommerschen Dorfkirchen aber auch noch jüngere, im 15. und am Anfang des 16. Jh. geschaffene Einzelfiguren und Figurengruppen zu finden, die ihrer Größe wegen kaum aus einem der zu ihrer Zeit üblich gewordenen Flügelaltäre stammen können, damals aber auch nicht mehr als Einzelfigur auf der Mensa eines Hauptaltars ihren Platz gehabt haben werden. Zu dieser Gruppe von Bildwerken gehören z. B. zwei Figurengruppen in der Kirche von Gustow auf Rügen, ein Vesperbild mit dem Leichnam Christi im Schoß der trauernden Mutter und eine Anna Selbdritt aus dem Anfang des 16. Jh. sowie eine spätgotische Madonnenfigur in der Kirche von Plestlin. Hier dürfen wir wohl annehmen, daß diese Bildwerke analog zu der in den großen Stadt- und Klosterkirchen schon lange üblichen Errichtung von Nebenaltären für Gedächtnisgottesdienste und persönliche Andachten in den betreffenden Dorfkirchen ebenfalls separat aufgestellt gewesen sind.

Der Flügelaltar als der im 15. Jh. allgemein üblich gewordene Altaraufsatz hatte sich erst seit dem Anfang des 14. Jh. schrittweise aus verschiedenen Vorstufen entwickelt, erlebte dann aber bis in das 16. Jh. hinein mit einem Flügelpaar als «Triptychon» (d. h. dreimal gefaltete Tafel) oder mit zwei Flügelpaaren als sogenannter «Wandelaltar» seine Blütezeit. Grundsätzlich gliedert sich sein Aufbau in einen kastenartigen großen Mittelschrein, in dem Schnitzfiguren von differenzierter Größe stehen, und mindestens zwei seitliche Flügel, deren Innenseiten in der Regel ebenfalls als schreinartige Kästen ausgebildet sind und dann wiederum Figuren enthalten. Die Außenseiten dieser Flügel tragen dagegen Tafelmalereien mit der Darstellung einzelner Heiliger, die meistens die Namenspatrone der betreffenden Kirche sind, oder aber Szenen, die den biblischen Berichten bzw. den Lebensgeschichten der Heiligen folgen. Besitzt oder besaß der Schnitzaltar noch ein weiteres Flügelpaar, so konnte die in den Tafelbildern behandelte Thematik entsprechend erweitert dargestellt werden, die jedoch in jedem Stadium der den verschiedenen Zeiten des Kirchenjahres angemessenen «Wandlung», d. h. der Stellung der Flügel, eine gewisse Einheitlichkeit zeigt.

Zumindest seit dem 15. Jh. vermittelte zwischen der Mensa und dem Flügelaltar stets eine «Predella» oder Altarstaffel, die den Aufsatz etwas über die Altarplatte emporhob und damit auch die Bewegung der Flügel erleichterte. Diese meistens kastenförmigen Predellen waren auf ihrer Vorderseite ebenfalls bemalt oder mit plastischem Figurenschmuck versehen und bargen nicht selten eine Reliquie.

Die wenigen heute noch in vorpommerschen Dorfkirchen zu findenden gotischen Flügelaltäre sind alle im 15. Jh. bzw. im ersten Drittel des 16. Jh. entstanden. Dabei ist es sicher, daß es hier bereits in der zweiten Hälfte des 14. Jh. Flügelaltäre gegeben hat, die dann schon bald danach durch größere, kunstreichere und neuen Frömmigkeitsrichtungen gemäßere Stücke ersetzt wurden oder im Verlauf der folgenden Jahrhunderte in Kriegszeiten oder bei umfassenden Erneuerungen des Interieurs verlorengingen. Denn die Vielzahl der erhalten gebliebenen mittelalterlichen Kirchen sollte nicht darüber hinwegtäuschen, daß uns keine von ihnen mehr eine bis ins einzelne genaue Vorstellung davon zu geben vermag, wie sie zur Zeit ihrer Errichtung im Inneren ausgesehen hat und im einzelnen ausgestattet war. Vielhundertjährige Nutzung und Abnutzung sowie veränderte Formen des Gottesdienstes und der Liturgie haben das Erscheinungsbild der Kirchenräume gewandelt, zu dem ursprünglich

und das ganze Mittelalter hindurch wechselnd die farbige Ausmalung und die bunte Verglasung der Fenster gehörten.

Indessen kann von einer generellen Beseitigung der Flügelaltäre und der speziellen Andachten dienenden Einzelbildwerke oder Bildtafeln zur Zeit der lutherschen Reformation keinesfalls die Rede sein. Mehrfach wurden allerdings thematisch stark durch den Marienkult oder die Verehrung einzelner Heiliger bestimmte Flügelaltäre aus den großen Stadtkirchen in die benachbarten Dorfkirchen umgesetzt und wohl doch auf diese Weise dem Zugriff einzelner protestantischer Eiferer entzogen! Andere sind im 16. oder 17. Jh. zur Seite gestellt worden und kamen erst im vergangenen Jahrhundert, als viele Kirchen ihre barocke Ausstattung verloren und «regotisiert» wurden, restauriert auf den Altar zurück. Leider waren diese an sich gut gemeinten Restaurierungen damals und bis in unser Jahrhundert hinein meistens mit der Beseitigung mehr oder weniger umfangreicher Reste der ursprünglichen farbigen Fassung der Schnitzfiguren und Altarschreine und einer weitgehenden Erneuerung dieser Fassung verbunden. In anderen Fällen stellte man die sorgfältig abgelaugten Figuren in ihrem «unverfälschten» Holzton zur Schau und folgte damit einer um die Wende vom 19. zum 20. Jh. weit verbreiteten ästhetischen Auffassung, die der «Materialechtheit» in der bildenden Kunst und im Kunsthandwerk das Wort sprach.

Den wohl ältesten erhalten gebliebenen Altaraufsatz unseres Gebietes, einen Flügelaltar aus der Zeit um 1420, besitzt die Kirche des ehemaligen Benediktinerinnenklosters Verchen. Allerdings sind nur der Mittelschrein und der bekrönende Kamm unverändert auf uns gekommen. Die Flügel wurden im 19. Jh. erneuert, und die Predella stammt von einem jüngeren Altar. Zum ursprünglichen Bestand gehören aber die sehr schönen Figuren einer Verkündigung des Engels an Maria mit zugehöriger Gottvater-Christkind-Gruppe im Mittelschrein, an dessen Innenwänden kürzlich noch gemalte musizierende Engel freigelegt worden sind.

Das Motiv der Verkündigung des Engels an Maria als zentrale Gruppe eines Flügelaltares ist für unser Gebiet ungewöhnlich. Vielmehr sind neben der Darstellung der Muttergottes, der Apostel oder Heiliger die zwei wesentlichsten Themen spätgotischer Altaraufsätze die Krönung Mariens zur Himmelskönigin und vor allem der Kreuzes- und Erlösungstod Christi, der zu dieser Zeit meistens mit einer überreichen Figurenstaffage als sogenannte «Vielfigurige Kreuzigungsgruppe» dargestellt wurde. – Auf den Predellen finden wir oft wie in Verchen das Bild des von Engeln gehaltenen «Schweißtuches der Veronika» mit dem Antlitz des auf dem Wege nach Golgatha unter der Last des Kreuzes zusammengebrochenen Christus. Ein weiteres Predellenmotiv ist der in der Grabkufe stehende Christus als Schmerzensmann mit den Wundmalen und Werkzeugen seiner Passion zwischen den Figuren oder Büsten der vier römischen Kirchenväter Ambrosius, Augustinus, Gregor und Hieronymus.

Aus der zweiten Hälfte des 15. Jh. stammen die Flügelaltäre in Japenzien und Liepen bei Anklam und Patzig auf Rügen. Im Mittelschrein sind die Hauptfiguren durch ihre Größe hervorgehoben, in den seitlichen Flügelkästen stehen in zwei Reihen kleine Heiligenfiguren oder die Apostel. Durchbrochene Maßwerkfüllungen unter den Figuren und in der Art von Maßwerkbaldachinen gestaltete «Schleierbretter» über ihnen gliedern zusammen mit weiteren feinteiligen Architekturelementen die flachen Räume des Schreines und der Flügel in angemessenen Proportionen. Da der Patziger Altar der hl. Margaretha geweiht ist, beziehen sich auch die vier gemalten Szenen auf den Außenseiten der Flügel auf das Martyrium dieser Heiligen. Ein um 1480 entstandener weiterer Flügelaltar in Middelhagen auf Rügen ist der hl. Katharina geweiht. Im Unterschied zu den beiden schon genannten Altären enthalten die Flügelkästen hier je zwei übereinanderstehende Reliefszenen aus dem Leben dieser Heiligen, die auf den Außenseiten der Kastenflügel und den Innenseiten eines weiteren Flügelpaares durch gemalte, inschriftlich kommentierte Szenen ergänzt werden. Sind alle Flügel geschlossen, erscheinen die gemalten Ganzfiguren der hl. Katharina und hl. Barbara. An beiden Rügenschen Altären blieben auch noch der bekrönende Maßwerkkamm und ein oft zu solchen Flügelaltären gehörendes, auf den Mittelschrein gestelltes Kruzifix erhalten.

Das an sich schon sehr alte Motiv der Marienkrönung kommt in den Schnitzaltären der vorpommerschen Dorfkirchen erst seit dem Anfang des 16. Jh. vor. Ein eindeutiger «Coronatio»-Altar ist in der Kirche von Zemmin bei Demmin erhalten geblieben, wo die Krönungsgruppe den gesamten Mittelschrein einnimmt. Bei den Altären der Kirchen von Eixen im Kreis Ribnitz-Damgarten und von Horst bei Grimmen sollte man besser ganz allgemein von Marienaltären sprechen. In Eixen teilt sich nämlich die aus der unter einer Wolke mit musizierenden Engeln von Gottvater und Christus gekrönten Maria bestehende Figurengruppe den Platz im Mittelschrein zu gleichen Teilen mit der Darstellung des hl. Georg zu Pferd und wird wie diese von zwei Reihen männlicher und weiblicher Heiliger flankiert. Auf der Rückseite der Flügel sind in lebhafter Bewegung die Heiligen Georg und Dorothea dargestellt, wobei auch die Schnitzfiguren eine ähnliche Expressivität zeigen, deren künstlerisch stärkste Ausprägung in den dem Werkstattkreis des Meisters Claus Berg zugeschriebenen Güstrower Domaposteln gefunden wurde. In Horst, einem Altar von erstaunlicher bildnerischer Qualität, erzählender Vielfalt und charaktervoller Physiognomik der einzelnen

Figuren, ist die Krönung der Maria eine der sechs Reliefszenen aus dem Marienleben im Mittelschrein, zu denen je zwei weitere in den Kastenflügeln kommen; einzelne Heiligenfiguren stehen hier nur in der kastenartigen Predella. Davon, daß der Altaraufsatz der Kirche von Züssow bei Greifswald ein Marienaltar gewesen sein muß, zeugen nur noch zwei Tafelbilder auf den Rückseiten der Kastenflügel; es sind die Verkündigung des Engels an Maria und die sogenannte «Heilige Sippe», zwei eindeutig dem Marienleben zugehörige Motive.

Das Relief mit der Darstellung des vom Erzengel Gabriel mit Hunden in den Schoß der Jungfrau Maria getriebenen Einhorns im Mittelschrein des im ersten Viertel des 16. Jh. entstandenen Flügelaltars in der Kirche von Wilsickow im Kreis Strasburg ist ebenfalls ein Mariensymbol und wird durch gemalte Bilder aus der Weihnachtsgeschichte ergänzt.

Auch der im 17. und 18. Jh. stark veränderte Flügelaltar der Kirche von Wusterhusen bei Greifswald war ein Marienaltar. Er besaß eine großfigurige Krönung Marias durch Gottvater und Christus im Mittelschrein, doch blieb von den spätgotischen Schnitzfiguren keine erhalten. Vorhanden ist hingegen noch das äußere Flügelpaar mit gemalten Szenen aus dem Marienleben und vier Heiligenfiguren auf der Rückseite.

Interessanterweise waren es die Mal- und Schnitzwerkstätten der durch den weltweiten Handel ihrer Bürger zu großem ökonomischem Wohlstand gelangten niederländischen Städte Antwerpen und Brüssel und die hier sehr zeitig entwickelten künstlerischen Tendenzen des frühbürgerlichen Realismus, von denen seit der Mitte des 15. Jh. das Motiv der vielfigurigen Kreuzigungsgruppe ausging und danach im gesamten nordeuropäischen Raum Nachahmung fand. Nirgendwo sonst als in den großen niederländischen Schnitzaltären ist die Passionsgeschichte Christi mit solcher Treue im erzählerischen Detail und in der Drastik des geschilderten Geschehens wiedergegeben worden, wobei die von einem großen Kreis spezialisierter Handwerker fast in der Art von Manufakturen geleistete Arbeit doch so kostspielig gewesen sein muß, daß eine Dorfkirchengemeinde einen solchen Altaraufsatz kaum erwerben konnte.

So ist eines dieser aus Amsterdam importierten Stücke nur auf mancherlei Umwegen schließlich in die kleine Dorfkirche von Waase auf Rügen gelangt. Die in eine vielgliedrige Maßwerkarchitektur gestellten, figurenreichen Passionsszenen im Schrein des um 1520 geschaffenen Flügelaltars werden durch entsprechende Tafelbilder auf den Innenseiten der hier beidseitig nur bemalten Flügel ergänzt, während deren Außenseiten davon unabhängige Darstellungen zeigen und die drei unteren Reliefszenen im Schrein aus dem Leben des hl. Thomas von Canterbury berichten.

Schon in der zweiten Hälfte des 15. Jh. entstanden die Flügelaltäre der Dorfkirchen von Koserow, Langenhanshagen, Groß Teetzleben und Weltzin, die ebenfalls im Mittelschrein eine Kreuzigungsdarstellung besitzen. Einer von ihnen, der Groß Teetzlebener Altar, hat in Anlehnung an das Vorbild der niederländischen Schnitzaltäre an Stelle der sonst üblichen Apostel- oder Heiligenfiguren auch in den Flügeln Reliefs mit Passionsszenen erhalten. Dieser gleiche Altar wurde dann 1739 ebenso wie der bescheidene Schrein der Kirche von Weltzin bei Altentreptow und ähnlich dem nachträglich sehr aufwendig gerahmten Flügelaltarschrein von Wusterhusen in eine barocke Altarrückwand einbezogen. Eine großfigurige Kreuzigungsdarstellung im Mittelschrein besitzt auch die Kirche von Wolkwitz, aus der die schon mehrfach genannte Wolkwitzer Sitzmadonna stammt.

Zuweilen blieben von dem einstigen Flügelaltar der Dorfkirche aber nur einige wenige Schnitzfiguren erhalten, während Schrein und Flügel im Laufe der Zeit verlorengingen. In solchen Fällen wurden diese Einzelfiguren entweder später in den Aufbau neuer Altarwände mit einbezogen, wie es beispielsweise in den Kirchen von Benz bei Wolgast, Jatznik im Kreis Pasewalk und in Liepgarten bei Ueckermünde geschah. In Liepgarten sind darüber hinaus weitere spätgotische Figuren, die thematisch nicht in den Zusammenhang des barocken Kanzelaltars paßten, zum Zwecke ihrer weiteren Erhaltung einfach an den Kirchenwänden aufgestellt worden.

Die Verkündigungsgruppe im Mittelschrein des Verchener Altaraufsatzes mit den weichen, schönläufig schwindenden Gewandfalten und der graziösen Körperhaltung ihrer Figuren ist sehr wahrscheinlich das Werk eines Lübecker Meisters und ein schönes Beispiel für den im ersten Viertel des 15. Jh. in der deutschen Bildnerei dominierenden sogenannten «weichen Stil». Doch kamen zur gleichen Zeit zahlreiche andere Bildwerke auch aus damals u. a. in Stralsund und seinem Hinterland ansässigen lokalen Werkstätten. In ihnen deckten einheimische und zugewanderte Handwerker nach bestem Vermögen den großen Bedarf des Umlandes an geschnitzten Figuren und gemalten Bildern.

Aus einer solchen Werkstatt stammen beispielsweise die Grabfigur des pommerschen Herzogs Barnim VI. in einem schreinartigen Gehäuse in der damals als Wallfahrtskirche berühmten Kirche zu Kenz bei Stralsund, in der Barnim 1405 auch begraben wurde, und die im zweiten Viertel des 15. Jh. entstandene halb lebensgroße Reiterfigur des hl. Georg in der Kirche von Wiek auf Rügen. Monumentale Georgsdarstellungen zu Pferd kamen am Ende des 14. Jh. auf und wurden seitdem immer wieder geschaffen. Dennoch ist ein solches Bildwerk für eine Dorfkirche so ungewöhnlich, daß man wohl eine der Stralsunder Stadtkirchen als den ursprünglichen Aufstellungsort annehmen kann.

Auch die auf dem Triumphbalken zwischen Chor und Schiff stehenden monumentalen Kreuzigungsgruppen in den vier auf Rügen gelegenen Kirchen von Gustow, Poseritz, Wiek und Schaprode sind trotz ihrer unterschiedlichen künstlerischen Qualität wahrscheinlich alle in einheimischen Werkstätten geschaffen worden. Besonders schön sind die Gruppen in Gustow und Wiek, wobei das Wieker Kruzifix ja schon im 13. Jh. entstand und auch die beiden Begleitfiguren stilistisch nicht zusammengehören. Viel häufiger sind allerdings die von solchen Triumphkreuzgruppen allein übriggebliebenen Kruzifixe an den Wänden der Kirchen befestigt. Drei solche große spätgotische Kruzifixe finden wir wiederum auf Rügen in den Kirchen von Landow, Samtens und Waase, weitere z. B. in den Kirchen von Rakow bei Grimmen und Mellenthin auf Usedom. Umgekehrt blieben in der Kirche von Plestlin im Kreis Demmin nur Maria und Johannes der Evangelist als die einstigen Begleitfiguren einer Triumphkreuzgruppe erhalten. In Altenkirchen wurde das um 1400 entstandene Kruzifix nach seiner Restaurierung kürzlich wieder auf einen Triumphbalken gestellt, in Weitenhagen bei Greifswald steht es neuerdings hinter dem Altar, und in der Kirche von Prohn bei Stralsund fand die gesamte Triumphkreuzgruppe als Altaraufsatz Verwendung.

Den engen eucharistischen Bezug zwischen der bei jedem Meßgottesdienst als Zeichen des Sühnopfers Christi geltenden Hostie und dem Ereignis seines Kreuzestodes auf Golgatha veranschaulichen deutlich zwei Tafelbilder mit Kreuzigungsgruppen auf den Sakramentsschreintüren der Kirchen von Bobbin auf Rügen und Nossendorf im Kreis Grimmen. Seit dem 12. Jh. war es üblich, die in kostbaren Dosen aufbewahrten Hostien in meist hinter dem Altar gelegenen Wandnischen mit festen Türen dem Zugriff Unbefugter zu entziehen. Da die beiden genannten Kreuzigungsbilder auf die Innenseiten der Türen gemalt sind und somit nur vom Priester in der kurzen Zeit zu sehen waren, in der er die Hostienbüchse aus der Nische nahm, ist hier das «Geheimnis» der Wandlung im liturgischen Geschehen der Messe besonders deutlich zum Ausdruck gekommen. Von großer Schönheit ist das Bild auf der Bobbiner Sakramentsnischentür, das stilistisch den weitreichenden Einfluß Konrads von Soest, des Hauptmeisters der westfälischen Tafelmalerei am Anfang des 15. Jh., erkennen läßt.

Die Wandmalerei gehörte zu den fast unentbehrlichen Teilen einer jeden mittelalterlichen Kirchenausstattung. Immer hatte sie ein spezielles didaktisches Anliegen, ergänzte nicht selten die thematische Aussage des Altarretabels und diente in Ausnahmefällen sogar selbst als solches.

Da seit der Mitte des 14. Jh. und im 15. Jh. in Stralsund eine große Werkstatt tätig war, deren erste Meister wohl aus Lübeck kamen und die dann in den Stralsunder Stadtkirchen eine Vielzahl künstlerisch hervorragender Fresken schufen, darf angenommen werden, daß zumindest die besten Wandmalereien in den umliegenden Dorfkirchen auch von den Mitarbeitern dieser Werkstatt ausgeführt worden sind.

In der Kirche von Görmin bei Grimmen greift die Ausmalung des Chores mit dem in der Mandorla thronenden Weltenrichter zwischen Maria und Johannes dem Täufer und Heiligen, den Seligen vor der Paradiesespforte und Verdammten im Höllenrachen sowie den zwölf Aposteln – also einem üblichen ikonographischen Programm – dennoch ein ungewöhnliches und selten dargestelltes Bildthema auf. Es ist der zu Füßen des Lilie und Schwert in den Händen haltenden Weltenrichters sitzende Schmerzensmann als der sich im Erlösungstod bezeugende Christus. Ähnlich ist das Motiv in Reinberg, wo der thronende Christus, von dessen Mund das Schwert und die Lilie als Symbole des Gerichtes und der Gnade ausgehen, die Wundmale der Kreuzigung an Händen und Füßen trägt, in seinem Schoß aber sozusagen sich selbst als Gekreuzigten hält. Mit beiden Darstellungen, zu denen eine thematisch verwandte dritte auf der Leibung des Bogens zwischen Schiff und Turm der Kirche von Groß Mohrdorf bei Stralsund gehört, sollte auf bildlich-symbolische Weise verdeutlicht werden, daß für Christus dem «Richter über die Lebenden und die Toten» das Leiden und Sterben auf Golgatha vorausgehen mußte!

Sonst sind in den vorpommerschen Dorfkirchen nur die allgemein üblichen Themen spätmittelalterlicher Wandmalerei zu finden. Darstellungen des Weltgerichtes oder des thronenden Weltenrichters ohne Verdammte und Selige sind in den Kirchen von Dargitz bei Pasewalk, Mellenthin, Prohn, Vorland bei Grimmen, Waase und Wusterhusen erhalten geblieben. Meistens ergänzen sie die fürbittend zu beiden Seiten des Weltenrichters stehenden Maria und Johannes den Täufer zur sogenannten «Deesis». In Lüdershagen bei Franzburg ist es ein »Gnadenstuhl«, d. h. der thronende Gottvater in der Gemeinschaft mit dem Sohn und der Taube des Heiligen Geistes. Fresken mit dem Bildnis des hl. Christophorus, dessen Anblick nach mittelalterlicher Vorstellung den Gottesdienstbesucher vor dem plötzlichen Tod bewahrte, sind in den Kirchen von Dargitz, Gustow, Samtens, Waase, aber auch in Flemendorf bei Stralsund zu finden. In Kirch Baggendorf sind die fünf klugen und fünf törichten Jungfrauen auf die Leibung des Triumphbogens gemalt, in Levenhagen das von Engeln gehaltene Schweißtuch der Veronika auf die Westwand des Schiffes.

Freilich haben daneben auch einzelne Apostel und Heilige oder eine ganze Reihe von ihnen ihre Darstellung gefunden. Auch Szenen aus dem Leben Mariens, der Passion Christi oder den Martyrien von Heiligen sind beispielsweise in Dargitz, Flemendorf, Mellenthin, Reinberg, Lüdershagen und Vorland erhalten geblieben oder wieder aufgedeckt worden. Geschlossene Zyklen, wie sie von der zeitgenössischen Wandmalerei in skandinavischen oder mecklenburgischen Dorfkirchen bekannt sind, kamen aber in den vorpommerschen Dorfkirchen nicht vor.

Zu den Darstellungen, die uns heute so wenig in den Rahmen eines Kirchenraumes zu passen scheinen, gehören die sogenannten «Drolerien», meistens in die unteren Zwickel der Gewölbekappen gemalte groteske Figuren und Köpfe, deren Mund dann oft aus den Lüftungslöchern der Gewölbe besteht. Solche dem Grenzbereich zwischen religiöser Allegorie und Dämonenglaube zugehörenden Skurrilitäten gab es auch schon zuvor in der kirchlichen Bauplastik, z. B. als Kapitellschmuck oder Wasserspeier, kamen jedoch in der Wandmalerei erst seit dem 14. Jh. in Gebrauch. In ihnen mag neben der Freude des spätmittelalterlichen Menschen am Ungewöhnlich-Rätselhaften auch die Personifizierung von Lasten und geistlichen wie weltlichen Mißständen gewiß eine wesentliche Rolle gespielt haben.

In der Dorfkirche von Neuenkirchen bei Greifswald sind in einem Zwickelpaar zwei Narren dargestellt, die durch zugehörige Inschriften als Trinker charakterisiert werden. Ihnen gegenüber sind zu zwei entsprechenden Köpfen warnende Inschriften gesetzt worden, so daß alle vier Bilder wohl im Zusammenhang stehen. Auch im Chor der Verchener Kirche sind Drolerien freigelegt worden, deren Drastik ins Auge fällt. Zwei Köpfe mit weit aufgerissenen Mündern lassen Entsetzen oder zumindest große Erregung erkennen. Ihnen sind Inschriften beigegeben, die sich möglicherweise auf ein aktuelles Ereignis, vielleicht eine Kriegsnot, bezogen. Weitere ähnliche Drolerien sind u. a. in den Kirchen von Zirkow auf Rügen, Prohn und Behrenhoff zu finden. –

Daß zuweilen aber auch vertraute Alltagsgeschehnisse in der Wandmalerei dargestellt worden sind, zeigen die Fresken mit Seeleuten, die ihre Schiffe über das Meer navigieren, in der Kirche von Brandshagen bei Grimmen. Das dicht am Greifswalder Bodden gelegene Dorf war sicherlich auch im Mittelalter Wohnort von Schiffern gewesen, und ein Ereignis aus deren Leben mag hier sein Abbild gefunden haben. Auf diese Weise sind solche Wandbilder für die Nachwelt oft aufschlußreiche Dokumente für die Lebensverhältnisse jener Zeit, in der sie entstanden.

Noch gefährdeter in ihrer Erhaltung als die unter den jüngeren Tüncheschichten in der Regel wenigstens noch fragmentarisch erhalten gebliebenen Wandmalereien war die mittelalterliche Glasmalerei. Neben der Wandmalerei hatte sie mit ihren leuchtenden Farben und der in gemalte Architekturen eingestellten Vielfalt figürlicher und szenischer Darstellungen in die sonst ja meistens recht nüchternen norddeutschen Dorfkirchen einen Hauch von Reichtum und Festlichkeit hineingetragen.

Von alledem, was, nach den hier und dort gefundenen Glasmalereiresten zu urteilen, einmal existiert hat, ist eine beachtenswerte Anzahl von zusammengehörenden Scheiben nur noch in zwei vorpommerschen Dorfkirchen vorhanden. Die Anfang des 15. Jh. errichtete Kenzer Wallfahrtskirche war einmal rundum mit in der ersten Hälfte jenes Jahrhunderts entstandenen Glasmalereien ausgestattet. Szenen aus dem Marienleben und der Passion Christi wechselten mit Stifter- und Heiligenfiguren und von Engeln getragenen Wappen. Heute können mit dem noch Erhaltenen eben noch die sechs Fenster des Chorpolygons gefüllt werden, doch vermittelt dieser Rest recht gut eine Vorstellung von der künstlerisch hohen Qualität und dem stilistischen Charakter der einem norddeutschen Werkstattkreis zugeschriebenen, in hellen Farbtönen angelegten Bleiverglasung. In der ehemaligen Klosterkirche von Verchen reichen sogar nur drei Chorfenster, um das, was nach einer umfassenden Sichtung und Restaurierung der Glasmalerei 1862 noch vorhanden war, unterzubringen. Auf Podesten mit Stifterwappen stehen unter Architekturbaldachinen die Madonna und die Gruppe der Anna Selbdritt zwischen Heiligen bzw. Aposteln, im Mittelfenster ist die Darstellung einer Kreuzigungsgruppe untergebracht. Diese in der zweiten Hälfte des 15. Jh. entstandenen Glasmalereien unterscheiden sich stilistisch von den Kenzern, und ihre Figuren sind schlanker, tragen zudem faltenreichere Gewänder. Die hier ebenfalls verwendeten hellen Farbtöne, vor allem Weiß und Blau, lassen indessen mit Sicherheit annehmen, daß auch sie aus einer der schon genannten norddeutschen Glasmalereiwerkstätten kamen.

So wie im evangelischen Gottesdienst der Pfarrer nicht ständig in Aktion ist, sondern beispielsweise während des Gemeindegesanges beiseite tritt, gab es auch im Mittelalter während der Messe für den Priester und seine Ministranten solche Pausen. Sie saßen dann im sogenannten «Dreisitz». Eine entsprechende Funktion mag in der Dorfkirche von Lancken-Granitz auf Rügen das vor der südlichen Chorwand stehende Priestergestühl mit spätgotischem Faltwerkdekor und bekrönenden Maßwerkfeldern gehabt haben. Es trägt die Jahreszahl 1522 und ist nicht mit den «Chorgestühlen» zu verwechseln, die nur in Domen, Kollegiatstiftskirchen und Klosterkirchen, d. h. überall da, wo zahlreiche Priester und Mönche zum Gottesdienst zusammenkamen, ihren Sinn hatten. Solche Priestergestühle haben ihre Nachfolge in den nachreformatorischen Kastengestühlen gefunden, in denen Pfarrer und Küster während des Gottesdienstes Platz fanden. Mittelalterliches Gestühl blieb jedoch außer in Lancken-Granitz wohl sonst in vorpommerschen Dorfkirchen nicht erhalten.

Die kostbaren und formschönen Gefäße und Geräte aus den Werkstätten der seit dem Anfang des 14. Jh. in fast allen größeren Städten des Landes ansässigen Goldschmiede sind heute in der Regel in sicheren Schränken und Tresoren verwahrt und nicht für jedermann ohne weiteres zugänglich. Dennoch ist vieles davon verlorengegangen, ein nicht unbeträchtlicher Teil wanderte im Laufe der Jahrhunderte mehrfach in die Schmelztiegel der Goldschmiede, um in anderer Gestalt neu zu erstehen. Ein anderer Teil wurde durch Plünderungen in alle Winde zerstreut oder fiel den zahlreichen Sequestrierungen zum Opfer, die im Jahrhundert der Reformation den Kirchen oft nur Kelch und Patene ließen und in Zeiten der Not die Herausgabe alles Entbehrlichen forderten.

Bei den aus einheimischen Werkstätten stammenden Abendmahlsgeräten, den aus Silber getriebenen und vergoldeten Kelchen und den zugehörigen Patenen für die Hostie, handelt es sich zum überwiegenden Teil um handwerklich gearbeitete Stücke ohne besonderen künstlerischen Wert. Am Kelch konzentriert sich der Dekor im wesentlichen auf den Fuß und den Knauf des Schaftes, bei den Patenen umzieht er als Vierpaß den Boden und wird am Rand des Tellers durch ein graviertes Kreuzeszeichen, das «Signaculum», ergänzt. Trotzdem blieb auch in unseren Dorfkirchen eine ganze Anzahl beachtenswerter Stücke erhalten.

Zum Altargerät der Kirche von Sanzkow bei Demmin gehört ein in der zweiten Hälfte des 13. Jh. geschaffener Kelch mit ungewöhnlich reichem erhabenem Dekor, wie er sonst an Kelchen von Dorfkirchen kaum vorkommt. Am Fuß sind es zwischen Weinranken liegende mandelförmige Medaillons mit Reliefszenen aus der Passion Jesu und einem Kruzifix, und der unter der halbkugeligen Kelchschale sitzende Knauf mit seinen sechs runden Rotuli (d. h. Zapfen) ist ebenfalls mit gegossenen Weinranken verziert, so daß dieser Kelch beispielsweise den Vergleich mit dem etwa zur gleichen Zeit entstandenen ältesten Kelch der Greifswalder Marienkirche nicht zu scheuen hätte.

Fünf jüngere, aus dem 15. Jh. stammende Kelche der Kirchen von Levenhagen, Behrenhoff, Bargischow im Kreis Anklam sowie Poseritz und Schaprode auf Rügen haben den für diese Zeit typischen Aufbau. Sie besitzen einen sechseckigen bzw. als Sechspaß ausgebildeten Fuß, der in den ebenfalls sechseckigen Schaft übergeht, dessen Knauf wiederum sechs rhombische Rotuli hat und von durchbrochenem Fischblasen-Maßwerk gegliedert wird; die Kelchschale war damals in der Regel trichterförmig ausgebildet, wurde aber in der Folgezeit als am meisten dem Nutzungsverschleiß unterworfener Teil oft ein- oder mehrmals erneuert. Auf den Fuß ist sehr oft ein massiv gegossenes Kruzifix oder eine Kreuzigungsgruppe aufgenietet. In Poseritz wurde der Fuß sehr aufwendig dekoriert, und zwischen die Rotuli sind bärtige Männerköpfe gesetzt. In Bargischow gravierte man einen kreuztragenden Christus und die Stiftungsinschrift auf die Oberseite des Fußes.

Aber auch in nachmittelalterlicher Zeit ist die Gestalt des gotischen Abendmahlskelches noch rund ein Jahrhundert fast unverändert beibehalten worden, auch wenn der Dekor im einzelnen dem Zeitstil und -geschmack entsprechend gewählt war. Um 1550 wurde der auffallend reich dekorierte, handwerklich vortrefflich gearbeitete Abendmahlskelch der Kirche von Krummin auf Usedom geschaffen. Er kam angeblich aus einer süddeutschen oder böhmischen Goldschmiedewerkstatt und gehörte gewiß zu den letzten Stiftungen für das 1569 aufgehobene Zisterzienser-Nonnenkloster Krummin. Fuß, Knauf und die Mitte der Schale sind mit durchbrochenem Blüten- und Rankendekor besetzt, zu dem noch in der Technik der ungarischen Drahtemaille gearbeitete, mit einer schwarzen Masse ausgelegte weitere Ornamente aus Golddrahtfiligran kamen. – Nicht ganz so aufwendig dekoriert, dennoch aber kunstreich und formschön sind die wohl erst um und nach 1600 entstandenen drei Kelche aus den Kirchen von Behrenhoff, Groß Kiesow und Kemnitz bei Greifswald. Dem Beschauzeichen nach in einer Greifswalder Werkstatt geschaffen, zeugen sie von der guten Arbeit, die auch hier von Goldschmieden geleistet werden konnte und geleistet wurde.

Von den vormals sicherlich in allen Kirchen in größerer Anzahl vorhanden gewesenen mittelalterlichen Altarleuchtern, die meistens aus Bronze oder anderen unedlen Metallen gegossen waren, blieb in den vorpommerschen Dorfkirchen kein Stück erhalten. Doch besitzt die kleine Kirche von Waase einen besonders schönen spätgotischen Kronleuchter aus Bronze. Seine zwölf Arme gehen von einem tabernakelartigen sechsseitigen Gehäuse aus, in dem eine kleine Madonnenstatue steht und vor dessen Pfeilern Engelfigürchen auf Konsolen gestellt sind. Die symmetrisch als stilisierte Äste ausgebildeten Arme mit ebenso stilisierten Blättern tragen die schlichten Kerzentüllen und Tropfteller. Neben diesem am Ende des 15. Jh. entstandenen Marienleuchter ist noch ein zweites, jüngeres und leider nicht mehr vollständiges Stück in der Kirche von Woltersdorf im heutigen Kreis Angermünde des Bezirkes Frankfurt (Oder) zu nennen. Hier steht die Madonnenfigur, deren Kind verlorengegangen ist, ohne Gehäuse frei auf einer Mittelspindel, und von den ehemals zwölf Armen blieben nur die unteren sechs erhalten. Beide Hängeleuchten lassen uns aber deutlich erkennen, wie die Kirchengemeinden vor rund 500 Jahren an trüben Festtagen ihre Kirchenräume erleuchtet haben.

Alle bisher behandelten Ausstattungsstücke der Kirchen – Altäre, Kanzeln, Taufsteine, Bildwerke und Bilder – standen im Mittelalter in einer direkten oder zumindest mittelbaren Beziehung zum hier vollzogenen Gottesdienst. Anders verhielt es sich mit den in größerer Anzahl in den Kirchen erhaltenen mittelalterlichen Grabplatten, die dem Gedenken und Nachruhm verstorbener Menschen gewidmet waren. Bis zum Ende des 18. Jh. blieb der Kirchenraum die bevorzugte Beerdigungsstätte, wofür das ursprünglich nur weltlichen Herrschern, hohen Geistlichen und Stiftern gewährte Privileg, in der Krypta, vor dem Altar oder schließlich im Schiff bestattet zu werden, den Ausschlag gab. Nach der Reformation führte das dann vor allem in den Stadtkirchen zur dichten Belegung des gesamten Kirchenfußbodens mit den von Grabplatten bedeckten Grüften und Einzelgräbern. Später, meistens erst im 19. Jh., wurden dann die besten Stücke aufgenommen und als Schaustücke vor die Wände gestellt.

Die Platten bestanden in der Regel aus gotländischem Kalkstein und wurden wahrscheinlich auch schon in Gotland mit Dekoration und Inschrift versehen. Andererseits brachte es die Kostbarkeit des Materials mit sich, daß viele Grabplatten mehrfach hintereinander benutzt und deshalb auf ihnen Inschriften aus verschiedenen Zeiten und für verschiedene Personen zu finden sind.

Die älteste, auf das Jahr 1315 datierte Grabplatte in einer Dorfkirche unseres Gebietes ist die für den Ritter Michael Horn in der Kirche von Ranzin. Die aus Unzialen gebildete Inschrift bedeckt den Rand der Platte, und in das Mittelfeld ist das Wappen der Horns mit Helm und Helmzier eingraviert. Eine im Aufbau ähnliche Grabplatte für Reimer von Platen in der Kirche von Schaprode ist rund 50 Jahre jünger und zerbrochen. Ihre aus gotischen Minuskeln bestehende Inschrift zeigt an, daß soeben der um 1360 allgemein feststellbare Übergang vom Gebrauch der älteren Großbuchstaben oder Unzialen zu dem der Minuskeln eingetreten gewesen sein muß. 1350 entstand hingegen eine etwa quadratische Grabplatte für die in der Kirche von Gustow bestattete Geseke Sachteleven mit kreisrunder Unzialinschrift um einen einfachen Wappenschild mit Hausmarken.

Auch das Abbild des Verstorbenen ist nicht selten auf den Grabplatten zu finden. Noch ohne allen Anspruch auf Porträtähnlichkeit ist beispielsweise 1339 der Priester Petrus von Patzig mit Kelch und Hostie auf einer Platte mit Unzialinschrift in der Kirche von Patzig dargestellt. Aufwendiger gestaltet ist dagegen die Grabplatte des Priesters Gerhard von Lynden, der einen gewaltsamen Tod fand, worauf seitlich vier auf ihn die Waffe richtende Ritterfiguren hinzuweisen scheinen. Minuskelinschrift und die Jahreszahl 1364 auf der in der Kirche von Nossendorf bei Grimmen stehenden Platte gehen gut miteinander überein. Wiederum hundert Jahre später, d. h. 1475, entstand der Grabstein für Johann Runneberg, einen der Äbte des kleinen Zisterzienserklosters auf Hiddensee. Hier steht das wie bei einer monumentalen Linolschnitt-platte ausgegründete Abbild des Verstorbenen in einem reich ornamentierten Architekturrahmen mit Maßwerkfialen und Wimperg, umgeben von einer Minuskelinschrift, die an den Ecken durch Medaillons mit den vier Evangelistensymbolen unterbrochen wird. Hier ist bereits eine selbstbewußte Persönlich-keit dargestellt und eine Raffinesse bildhauerischen Könnens erreicht, die uns das Nahen eines Zeiten- und Stilumbruchs ankünden können.

Renaissance

Wohl war mit dem Ende des Mittelalters eine Zeit vorübergegangen, in der mehr als in den folgenden Jahrhunderten die aus den Bauern und ihren Grund-herren bestehende dörfliche Gemeinschaft im Verein mit den Bürgern der Städte und den Landesherren den kulturellen Fortschritt im Lande förderten und bewirkten. Aber gleichzeitig bereitete sich im zweiten Viertel des 16. Jh. eine neue, nicht weniger be-deutungsvolle Periode der künstlerischen Kultur vor, die erneut zu zahlreichen schöpferischen Leistungen fand. Wer allerdings für das Ende der Gotik im Kirchenbau unserer Landschaft, vor allem aber für einen Wandel in der Gestaltgebung an den vielen im Gottesdienst der Gemeinden benötigten Ausstattungs-stücken und Geräten eine Jahreszahl oder auch nur ein bestimmtes Jahrzehnt festlegen wollte, würde damit kaum zu einem sicheren Ergebnis kommen. Wie überall in Deutschland und ganz Europa schuf die Generation der um die Wende vom 15. zum 16. Jh. ausgebildeten Künstler oft noch weiter im Geiste der Gotik, während ihre Söhne und Schüler zur gleichen Zeit die Anregungen und stilistischen Motive der Renaissance erprobten. Auch in Pommern hat damals die Initiative der Landesherren einen wesentlichen Anteil daran gehabt, daß die Ideen und stilistischen Prinzipien dieser Renaissancekunst seit der Mitte des 16. Jh. mehr und mehr Geltung ge-wannen. Ihr durch die Säkularisierung der Klöster angewachsener Reichtum und weitreichende ver-wandtschaftliche Beziehungen machten es ihnen mög-lich, von den «Vettern» beschäftigte bedeutende Künstler von weither an den eigenen Hof zu ziehen oder Kunstwerke in den europäischen Zentren der bildenden Kunst zu bestellen.

In diesen Jahrzehnten vollzog Pommern den Schritt in die Neuzeit, wobei alle damit im Zusammenhang stehenden Begriffe wie «Renaissance», «Humanis-mus», «Reformation» ja doch nur sehr summarisch die das 16. Jh. bestimmenden geistigen Strömungen, sozia-len Verhältnisse und die damit verbundenen politischen Ereignisse zu charakterisieren vermögen.

Mit der Übernahme der Reformation war in Pom-mern der in den Jahrzehnten der ausgehenden Gotik noch einmal entfachte Eifer in kirchlichen Bau-vorhaben bezeichnenderweise schnell zum Erliegen gekommen. Bedurfte es doch eigentlich keiner neuen Art von Kirchengebäuden, um den Gottesdienst evan-gelisch zu halten, und alte Kirchen, in denen sich die zudem ja nur nach und nach zur neuen Lehre über-gehenden Gemeinden einzurichten vermochten, stan-den noch in ausreichender Anzahl zur Verfügung. So wurden auf dem flachen Lande fast nur dort, wo per-sönliche Gründe dem adeligen Grundherrn, der ja zu-gleich Patron der Kirchen in den zu seinem Grund-besitz gehörenden Dörfern war, zur demonstrativen Bekundung des neuen Glaubensbekenntnisses Anlaß gaben, neue Kirchen oder Kapellen errichtet. Sie er-hielten dann meistens auch eine spezifisch neue, bisher ungewohnte Gestalt. In Deyelsdorf bei Grimmen z. B. ließen die Herren von Behr 1606 eine gutskapellen-artige Dorfkirche errichten, deren Inneres sich mit seinen den Raum umziehenden Emporen und dem von Gratrippen gegliederten Tonnengewölbe mit Stich-kappen eng an das Vorbild der ersten protestantischen Schloßkapelle in Torgau anlehnt. In Putzar bei Anklam entstand im Auftrag Ulrichs von Schwerin schon um die Mitte des 16. Jh. ein Findlingsbau, dessen heller Innenraum mit kräftiger Balkendecke trotz der sakralen Ausstattung an den weitläufigen Saal eines Renais-sanceschlosses erinnert. Als fünfzehnseitige Rund-kirche wurde 1616 die neben dem Schloß in Griebenow stehende Kapelle aus Fachwerk errichtet, deren Innen-raum wiederum von unerwarteter Einheitlichkeit und schöner Gestalt ist. Von der gleichzeitigen Ausstattung blieb sogar noch die kleine Orgel erhalten. Die in jede zweite Ecke des polygonalen Zentralbaus gestellten schlanken Säulen tragen das in einer dünnen Spitze endende Zeltdach. Obwohl dieser Bau in seinen äußeren Abmessungen nur klein ist, bestimmt seine Gestalt dennoch eine großzügige architektonische Ge-sinnung.

Im Unterschied zu diesen Gutskapellen ist von den verhältnismäßig wenigen Dorfkirchen in Vorpommern, die in der ersten Hälfte des 16. Jh. von den Kirchen-gemeinden in eigener Verantwortung errichtet wurden, kaum eine im Grundriß oder dem Erscheinungsbild von dem in der Spätgotik üblichen Schema ab-gewichen. Zu nennen sind hier die Kirchen von Japenzien, Schwennenz, Schlatkow und Ladenthin; Saalbauten mit in der Regel polygonalem oder rundem Ostschluß, zu denen wenigstens ursprünglich in den seltensten Fällen ein Westturm gehörte. In Ladenthin bei Pasewalk wurden auf beiden Seiten des Kirchen-schiffes polygonal vortretende Kapellen angebaut, die den Eindruck eines Querhauses erwecken, im Innen-raum jedoch nicht in Erscheinung treten. In Schlatkow liegen im Feldsteinmauerwerk schlanke gekoppelte

Rundfensterpaare in rahmenden rechteckigen Fenstergewänden, und in Horst bei Grimmen hat der geräumige Chor der gotischen Kirche wohl im 17. Jh. einen durch Gesimse gegliederten, in der Kontur geschweiften Renaissancegiebel erhalten. Die am Beginn des 17. Jh. weitgehend erneuerte Dorfkirche von Nehringen, ein weiträumiger Putzbau mit fünfseitigem Ostschluß, läßt dann allerdings mittelalterliche Reminiszenzen kaum noch erkennen.

Seit dieser Abkehr vom Stil und Geist des zu Ende gegangenen Mittelalters und mit der Hinwendung zu den Ideen und Zielen des Humanismus, der in erster Linie den Menschen als Maß aller Dinge betrachtete, waren auch die bildenden Künstler vollends aus der Anonymität in das Licht des öffentlichen Interesses getreten. Das gilt somit auch für unser Gebiet, obwohl es verständlicherweise bei der Ausstattung der Dorfkirchen durch die dörfliche Gemeinschaft und ihren Grundherren nicht so deutlich wie im Bereich der höfischen Kunst und der Repräsentationswünsche des Stadtbürgertums wurde. Immerhin können aber auch hier die Namen einiger Künstler genannt werden, deren Schaffen weit über lokale Grenzen hinaus der Wegbereitung der Renaissance in Norddeutschland diente. Zu ihnen gehören der lange Jahre in Rostock ansässigen Antwerpener Bildhauer Richard Stockmann, vor allem aber der Niederländer Claus Midow, ein Schüler des zeitweilig in Mecklenburg Bürgerrecht besitzenden Architekten und Bildhauers Philipp Brandin aus Utrecht, mit dessen Werk die damals unter dem Einfluß des auf die Ornamententwürfe des Cornelis Floris zurückgehenden sogenannten «Florisstils» stehende niederländische Renaissancekunst breiten Eingang in Mecklenburg und Pommern fand. Stockmann und Midow, die um 1600 Altaraufsätze und Epitaphien in den Kirchen von Vilmnitz, Semlow und Kenz schufen, haben gemeinsam mit anderen, nur im höfischen Dienst tätigen Künstlern großen Einfluß auf die Verbreitung der realistischen Porträtkunst der Renaissance sowie ihrer neuen Architektur- und Ornamentformen genommen. Zur gleichen Zeit haben aber auch mehrere einheimische Künstler, z. B. Martin Buggendorf, der 1602 die Kanzel der Dorfkirche in Horst schuf, Heinrich Kothe, der Meister des am Anfang des 17. Jh. entstandenen Altaraufsatzes der am Oderhaff gelegenen Kirche von Altwarp, und im zweiten Drittel des 17. Jh. die Bildhauer Hans Lucht und Jürgen Meyer ihre Werke mit ihrem Namen gekennzeichnet und so deren Abkunft der Nachwelt überliefert.

Als eine neue Form des Altaraufsatzes hatte nun nach dem Vorbild der Altäre italienischer Kirchen das feststehende Retabel mit meist mehreren architektonisch gegliederten Geschossen allgemeine Anwendung gefunden. Diese Retabel konnten aus Holz oder Stein gefertigt sein und waren wohl in beiden Fällen ursprünglich polychrom gefaßt. Freilich wurde daneben, wie die am Beginn des 17. Jh. entstandenen Altaraufsätze der Kirchen von Greifswald-Wiek, Altwarp und Gnevezow zeigen, auch noch eine ganze Weile vereinzelt am Typus des gotischen Triptychons festgehalten. In anderen Fällen, wie z. B. beim Altaraufsatz der Kirche von Wusterhusen, hat man das Gehäuse des alten Flügelaltars weiter verwendet, aber mit dem evangelischen Glaubensbekenntnis angemesseneren neuen Darstellungen gefüllt. In der Regel waren dann allerdings die Flügel der Schreine nicht mehr beweglich, und das Ganze wurde mit reichem zeitgenössischem Rahmendekor besetzt und umgeben. Andererseits hat man zuweilen die aus den Flügelaltären entfernten gotischen Figuren an unauffälligeren Stellen dem Retabel wieder eingefügt oder an anderen Stellen – beispielsweise an der Brüstung der Kanzel – angebracht. Soweit es sich dabei nicht um einen Akt latenter katholischer Frömmigkeit handelte, darf in solchen Fällen vielleicht von einer frühen Form denkmalpflegerischer Fürsorge gesprochen werden, die der Erhaltung jener kleinen Kunstwerke diente. Ganz allgemein traten nun an die Stelle der Heiligen und der Darstellungen aus ihrem Leben vor allem biblische Gestalten und Berichte sowie eine fast kanonisch fixierte Abfolge von Szenen aus der Passion Jesu, dem Ostergeschehen und zu dem noch bevorstehenden Ereignis des Jüngsten Gerichtes.

Nicht selten sind solche Szenen auch an den Brüstungen von Kanzeln und Emporen zu finden, wobei an den Kanzeln besonders die vier Evangelisten oder Christus mit den Aposteln dargestellt wurden. Jedenfalls belebten und füllten seitdem zahlreiche meist kleinformatige Figuren und Szenen – unter ihnen auch solche von antik-allegorischer oder grotesk-skurriler Bedeutung – in unerschöpflich scheinender Vielfalt die Flächen der Altarretabel, Emporenbrüstungen und Kanzeln, indem sie sich in der Regel mit dem architektonischen Rahmen und seiner Ornamentik aufs engste verbanden.

Obwohl man anderenorts schon in spätgotischer Zeit sehr reich ausgebildete Kanzeln errichtete, war in unserem Gebiet offenbar erst mit der Einführung des evangelischen Gottesdienstes neben den Taufstein und den Altar mit seinem auf die Mensa gestellten Retabel die Kanzel als drittes, liturgisch gleichberechtigtes Ausstattungsstück des Kirchenraumes getreten. Das hatte zur Folge, daß seitdem Kanzel und Altarretabel sehr oft eine formal gleichwertige, nicht selten auch in den Details übereinstimmende künstlerische Gestaltung erfuhren.

Die älteste uns erhalten gebliebene Renaissancekanzel in Vorpommern steht jetzt in der Kirche von Neuenkirchen auf Rügen und ist mit der Jahreszahl 1567 datiert. Allerdings gehörte sie ursprünglich zur Ausstattung der Marienkirche in Bergen und ist deshalb eigentlich keine Dorfkirchenkanzel, wobei Aufbau und Dekor grundsätzlich mit ihnen übereingehen. Den auf einem von Pilastern umgebenen Fuß stehenden sechsseitigen Korb und die Brüstung des Aufgangs gliedern Gesimse, Pilaster und Halbsäulen in querrechteckige Felder und Arkadenblenden, den etwas jüngeren Schalldeckel zieren Muschelnischen und Zahnschnittleisten.

So oder ähnlich wurden dann rund einhundert Jahre lang die Kanzeln oder «Predigtstühle» aller Dorfkirchen gestaltet, wobei im einzelnen Art und Stil des Dekors variierten und der allgemeinen Entwicklung folgten. Anstelle der architektonischen Gliederung, wie sie beispielsweise auch an den Kanzeln in Lancken-Granitz und Trent, in Groß Bisdorf, Groß Teetzleben, Wusterhusen und Lüssow zu finden ist, konnte ebenso der ornamentale Dekor von Rollwerk, Beschlagwerk, Knorpelwerk o. ä. dominieren; als schöne Beispiele dafür dürfen die Kanzeln in Gültz bei Altentreptow, in Spantekow, Bobbin, Liepen und Griebenow gelten. In der Regel trugen die Arkadenblenden figürliche oder szenische Malereien, wie sie u. a. an den Kanzeln in Spantekow und Bobbin zu finden sind. Wie die Kanzeln in Groß Bisdorf, in der Kirche des jetzt im Kreis Angermünde gelegenen Dorfes Petershagen und in Waase beweisen, konnten diese Malereien aber auch durch Reliefs oder vollplastischen Figurenschmuck ersetzt werden. – Die ungewöhnlich reich mit ornamentalem Dekor und Figurenschmuck ausgestattete Kanzel der Petershagener Kirche stand vormals in der Marienkirche in Berlin und gehört demnach eigentlich nicht in diesen Rahmen. Das gleiche gilt wohl auch für die 1592 fertiggestellte Kanzel in Waase mit ihrem aufwendigen Intarsienschmuck und den schönen Reliefs am Korb; sie kam vermutlich mit dem schon erwähnten brabantischen Schnitzaltar erst um 1708 aus der Stralsunder Heiligengeist-Spitalkirche an ihren jetzigen Standort. Dagegen gehört die 1590 von Adam v. Behr gestiftete schöne hölzerne Kanzel der Kirche in Semlow zu den ältesten Predigtstühlen der Renaissance in Pommern. Ihre Reliefs mit den sehr bewegten, auffallend weich konturierten Einzelfiguren sind Meisterwerke der Schnitzkunst und stehen im weiten Umkreis unseres Gebietes ziemlich allein.

Die Altarretabeln unterschieden sich im architektonischen Aufbau aufgrund ihrer anderen Funktion zwar deutlich von dem der Kanzeln, im verwendeten ornamentalen Formengut und dem figürlichen Dekor sind sie ihnen jedoch sehr verwandt. Als Schema galt, daß am Fuße der Altarrückwand ein niedriges Feld mit der Darstellung des Abendmahles lag, das Hauptfeld darüber meistens eine Kreuzigungsgruppe oder ein Kreuzigungsbild enthielt und zuweilen von kleineren Reliefs oder Bildern mit Szenen aus dem Leben oder der Passion Jesu begleitet wurde, während den oberen Abschluß in der Regel eine Darstellung der Auferstehung oder der Himmelfahrt Christi bildete; dazu kamen vielfach Einzelfiguren, speziell Apostel, Propheten, Evangelistensymbole oder Tugend-Allegorien.

Das früheste derartige Retabel in einer vorpommerschen Dorfkirche, der auf 1598 datierte Altaraufsatz der Kirche von Nehringen bei Grimmen, ist zugleich eines der qualitätvollsten. In eine architektonisch reich gegliederte Rückwand aus Sandstein sind fünf Alabasterplatten mit Reliefszenen eingelassen: unten das Abendmahl, darüber in der Mitte eine größere Kreuzigungsgruppe, seitlich davon der Sündenfall und die Aufrichtung der Schlange durch Mose und im bekrönenden Aufsatz über dem Mittelfeld der Triumphierende Christus. Die Statuetten von Fides und Spes, zwei Engelköpfchen, zwei Hermenkaryatiden und mehrere Inschrifttafeln runden das «Programm» dieses Altaraufsatzes ab, der damit auch noch ein typisches Beispiel seiner Gattung ist. Aus Holz gefertigte barocke Zutaten aus der Zeit um 1720/25, zu denen auch die schöne Altarschranke gehört, haben die ursprüngliche Gestalt des Retabels nachträglich allerdings etwas verunklärt.

Der in seinem architektonischen Aufbau verhältnismäßig einfache, durch die Qualität seines Figuren- und Reliefschmuckes besonders hervorragende Altaraufsatz aus Sandstein in der Kirche von Vilmnitz auf Rügen war laut Inschrift 1603 fertiggestellt. Zu den kanonischen Szenen mit Abendmahl, Kreuzigungsgruppe und Himmelfahrt sind neben einem Noli-me-tangere-Relief die freiplastischen Figuren der Evangelisten mit ihren Symbolen, weiterhin Spes und Fides und zwei in lebhafter Bewegung dargestellte weibliche Atlanten getreten. Gemeinsam mit vier in der gleichen Kirche hängenden Epitaphien, von denen noch die Rede sein wird, wurde dieses Meisterwerk norddeutscher Bildhauerkunst von Claus Midow oder seiner Werkstatt geschaffen. – Ein drittes steinernes Retabel, dessen Meister wir bisher nicht kennen, besitzt die im Kreis Greifswald gelegene Kirche in Zarnekow. Wahrscheinlich ist es nicht in allen seinen Teilen auf uns gekommen. Auf 1622 datiert, besteht es jetzt im wesentlichen aus einer architektonisch gerahmten, mit Knorpelwerkohren und Engelköpfchen verzierten Reliefplatte mit dem Abendmahl, zwei die Leidenswerkzeuge Christi – Kreuz und Geißelsäule – haltenden Engeln in seitlichen Halbrundnischen, mehreren Inschrifttafeln sowie den Wappen des Stifters und seiner Frau. Die Qualität des Reliefs und der Figuren und die Möglichkeit des stilistischen Vergleiches lassen vermuten, daß es sich bei diesem Altaraufsatz um ein Werk des Stralsunder Bildhauers Hans Lucht handeln könnte, der wenig später die Kanzel der Stralsunder Jakobikirche schuf.

Diesem Typus von Altaraufsätzen aus Stein schloß sich dann auch der größte Teil der in der Regel ebenfalls dreigeschossigen hölzernen Retabeln in Aufbau und Dekor an. Unter ihnen besitzen beispielsweise der um 1600 entstandene Altaraufsatz der im jetzigen Kreis Angermünde gelegenen Kirche von Hohenreinkendorf, ein aus dem Anfang des 17. Jh. stammender Aufsatz in der Kirche von Mewegen bei Pasewalk und das auf 1629 datierte Altarretabel in Retzin neben dem reichen Figurendekor szenische Reliefs mit der gebräuchlichen Thematik. Im Unterschied dazu birgt der beachtenswerte, schöne Altaraufsatz der Levenhagener Kirche im Hauptfeld ein Tafelbild des Abendmahls und im darübergelegenen Geschoß eine gemalte Darstellung der Mannalese des Volkes Israel; eine Inschrift gibt als Entstehungsjahr 1646 an.

Älter noch ist der um 1590 entstandene, ebenfalls nur Tafelbilder tragende dreigeschossige Altaraufsatz in der eigentlich zur märkischen Kunstlandschaft gehörenden Kirche in Werbelow bei Strasburg.

Dem Levenhagener Aufsatz gut vergleichbar ist das Retabel in der Kirche von Rappin auf Rügen, wo im Hauptfeld wiederum ein Tafelbild mit dem Abendmahl und darüber eines mit der Kreuzigung Jesu zu finden sind. Allerdings ist dieser Altaraufsatz erst 1669, also zwanzig Jahre später als der Levenhagener entstanden, und an die Stelle des rahmenden reichen Figurenschmuckes sind in die seitlichen Ohren mit aufwendigem Dekor kleine Bildmedaillons mit Szenen aus der Passion Jesu eingefügt. Solche kleinen seitlichen Bildmedaillons hatten jedoch schon um 1650 in besonders kunstvoller und phantasievoller Weise am bereits früher erwähnten Retabel der Wusterhusener Kirche Anwendung gefunden. Einem andersgearteten, neuen und eigentlich schon dem Barock zuzurechnenden Typus des Altarretabels, dessen Darstellungsprogramm sich im allgemeinen auf ein von Säulen oder Pilastern flankiertes Hauptfeld konzentriert, obwohl es nicht an ornamentalem figürlichem und szenischem Beiwerk fehlt, gehören die in der zweiten Hälfte des 17. Jh. entstandenen Retabeln der Kirchen in Griebenow, Spantekow und Schaprode an. – Zu einer anderen Gruppe von Renaissancealtären gehört der in der Kirche von Gnevkow im Kreis Altentreptow. Es ist ein um die Mitte des 17. Jh. entstandener sogenannter «Kanzelaltar», bei dem die Funktionen von Kanzel und Altaraufsatz in einem hinter dem Altarblock stehenden Aufbau zusammengefaßt sind. Die Kanzelaltäre sind eine typische Erscheinung protestantischer Kirchenausstattungen, bei denen die Predigt in den unmittelbaren Brennpunkt des Gottesdienstes gestellt wurde. In der Barockzeit wurden sie auch in den vorpommerschen Dorfkirchen sehr häufig aufgestellt, zuvor waren sie selten und wurden oft erst nachträglich aus zwei ursprünglich getrennt entstandenen Teilen, der Kanzel und dem Retabel, zusammengefügt.

Das dritte große Aufgabengebiet bei der Ausstattung der Dorfkirchen war für die Bildhauer die Anfertigung von Grabplatten, Grabmalen und Epitaphien.

Hier fand seit dem Anbruch der Renaissance vor allem der als Grundherr zugleich die Funktion des Kirchenpatrons ausübende Landadel weitgehende Möglichkeiten zur Repräsentation und zur eigenhändigen Errichtung von Ruhmeszeichen für eben verstorbene Familienmitglieder. Das Ergebnis waren Grabplatten mit dem im kräftigen Relief herausgearbeiteten Abbild des darunter Bestatteten und bei den Epitaphien aufwendige, zuweilen ganze Wandflächen einnehmende Architekturen. Anfangs begnügte man sich allerdings noch mit reich gerahmten Inschrift- oder Wappentafeln, die aber zuweilen auch schon vielfältigen figürlichen Dekor trugen. Ein schönes Beispiel dafür ist das von Herzog Philipp II. 1603 vermutlich bei Rudolf Stockmann in Rostock bestellte hölzerne Epitaph, das er zum Andenken an seinen Vorfahren Barnim VI. in die Kirche zu Kenz stiftete. Hier wird die Inschrifttafel allerdings schon von einer idealisierten Büste Barnims bekrönt, und im untersten Feld halten zwei «Wilde Männer» das Wappen der pommerschen Herzöge. Im allgemeinen überwogen aber schon seit dem Ende des 16. Jh. sowohl auf Grabsteinen wie auf Epitaphien die ganzfigurigen Darstellungen des zu verehrenden Toten. Der Grabstein des 1591 verstorbenen Matthias Budde in der bei Anklam gelegenen Kirche von Gramzow zeigt ihn als Ganzfigur in voller Rüstung, umgeben von einer Inschrift und den Wappen seiner vier Großeltern, ein Schema, das bei wechselnder künstlerischer Qualität und Plastizität des Reliefs bis an das Ende des 17. Jh. fast unverändert beibehalten wurde. Die zwei um 1630 entstandenen Grabsteine des Joachim Vollradt Triebsees und seiner Gemahlin Anna v. Jasmund sind dafür typische Beispiele.

Dementsprechend stellte der Meister der vier Epitaphien in der Kirche von Vilmnitz, der wahrscheinlich auch den Altaraufsatz schuf und in dem wir wohl mit Recht den Brandin-Schüler Claus Midow sehen, die porträtähnlich wiedergegebenen Ganzfiguren der Verstorbenen jeweils in eine Nischenarchitektur. Die in den Jahren 1601/02 entstandenen Epitaphien besitzen hervorragende künstlerische Qualität, wobei die vor und auf den architektonischen Rahmen gesetzten allegorischen Figuren und die dem Marienleben entnommenen Reliefszenen in den bekrönenden Ädikulen vermutlich nach Stichen des niederländischen Malers Hendrik Goltzius geschaffen wurden. In der Nachfolge dieser Vilmnitzer Epitaphien standen dann auch die sich weitgehend gleichenden, allerdings weniger qualitätvollen Epitaphien mit einfachen Beschlagwerkrahmen für das Ehepaar Curdt v. Bonow in der Kirche von Kirch Baggendorf und für Henning v. d. Osten und seine Gemahlin in der Kirche von Samtens auf Rügen, auch wenn sie erst ein rundes Jahrzehnt später entstanden.

Zum gleichen Typus gehört das von Rudolf Stockmann geschaffene Epitaph für den 1605 verstorbenen J. v. Barch in der im Kreis Strasburg gelegenen Kirche von Werbelow. Häufiger noch waren aber die Epitaphien, bei denen die Verstorbenen – oft gemeinsam mit ihren Familienangehörigen – kniend unter einem Relief des gekreuzigten oder auferstandenen Christus oder dem des Weltenrichters dargestellt sind. Als Beispiele seien die Epitaphien für Goedecke v. d. Osten in der Kirche von Groß Mohrdorf und für Claus v. Thun in der Schlemminer Kirche genannt, bei denen jeweils eine Relieftafel mit dem Auferstandenen und dem darunter knienden Stifterpaar seitlich von Wappenleisten begleitet wird. In ähnlicher Weise knien auf der Relieftafel des Epitaphs für Adam v. Behr und seine Frau in der Semlower Kirche die beiden Stifter unter dem Gekreuzigten. Seit dem Beginn des 17. Jh. sind die knienden Figuren dann auch häufig vollplastisch und völlig vom Hintergrund gelöst. In dieser Art ist das besonders reich gestaltete, 1605 wohl von Claus Midow geschaffene Epitaph für Christoph von Behr und seine Frau in der Semlower Kirche gestaltet, das geschickt in die Zweifenstergruppe der Südwand des Chores hineinkomponiert wurde und die zwei vollplastischen Stifterfiguren unter einem schönen Relief des Auferstandenen kniend darstellt. Am Epitaph des Adam von Behr in Semlow ist weiterhin das schon aus vorreformatorischer Zeit bekannte Motiv der mit anbetend gefalteten Händen liegend dargestellten Toten wieder aufgegriffen worden. Es hatte im mecklenburgisch-vorpommerschen Gebiet sicherlich durch das bildhauerische Schaffen des Philipp Brandin und seiner Gesellen Eingang gefunden.

Zuweilen glichen die Epitaphien allerdings auch eher einem der gleichzeitigen Altaraufsätze. Ein Epitaph in der Kirche von Trent, das am Ende des 16. Jh. entstand und dessen Stifter oder Adressat nicht mehr identifizierbar ist, enthält in einem besonders reich ornamentierten Holzrahmen im Hauptfeld ein Bild der Kreuzigung und darüber ein weiteres Tafelbild mit der Auferstehung Christi. Ob ein in der Kirche von Bodstedt bei Barth aufbewahrtes qualitätvolles Tafelbild aus dem Anfang des 17. Jh., auf dem die Taufe Jesu im Jordan dargestellt ist, vormals zu einem Epitaph gehörte, ist nicht gewiß, aber wahrscheinlich. Das gleiche gilt für ein bei aller künstlerischen Provinzialität außerordentlich reizvolles Relief mit der Darstellung Jakobs und seiner Söhne vor Pharao, das jetzt in einem separaten Rahmen in der Kirche von Murchin bei Anklam aufgehängt ist.

Freilich ist darüber hinaus in den Dorfkirchen noch manches weitere Werk der Bildhauerkunst jener Zeit erhalten geblieben. Diese Stücke sind heute oft als Einzelskulpturen oder im Zusammenhang mit jüngeren, zuweilen auch älteren Ausstattungsgegenständen aufgestellt, obwohl sie ursprünglich meistens Bestandteil eines inzwischen abgebauten zeitgenössischen Altaraufsatzes oder einer Kanzel, der Brüstung einer Empore oder einer Patronatsloge waren. Als zwei

typische Beispiele hierfür seien die Kreuzigungsgruppe auf dem barocken Altaraufsatz der im Kreis Pasewalk gelegenen Kirche von Belling und die in ihrer manirierten Haltung ganz sicher der ersten Hälfte des 17. Jh. angehörende Figur des Erzengels Michael im Kampf mit dem Drachen unter der ins 18. Jh. datierten Kanzel der Kirche von Schlatkow bei Anklam genannt. Als selbständige Skulptur ist indessen die 1635 von dem Stralsunder Bildhauer Hans Lucht geschaffene schöne Engelkonsole aus Sandstein in der Kirche von Samtens auf Rügen entstanden. Auf ihr war ursprünglich der Plattenpanzer eines der Familie von der Osten angehörenden Offiziers aufgestellt. Sehr ungewöhnlich war die Verwendung einer halb lebensgroßen Figur des Apostels Petrus als Träger einer Patronatsempore der Familie v. Keffenbrinck in der Kirche von Groß Bisdorf. Solche Patronatsemporen und -stühle waren ursprünglich in fast allen Kirchen errichtet worden, um der Familie der Patronatsherren die Teilnahme am Gottesdienst auf einem gegenüber den anderen Gemeindegliedern abgesonderten und hervorgehobenen Platz zu ermöglichen und ihr zugleich eine weitere Gelegenheit zur Repräsentation zu bieten. – Zu ebener Erde stehen die Patronatsstühle in den Kirchen von Poseritz und Neuenkirchen auf Rügen, deren Brüstungen ebenfalls dem damals an Kanzeln und Emporen allgemein üblichen Gliederungsschema mit zwischen Pilastern gelegenen Rund- und Rechteckfeldern folgen. Der ältere, um 1598 errichtete Patronatsstuhl in Poseritz ist in den Feldern bemalt, die Brüstung des 1637 datierten Gestühls in Neuenkirchen wurde durch ihren reich geschnitzten Dekor besonders bemerkenswert. – An dem in der Regel sonst sehr schlichten Kirchengestühl der übrigen Gemeinde waren die frei stehenden Wangen oft Gegenstand sparsamer Verzierungen mit eingeschnittenen oder aufgemalten Jahreszahlen, Familienwappen oder Arabesken und Blumen.

Soweit zur Zeit der Renaissance neue Taufen in die Kirchen kamen, waren sie in der Regel aus Holz und bevorzugten die Form vieleckiger tiefer Kessel auf einem kräftigen Fuß. Sie waren oft mit Ornamenten, Wappen oder figürlicher Malerei verziert, zuweilen auch mit den Halbreliefs der vier Evangelisten. Eine solche hölzerne Taufe besitzt beispielsweise die Kirche in Semlow, wobei dort die sehr schönen gemalten Wappen und auf die Taufe bezogenen Bildszenen auf den Außenseiten des Kessels eine Zutat des 19. Jh. sind. Andererseits zeigt die wohl noch im 16. Jh. entstandene Taufe der Kenzer Kirche, ein Taufstein aus Kalkstein, daß auch über das Mittelalter hinaus die damals gefundene Form mit Kuppa und schlankem Fuß zuweilen Nachahmung fand.

Trotz der großen Anzahl von Tafelbildern in den Altaraufsätzen, an Epitaphien und den Brüstungen der Kanzeln, Kanzelaufgänge und Emporen, die jedoch sehr oft nur von provinzieller Qualität sind, ist das, was an beachtenswerter Tafelmalerei jener Zeit auf uns kam, zumindest der Menge nach sehr bescheiden. Das gilt besonders für die Dorfkirchen, zumal ein Teil der wenigen wirklich qualitätvollen Bilder, die wir heute dort antreffen, nicht ursprünglich für diese Kirchen bestimmt war und erst durch nachträgliche Schenkungen in diese kam. So besitzt die Dorfkirche von Krugsdorf bei Pasewalk ein schönes Tafelbild mit der Darstellung der Predigt Johannes' des Täufers aus der Zeit um 1600 und die äußerlich sehr bescheidene Gutskapelle von Ludwigsburg zwei vortreffliche Bilder, von denen das in der ersten Hälfte des 17. Jh. entstandene die Verkündigung des Engels an Maria, das etwas jüngere die sitzende Madonna mit dem Kind zeigt. Alle drei Bilder lassen deutlich das Vorbild der zeitgenössischen niederländischen Malerei erkennen, die damals neben der italienischen den Stil der nordeuropäischen Malkunst bestimmte. Dabei ist es allerdings möglich, daß die beiden Ludwigsburger Bilder wie das vor wenigen Jahren aus der Kirche von Bobbin auf Rügen entwendete Bild mit der Enthauptung des Johannes sogar von einem niederländischen Meister geschaffen wurden. – Daß zur gleichen Zeit, als an den Fürstenhöfen die Porträtmalerei mit großem Nachdruck betrieben wurde, auch die wohlhabenderen Bürger darauf bedacht waren, sich in ihrem Bildnis ein fortwährendes Denkmal zu setzen, beweist in den Dorfkirchen die Vielzahl der bis heute erhalten gebliebenen Pastorenbildnisse. Obwohl die meisten dieser Bilder erst in der zweiten Hälfte des 17. Jh. und später entstanden sind, ließen sich auch schon zuvor die evangelischen Pfarrherren gerne porträtieren, wofür die Bildnisse des Jacob Brauer von 1620 in der Trenter Kirche und das des Daniel Spalkhafer von 1638 in der Kirche von Wiek als Beispiele genannt sein sollen. Daß man sich darüber hinaus die Männer, denen die Reformation zu verdanken war, auch bildlich vor Augen stellen wollte, beweisen die an sich nicht sehr qualitätvollen Bildnisse Martin Luthers und Philipp Melanchthons in den Kirchen von Quilow und Kenz aus der Zeit um 1600.

Von den bemalten Glasscheiben mit Wappen und Hausmarken, Symbolen oder Bildern, den sogenannten Kabinettscheiben, sind über die Jahrhunderte hin nur wenige der Zerstörung entgangen. Durch ihre einzig sinnvolle Einbindung in die Kirchenfenster waren sie Wind und Wetter und mutwilligen Beschädigungen preisgegeben, so daß die zur Zeit ihrer Entstehung gewiß als bescheidenes Kunstwerk geltenden Scheiben heute schon als kostbarer Besitz geachtet werden müssen. Scheiben mit den gamalten Wappen des Fürsten oder örtlicher Territorialherren galten als Gnadengeschenk und wurden von diesen als ein Beweis der Huld oder Dankesschuld vergeben. Wie eine kleine Rundscheibe von 1595 in der Kirche von Groß

Zicker auf Rügen zeigt, haben aber auch Handwerker und andere Bürger solche bemalten Scheiben mit ihrem Namen, der «Hausmarke» und dem Symbol ihres Berufes gerne in ihre Pfarrkirchen gestiftet, zumal sie sich damit ein, wenn auch sehr bescheidenes, Epitaph zu setzen vermochten. Noch aufschlußreicher sind indessen alle jene Glasbilder, auf denen in zuweilen künstlerisch beachtlicher, meistens aber sehr naiver Weise Genreszenen vom Alltagsleben jener Zeit erzählen. So stellt beispielsweise eine Rundscheibe in der Kirche von Japenzien wahrscheinlich die Predigt oder Vorlesung eines Professors vor Theologiestudenten dar, weitere Scheiben in Groß Zicker berichten in origineller Weise u. a. vom Glück und Mißgeschick der Seefahrt. Eine nachträgliche Zusammenstellung von ovalen Kabinettscheiben aus der Zeit um 1640 in der Kirche von Züssow bei Greifswald bietet schließlich neben Einblicken in Schmiede und Schlachthaus und dem Hinweis auf die Trinkfreudigkeit jener Zeit zwei Bilder mit Jakobs Engelkampf und Christi Auferstehung, eine Reihe von Apostelbildnissen und – für das Jahr 1634 hier unerwartet – das Bild der Strahlenkranzmadonna.

Noch weniger als die Kabinettscheiben der Renaissancezeit sind Beispiele der zeitgenössischen Wandmalerei erhalten geblieben oder zumindest bekannt und freigelegt worden. Das mag seine Ursache nicht zuletzt darin haben, daß manche solche Malerei bei der Suche nach Spuren älterer, mittelalterlicher Ausmalungen durchstoßen und im Falle der Entdeckung gotischer Wandmalerei bei deren Freilegung notgedrungen geopfert worden ist. Immerhin besitzen wir aber in den szenischen Wandbildern der Kirchen von Lindenberg bei Demmin und Groß Kiesow zwei schöne Beispiele derartiger nachmittelalterlicher Wandmalereien. Die inschriftlich 1597 datierte Lindenberger Malerei ist bald nach der Fertigstellung des Kirchengebäudes entstanden und umzieht in gemalter architektonischer Rahmung die Wände des Chores mit Darstellungen aus dem Schöpfungsbericht des Alten Testaments sowie dem Leben und der Passion Jesu. Die Darstellungsweise ist naiv, und die Bilder wirken zumindest seit ihrer Freilegung und Restaurierung im Jahre 1556 wie monumentale graphische Blätter. Von den ebenfalls in gemalten Rahmen liegenden Bildern der im 17. Jh. entstandenen Wandmalerei der Groß Kiesower Kirche sind nur die aus dem Leben und der Passion Jesu erhalten, doch müssen auch hier ursprünglich weitere Bilder mit Szenen aus dem Alten Testament vorhanden gewesen sein. Schildbögen und Fensterleibungen des Schiffes sind in Groß Kiesow mit gemalten Akanthusranken und Perlstäben aus der Entstehungszeit der Wandbilder dekoriert, so daß die Ausmalung des Raumes zu einer schönen Einheit zusammengewachsen ist.

Aus der fast unübersehbaren Menge der mit großem Fleiß und Können gestalteten Werke des Kunsthandwerks der Renaissancezeit sind es wohl vor allem die Kannen, Kelche und Teller, die als Abendmahls- und Taufgeräte bis heute im lebendigen Gebrauch blieben. Diese Zeugnisse einer hochentwickelten Handwerkskunst, in der sich das Empfinden für edle Proportionen und einen organischen Formenkanon mit großem handwerklich-technischem Können verband, sind auch noch in vielen unserer Dorfkirchen zu finden. Die Grundgestalt der fast immer aus Silber getriebenen, meistens durch gegossene Dekorteile vervollkommneten und im Inneren der Kuppa vergoldeten Abendmahlskelche blieb gegenüber der des Mittelalters fast unverändert und zeigt gegen Ende des 16. Jh. oft noch ausgesprochen gotische Formen. Hierfür können als Beispiel zwei Kelche, der auf 1590 datierte Kelch der jetzt im Kreis Angermünde gelegenen Kirche von Ramin und ein um 1600 entstandener, reich dekorierter Kelch in der Kirche von Kemnitz bei Greifswald, genannt werden. Allerdings trägt zur gleichen Zeit ein Kelch in der Kirche von Middelhagen auf Rügen auf dem als sechsseitige Pyramide ausgebildeten Fuß die gegossenen Reliefdarstellungen der sechs klassischen Tugenden und greift damit ein eindeutig humanistisches Thema auf; ein Jahr später werden an dem Kelch einer anderen Rügenschen Kirche, der von Rappin, die Flächen des ganz ähnlich ausgebildeten Fußes zur Darstellung des Gekreuzigten, der Ehernen Schlange und der vier Evangelistensymbole verwendet. Die weiterhin in der Mitte des Schaftes gelegenen Knäufe besaßen nun in der Regel keine Rotuli mehr, sondern wurden als flache Wirtel ausgebildet, und die Kuppa wurde meistens steiler, fast glockenförmig gestaltet. Daß auch hier der entweder gravierte oder gegossene, vielfach erst nachträglich aufgelegte und die Kuppa korbartig umschließende Dekor einem stetigen, dem jeweils gültigen Stil folgenden Wandel unterworfen war, könnte der Vergleich zwischen den im Erscheinungsbild sehr verwandten Kelchen der Ranziner Kirche aus dem letzten Drittel des 16. Jh. und dem rund zwanzig Jahre jüngeren Kelch der Kirche von Gingst erweisen. Interessant und in doppelter Weise ungewöhnlich ist der inschriftlich auf 1648 datierte Kelch der Kirche in Rappin, dessen Kuppa anstelle des Schaftes von einer plastischen Engelfigur getragen wird und am oberen Rand eine zweizeilige kyrillische Widmungsinschrift besitzt. Trotzdem dürfte auch dieses Stück, nach Gestalt und Dekor zu urteilen, in einer norddeutschen Goldschmiedewerkstatt entstanden sein. –

Von den oft vergoldeten Oblatendosen aus jener Zeit, meistens runden oder ovalen Kästchen, sollen hier nur die verhältnismäßig bescheidene Dose der Kirche von Kasnevitz aus dem Jahre 1642 mit eingraviertem zartem Pflanzendekor und die 1599 entstandene, weitaus reicher dekorierte Pyxis der Kirche in Gellendin im Kreis Anklam genannt sein. Auf die Außenwand der kreisrunden Gellendiner Dose sind als gegossene Reliefs im Wechsel viermal ein gerüsteter Mann mit Szepter und eine Art Hermenpilaster zwischen Festons und Blumenkelchen gesetzt: für eine Oblatendose ein ungewöhnlicher Dekor, vergleichbar den Tugend-Darstellungen auf dem Middelhagener Kelch.

Aus den Werkstätten der Beckenmacher und Gelbgießer kamen die messingenen Taufbecken und Kollektenschalen, von denen viele noch heute in den Dorfkirchen in Gebrauch sind. In der Regel tragen sie auf ihrem Boden – dem «Spiegel» – gepunzte oder getriebene Darstellungen, die auf das Sakrament der Taufe Bezug nehmen; der Sündenfall Adams und Evas, die Verkündigung des Engels an Maria und der dem Wasser des Lebens nachjagende Hirsch sind dabei zumindest in den vorpommerschen Dorfkirchen die am häufigsten vorkommenden Themen, wofür als jeweils ein Beispiel die Taufbecken der Kirchen von Damitzow im jetzigen Kreis Angermünde, von Quilow und Schaprode genannt sein sollen. Auf dem breiten Rand einer 1637 geschaffenen Taufschale in der ebenfalls im Kreis Angermünde gelegenen Kirche von Retzin ist die Darstellung einer Jagd eingraviert, und auf dem Boden der Kollektenschale der Hanshagener Kirche blieb als getriebenes Relief Simson im Kampf mit dem Löwen erkennbar, ein alttestamentliches Motiv, dessen Bezug zur Funktion der Schale vordergründig kaum zu entschlüsseln ist! Eine vermutlich am Beginn des 17. Jh. entstandene Taufschale der Kirche in Lubmin besitzt indessen ausschließlich ornamentalen Dekor, der aus einer getriebenen Rosette im Boden und einer stilisierten Lorbeerranke auf dem breiten Rand besteht.

Ein weiteres Betätigungsfeld kunsthandwerklichen Schaffens, in das sich die Zinngießer mit den Gelbgießern und Gürtlern teilten, war die Anfertigung von Leuchtern. Dabei fand Zinn wohl ausschließlich für den Guß der kräftigen, zuweilen sogar etwas schwerfällig wirkenden Tafel- und Altarleuchter Verwendung, von denen ein typisches Paar aus dem Jahre 1639 in der Kirche von Neuenkirchen auf Rügen steht. Weitere, aus einem runden Fuß, dem schlankeren Balusterschaft und einem breiten Tropfteller bestehende Zinnleuchter, wie die der Kirchen Quilow und Gnevezow, gehören meistens schon der zweiten Hälfte des 17. Jh. an. Die monumentalen, meistens auch noch reicher dekorierten Altarleuchter waren indessen stets aus Messingblech getrieben, weil sie sonst kaum noch zu bewegen gewesen wären. Für die zahlreichen in unseren Dorfkirchen noch erhalten gebliebenen Stücke soll hier ein Paar stattlicher Leuchter in der Weitenhagener Kirche genannt werden. –

Noch reicher als die Altarleuchter sind die vielarmigen Hängeleuchter oder «Flämischen Kronen» gestaltet, deren kräftige, oben meistens mit einem

Doppeladler oder sonstigem figürlichem Dekor ausgestattete Mittelschäfte unten in einer kräftigen Kugel enden und von bis zu drei Reihen S-förmig geschwungener Arme umgeben sind. Wie wenig sich im Grunde genommen diese einmal ausgeprägte Gestalt der Flämischen Kronen im Verlauf des 17. Jh. wandelte, könnte der Vergleich des auf das Jahr 1613 datierten Leuchters in der Kirche von Neuenkirchen bei Greifswald, des 1648 gestifteten Leuchters in Wusterhusen und eines besonders reich dekorierten Stückes in der Ludwigsburger Gutskapelle vom Ende des 17. Jh. beweisen.

In der Patronatsloge der Kirche von Menkin im Kreis Pasewalk sind drei große gußeiserne Ofenplatten aus der Zeit um 1600 erhalten geblieben. Eine von ihnen trägt das braunschweigische Wappen, die beiden anderen sind mit biblischen Szenen geschmückt. Sie zeugen davon, daß diese ursprünglich nur in fürstlichen Häusern zu findenden Werke der Gebrauchskunst damals auch schon dem Landadel zur Verfügung standen, wenn es galt, die Patronatsstühle durch repräsentativ gestaltete Öfen bequem auszustatten.

Dort, wo in den Dorfkirchen noch Zeugnisse alter Textilkunst erhalten geblieben sind, darf das als ein ungewöhnlicher Glücksfall bezeichnet werden. Diese gegen Sonne und Trockenheit wie gegen Feuchtigkeit und stärkere Belastung sehr anfälligen, meistens als das Produkt fleißiger Frauenhände entstandenen Stücke – vor allem Altardecken, Paramente und Kelchtücher – sind in der Regel seit dem 16. und 17. Jh. oft schon mehrmals erneuert worden. Deshalb ist die um die Mitte des 17. Jh. geschaffene zarte, mit bunten Blumenmustern und exotischen Vögeln bestickte Altardecke der Kirche in Lüssow eine Kostbarkeit geworden, die in allen Dorfkirchen unseres Gebietes ihresgleichen sucht. – In der Kirche von Altenkirchen befindet sich eine wahrscheinlich in Italien entstandene, mit geprägtem vegetabilischem und figürlichem Dekor versehene Ziegenledertapete aus der Zeit um 1600, die aber wohl als Geschenk nach Rügen kam und im Rahmen des Kirchenraumes eher als ein Kuriosum betrachtet werden kann. Dagegen blieb in der Kirche von Wolfshagen im Kreis Strasburg ein aus dem ersten Drittel des 17. Jh. stammender Tuchteppich mit 29 szenischen Bildfeldern aus Leben und Passion Jesu erhalten. Der einen graphischen Zyklus nachbildende Teppich ist wohl in Schlesien oder Böhmen geschaffen worden und gelangte erst um 1770 als Geschenk nach Wolfshagen.

Ganz gewiß waren die bis ins 19. Jh. stets unmittelbar bei dem Kirchengebäude gelegenen Kirchhöfe als «Gottesäcker» auch im 16. und 17. Jh. mit vielen Gräbern und schlichten Grabzeichen besetzt. Denn weiterhin war es nur den Begüterten und den Honoratioren in den dörflichen Kirchengemeinden vorbehalten, im Kirchenraum selbst ihre Bestattung unter

einem stattlichen Grabstein zu erhalten, während die vielen anderen Toten rund um die Kirche lagen. Doch sind ihre Grabzeichen schon lange vergangen oder haben denen jüngerer, hier bestatteter Generationen weichen müssen, so daß wir kaum noch eine Vorstellung von der Gestalt dieser Renaissance-Grabzeichen besitzen. – Was indessen oft noch erhalten blieb, sind die um die Kirchhöfe gesetzten Feldsteinmauern mit ihren aus dem gleichen Material oder Backstein gemauerten Portalen. Sie erfüllen trotz aller Schlichtheit mit ihrer breiten Durchfahrt für den Leichenzug, der danebengelegenen schmaleren Pforte für den einzelnen Friedhofs- oder Kirchenbesucher und der aus fialenartigen Türmchen und breiten Segmentbogennischen gebildeten Bekrönung meistens noch heute die ihnen bestimmte Funktion. Vereinzelt blieben mittelalterliche Friedhofstore erhalten, so in Kemnitz, Weitenhagen und Krien. Aus dem 16. Jh. stammen wahrscheinlich die Tore in Glasow und Ranzin. Als Beispiel für ein barockes Friedhofstor sei das schöne Portal in Groß Bisdorf genannt.

Dort aber, wo die Kirchen ohne einen aus Steinen gemauerten oder aus verbrettertem Fachwerk errichteten Westturm geblieben waren, stellte man oft – wie in Schlattkow und Griebenow – neben sie einfache, aus kräftigen Balken gezimmerte Glockenstühle, aus denen die Glocken zum Gottesdienst, zur Trauer und zur Freude riefen. In Griebenow geht man durch den wie einen Torturm wirkenden, offenen Glockenstuhl unmittelbar unter den Glocken hindurch. Eine den Friedhof kreisförmig umgebende, aus Ziegelsteinen gemauerte Einfriedung schließt sich rechts und links an den Glockenstuhl an.

Die Zeit des Barocks

Auch wenn es uns heute so scheinen will, als ob um die Mitte des 17. Jh. das Zeitalter der Renaissance harmonisch in das des Barocks überging, sollten wir immer bedenken, daß die Schrecken des Dreißigjährigen Krieges seit dem Eingreifen der Schweden um das Jahr 1630 das Land damals nicht mehr zur Ruhe kommen ließen. Verwüstete Städte und Dörfer, oft jahrelang unbestellt gebliebene Felder und eine durch Mordbrenner, Hungersnöte und Epidemien erschreckend verringerte Bevölkerung: das war die Situation am Ende jenes Krieges. Hinzu kam, daß die Grundherren bedenkenlos unbesetzte Bauernstellen annektierten und viele mittellos gewordene Bauern durch das «Bauernlegen» in die Leibeigenschaft zwangen.

So ist es fast ein Wunder gewesen, daß dennoch auch in jener Zeit die zerstörten oder verwüsteten Dorfkirchen bald wieder in einen würdigen Zustand versetzt wurden, weitere neue Gotteshäuser entstanden und manches neue schöne Ausstattungsstück in die Kirchen gelangte.

Die landläufige Meinung verbindet mit dem Begriff des barocken Kirchenbaus die Vorstellung von festlicher Pracht, bei der ein üppig und vielfältig dekorierter Innenraum und seine Ausstattung organisch mit der bewegten Kontur des Gebäudegrundrisses übereingehen. Wer dieses Erlebnis auch in den Dorfkirchen sucht, die das 18. Jh. in unserer Kunstlandschaft hervorgebracht hat, wird enttäuscht sein. In der Regel sind diese Kirchen nämlich nur einfache rechteckige Saalbauten aus Feldsteinen oder Backstein mit einer geraden oder mehrseitig gebrochenen Ostwand, flacher Balkendecke oder hölzernem Tonnengewölbe. Ihre verputzten Außenwände sind zuweilen durch aufgelegte Pilaster gegliedert, zwischen denen die großen, viel Licht einlassenden Fenster liegen. Ein kräftig vortretendes Traufgesims fehlt in den wenigsten Fällen.

Im Rahmen dieser etwas nüchternen, nur bedingt «barocken» Gebäude haben sich dann aber doch Dekor und Ausstattung nach bestem Vermögen auch in unseren Dorfkirchen oft zu einigem Reichtum entfaltet. Wie ein Vergleich zwischen dem Innenraum der nach 1725 instand gesetzten gotischen Kirche von Gingst auf Rügen und dem der damals neu gebauten Kirche von Prerow zeigt, konnte es dabei geschehen, daß sich die auf solche Weise neu ausgestatteten älteren Bauten auf den ersten Blick kaum vom Interieur der neu entstandenen Kirchen unterschieden.

Allerdings bildet der stattliche Backsteinbau der Prerower Kirche eine Ausnahme unter den barocken vorpommerschen Dorfkirchen, da er sowohl wegen seines Baumaterials als auch durch die Verwendung von strebepfeilerartigen Wandverstärkungen auf den ersten Blick einer umgestalteten mittelalterlichen Kirche gleicht. Andererseits kennzeichnen aber die großen Segmentbogenfenster und die Lünette im Osten, die zwei von Anfang an übereinanderliegenden Reihen von Fenstern in den Längswänden und vor allem der durch eingestellte Holzstützen dreischiffig gegliederte Innenraum mit hölzerner Tonnendecke über dem «Mittelschiff» den barocken Charakter des in den Jahren 1726–1728 errichteten Bauwerkes.

Im Unterschied hierzu ist die 1738 fertiggestellte, ebenso stattliche Kirche des Dorfes Rothenklempenow im Kreis Pasewalk sofort als ein Bauwerk der Barockzeit erkennbar. Die geputzten Wände sind durch Lisenen, breite Fensterfaschen und Gesimse gegliedert, und den gemauerten quadratischen Westturm bekrönte eine flache Haube mit schlanker Laterne. Hier ist die enge Verwandtschaft mit den Kirchengebäuden im benachbarten Brandenburg offensichtlich und der Einfluß Preußens bis in die Architektur seiner neuen Provinz Pommern wirksam geworden.

Ein besonders schönes und typisches Beispiel für die kleineren barocken Dorfkirchen in Pommern ist die um 1730 gebaute Kirche von Rieth im Kreis Ueckermünde, ein architektonisch wohlproportionierter kleiner Saalbau mit dreiseitigem Ostschluß und sauber profiliertem Spiegelgewölbe über dem Innenraum. Ihre Außenwände sind verputzt, und über dem westlichen Ende des Daches erhebt sich ein gut gegliedertes Türmchen aus Fachwerk. Da auch die reich dekorierte Ausstattung noch vollständig erhalten blieb, verdient diese reizvolle Kirche allgemeine Beachtung. Etwas älter, dafür aber auch wesentlich schlichter gestaltet, ist die im gleichen Kreis gelegene, ungewöhnlicherweise im Wesen polygonal geschlossene Kirche von Ferdinandshof. Sie besitzt eine flache Balkendecke, und ihre faschengerahmten Fenster in den geputzten Außenwänden erwecken den Eindruck eines profanen Bauwerkes, so daß eigentlich nur der gedrungene achtseitige Dachturm über dem Westpolygon die sakrale Funktion des Gebäudes anzeigt. Daneben gibt es aber auch eine Gruppe von turmlos geplanten oder gebliebenen Dorfkirchen, zu denen die jetzt im Kreis Angermünde gelegene Kirche von Friedrichsthal sowie die Kirchen von Belling und Schmagerow bei Pasewalk zählen. Die architektonisch beachtenswerte Kapelle in Rustow im Kreis Demmin, ein ebenfalls turmloser Putzbau mit Portalrisalit und Mansarddach, wurde um 1790 nach Plänen des Greifswalder Universitätslehrers und Architekten Quistorp errichtet und ist damit der jüngste Bau in dieser Reihe.

Daß in jener Zeit auch mittelalterliche Kirchen eine gründliche barocke Umgestaltung erfuhren, wurde schon erwähnt. Abgesehen von der Ausmalung und neuen Ausstattung, beschränkten sich diese Maßnahmen aber meistens auf die Veränderung der Fensteröffnungen und die Errichtung von z. T. recht repräsentativen Fachwerktürmen oder Dachreitern. Doch beweist der Turm der Kirche vom Blumberg im Kreis Angermünde, daß zuweilen auch ältere Türme durch weitere Geschosse später erhöht wurden oder – wie bei dem 1790 der mittelalterlichen Kirche von Boock angefügten Westturm – selbst völlig neue Türme mit schlanken Hauben und reich verzierten Portalen an der Westseite gotischer Kirchen entstanden. Über das Spektrum der sonst noch möglichen Lösungen geben u. a. die jetzt im Kreis Angermünde gelegene Kirche von Wartin und die Kirchen von Blankensee und Dennin, Neu Boltenhagen bei Greifswald und Zudar auf Rügen sehr unterschiedliche Auskunft.

Auch das Maß des Umfangs, in dem der Altar und die Kanzel, Beichtstühle und Emporen in der Barockzeit ausgewechselt und erneuert wurden, war in den Kirchen nicht gleich. Selten jedoch ist eine Kirche ganz davor bewahrt geblieben, und sicherlich ist dabei immer das eine oder andere künstlerisch bedeutende und als Zeugnis der Frömmigkeit vergangener Zeiten aussagekräftige Stück verlorengegangen. Bei der großen Anzahl der von Rügen bis in das Gebiet des Randowbruches auf diese Weise in der Barockzeit veränderten Kirchen wäre es unbillig, einige von ihnen hier als Beispiel zu nennen. Der Hinweis auf die Kirche von Putzar soll deshalb nur daran erinnern, daß zuweilen auch jüngere – hier aus dem 16. Jh. stammende – Innenräume in jenen Jahrzehnten eine neue Ausstattung erhielten.

Obwohl oft nur als bescheidener, rasch aufgerichteter Ersatz für zerstörte ältere Kirchen gedacht, besitzen doch viele der aus Fachwerk gebauten Kirchen und Kapellen unseres Gebietes einen ganz besonderen architektonischen Reiz. Er besteht vor allem im Kontrast zwischen dem meist dunkel getönten Balkengerüst und den roten Backsteinfüllungen oder weiß getünchten Lehmstaken in den Gefachen, zwischen denen die schmalen Rechteckfenster mit ihren kleinteiligen Bleiverglasungen liegen und den Räumen wohnliche Helligkeit geben. Die schlichte Fachwerkkapelle in Klevenow bei Grimmen mit ihrem steilen Mansarddach besitzt diese Merkmale in einer baukünstlerisch ausgewogenen Weise. Anders sind die um 1750 errichteten geräumigen Fachwerkkirchen von Leopoldshagen und Ahlbeck im Kreis Ueckermünde mit anderen gleichartigen Kirchen im Zuge der durch Siedler aus verschiedenen Teilen Deutschlands vollzogenen landwirtschaftlichen Erschließung des Ödlandes und der nassen Wiesen am Oderhaff entstanden. Sie geben Zeugnis vom Bemühen der hier neu entstandenen Gemeinden um die baldmögliche Errichtung eigener Kirchen. – Daß eine Kirche mit den Räumen der Schule und des zur Unterbringung von mittellosen Alten eingerichteten Spitals gelegentlich unter einem Dach zusammengefaßt worden sein konnte, beweist ein 1754 gebautes, langgestrecktes Gebäude in Sarnow bei Anklam. Seine unterschiedliche Nutzung ist äußerlich nur durch die verschiedene Gestalt der Fenster und ihre Größe, dann aber auch durch den über dem Kirchenteil stehenden Dachturm mit seinem steilen achtseitigen Helm zu erkennen.

Bei der Fülle und Vielfalt der bis heute in den Dorfkirchen erhalten gebliebenen barocken Ausstattungsstücke mit oft reichem ornamentalem und figürlichem Dekor wird es an dieser Stelle nur um einen sehr allgemeinen Überblick gehen können.

Nach dem Tode des bedeutenden Stralsunder Meisters der Spätrenaissance-Bildhauerkunst, Hans Lucht, stagnierte die Holzbildnerei in Vorpommern für eine Weile ganz merklich. Darum entstand damals der meiste Dekor, den Altaraufsätze, Kanzeln, Emporen und Gestühle trugen, in den gleichen Werkstätten, die die Tischlerarbeiten schufen. Ihre künstlerische Qualität blieb deshalb auch provinziell, und nur aus den Werkstätten einiger Stralsunder Meister, unter denen Jacob Freese, Elias Keßler, Michael Müller und Thomas Phalert die bekanntesten waren, kamen

mehrfach Holzbildwerke, die Beachtung verdienen. Dabei war den Meistern nun offenbar nicht mehr so sehr daran gelegen, schöne menschliche Gestalten zu schaffen oder seelische Empfindungen im Mienenspiel und der maßvollen Gestik ihrer Figuren widerzuspiegeln. Vielmehr bedienten sie sich nun vorwiegend – und oft zum Nachteil einer ausgeglichenen Formensprache – des Mittels der weithin sichtbaren Gebärde und eines exaltierten Gesichtsausdruckes zur Darstellung der unterschiedlichen menschlichen Emotionen.

Die große Anzahl der damals entstandenen Altaraufsätze und auf dem Fußboden stehenden Altarrückwände ist kaum in ein Schema zu zwingen. Dominierte in der zweiten Hälfte des 17. Jh. die klare Trennung der von Säulen und zuweilen üppig auswuchernden Seitenornamenten – den «Ohren» – flankierten Geschosse mit gemalten Szenen aus dem Leben und der Passion Jesu, so bestand seit dem zweiten Viertel des 18. Jh. die Tendenz zur Zusammenfassung der einzelnen Teile zum geschlossenen architektonischen Aufbau und einer Reduktion des ornamentalen Begleitwerkes. In dieser späten Phase wurde der größte Teil der zugehörigen allegorischen Figurengruppen und Putten in die Nähe der bekrönenden Figur des auferstandenen oder zum Himmel auffahrenden Christus verwiesen, während das Hauptfeld nur noch mit wenigen gewichtigen Figuren umstellt war oder selbst eine plastische Darstellung enthielt. Zum älteren Typus mit klar getrennten Geschossen gehören beispielsweise die Altaraufsätze in Rappin, Kenz und Kirch Baggendorf, doch kann auch noch der mit zahlreichen Figuren und reichem Akanthusblattwerk dekorierte Aufsatz von 1707 in der Kirche zu Brandshagen im Kreis Grimmen hierzu gezählt werden. Demgegenüber nahm der 1668 entstandene Altaraufsatz der Bobbiner Kirche mit seinen seitlich frei stehenden Säulen den in der Kontur klareren Aufbau des jüngeren Typus voraus. Für diesen, dessen Altarrückwände oft zu monumentalen Aufbauten mit seitlichen Durchgängen und bis zur Decke reichenden Bekrönungen anwuchsen, sollen hier die Altäre in Lüssow und Trent, Niepars und Rieth genannt werden. Diese vier Altarrückwände sind in ihrem Hauptfeld mit plastisch ausgebildeten Gruppen geschmückt: Christus in Gethsemane oder am Kreuz zwischen alt- und neutestamentlichen Figuren; in Rieth ist es ein Relief mit der Darstellung der symbolischen Schlüsselübergabe an Petrus, und in Lüssow steht neben dem Kruzifix zusätzlich die Gestalt des das Kreuz im Arm haltenden und die Wundmale weisenden Triumphierenden Christus. Ebensooft wurde das Hauptfeld aber auch von einem großen Tafelbild eingenommen, wofür u. a. die Altäre in Blumberg, Nadrense und Altefähr auf Rügen zeugen, letzterer mit der Kopie des Abendmahlsbildes von Peter Paul Rubens. Die Verwendung solcher Kopien nach älteren bekannten Bildern war damals weithin üblich geworden; wahrscheinlich entstanden sie in örtlichen Malerwerkstätten, die sich dazu der in Kupferstichwerken verbreiteten Vorlagen bedienten.

Schon seit dem Ende des 16. Jh. war in den protestantischen Teilen Deutschlands vereinzelt eine Kombination von Altar und Kanzel, den zwei wesentlichsten Orten des Gottesdienstes im Kirchenraum, zu einem sogenannten Kanzelaltar vorgekommen. Den Anstoß dazu hatten theologische und architekturtheoretische Überlegungen gegeben. Nach der Mitte des 17. Jh. wurde der Bau von echten, d. h. einheitlich konzipierten Kanzelaltären, aber auch der Einbau älterer Kanzelkörbe in vorhandene oder neu errichtete Altarrückwände immer mehr üblich, so daß wir auch in unseren Dorfkirchen dafür eine schöne Anzahl typischer Beispiele besitzen. Der wohl älteste erhaltene Kanzelaltar unseres Gebietes steht in der Kirche von Putzar im Kreis Anklam und wurde bald nach der Mitte des 17. Jh. noch ganz in den Formen der Renaissance errichtet. Seine Kanzel mit hohem Schalldeckel steht hinter dem Altarblock und hat damit noch eine gewisse Selbständigkeit behalten. Dagegen ist in den im 18. Jh. entstandenen Kanzelaltären der Kanzelkorb eigentlich stets organisch in die meist als Säulenportikus ausgebildete Altarrückwand eingebunden. Unter den in der ersten Hälfte des 18. Jh. entstandenen Kanzelaltären verdienen u. a. der Altar der jetzt im Kreis Angermünde gelegenen Kirche von Casekow, die figurenreichen Altäre der Kirchen in Prerow und in Drewelow bei Anklam sowie der mit üppigem Akanthusdekor ausgestattete Altar der Kirche von Roloffshagen besondere Beachtung. In der zweiten Hälfte des 18. Jh. wurde z. B. beim Nossendorfer Altar die Vorderseite des von einem baldachinartigen Aufbau überdeckten Kanzelkorbes zugleich für das hohe Altarbild mit der Darstellung des gekreuzigten Christus verwendet, während der Kanzelaltar von Schmagerow bei Pasewalk wegen seines üppigen Akanthusdekors beachtenswert ist.

Trotz der keineswegs seltenen Kanzelaltäre überwiegt in unseren Dorfkirchen dennoch die Zahl der barocken Kanzeln, die gemäß älterer Traditionen separat aufgestellt worden waren. Bei ihnen unterlag weniger die Grundform der Kanzel mit Korb, Aufgang und Schalldeckel als vielmehr die Art ihres Dekors in den knapp 150 Jahren bis zum Ende der Barockzeit einem ständigen Wandel. – Der Aufgang zur 1667 noch in Renaissanceformen gebauten Kanzel der Kirche von Altefähr auf Rügen wurde 1674 mit einer Brüstung verkleidet, deren Felder mit in grauen Tonstufen («en grisaille») gemalten Bildern pietistisch-erbaulicher Thematik bemalt wurden. Solche Bilder begegnen uns in der Folgezeit bis zum Ende des 18. Jh. immer wieder, besonders an Gestühl- und Emporen-

brüstungen, und dienten auf ihre Weise zur geistlichen Besinnung der Gemeindeglieder. Die Bekrönung des Schalldeckels ist wahrscheinlich erst zur Zeit des Aufbaus der Altarrückwand um 1740 hinzugekommen. – An der 1702 entstandenen, außerordentlich reich verzierten Kanzel der Kirche von Groß Mohrdorf bei Stralsund wurden zwar die von den Renaissancekanzeln bekannten Säulchen vor den Ecken des Korbes beibehalten, aber in gewundene Säulen umgewandelt. Zudem ist die gesamte Kanzel mit einem sehr aufwendigen und feinformigen Akanthusdekor überzogen, und in die Brüstungsfelder des von einer Mosefigur getragenen Kanzelkorbes, des Aufgangs und des von einer Marienfigur bekrönten, hohen Schalldeckels sind Reliefs mit Szenen aus dem Alten Testament und dem Leben Jesu sowie eine Vielzahl vollplastischer Figuren eingesetzt worden. So kann diese Groß Mohrdorfer Kanzel ganz sicherlich zu den bedeutendsten barocken Ausstattungsstücken unserer Dorfkirchen gezählt werden. – Im Prinzip verwandt, wenn auch bescheidener im Dekor, ist beispielsweise die 1723 entstandene Kanzel der Kirche in Schaprode, deren Brüstungsfelder jedoch anstelle des plastischen Schmuckes mit kleinen, auf das Predigtamt und die Reformation bezogenen Szenen bemalt sind. Auch hier begegnen wir wieder einer der im 17. und 18. Jh. oft vorkommenden Petrusfiguren als Kanzelträger, und als Schmuckelement wird – wenn auch sparsam – der in der ersten Hälfte des 18. Jh. allgemein übliche Akanthus verwendet, der besonders üppig u. a. an den Kanzeln der Kirchen in Vilmnitz auf Rügen und Friedrichsruh im Kreis Angermünde angewandt wurde. Einen anderen Typus vertritt die um 1710 gebaute Kanzel der Kirche von Kunow im Kreis Angermünde, die stets ohne farbige Fassung war und der nur eingelegte dunklere Holzleisten bzw. schwarze polierte Ecksäulen ein repräsentatives Aussehen verliehen. Dabei behielten die meisten Kanzelkörbe noch bis zur Mitte des 18. Jh. ihre polygonale Grundform, während am Schalldeckel zu den ornamentierten Giebelstücken noch die Strebekrone hinzukam, die oft von einer Figur des Triumphierenden Christus bekrönt wird. Eine Abwandlung des polygonalen Kanzelkörpers zugunsten eines anderen Grundrisses wurde im allgemeinen erst in der zweiten Hälfte des 18. Jh. im Zusammenhang mit der Verwendung von Rocaillendekor üblich. Frühe, noch vor der Mitte des Jahrhunderts entstandene Beispiele hierfür bieten die Kanzeln der Kirchen von Rieth im Kreis Ueckermünde, in Gingst auf Rügen und Eixen im Kreis Ribnitz-Damgarten. Die schöne Kanzel in Poseritz hat der Stralsunder Meister Jacob Freese im Jahre 1755 geschaffen. Von Freeses Sohn Nathanael stammt die 1784 entstandene Kanzel der Kirche von Gustow auf Rügen, die schon ganz im Stil der Zopfzeit gestaltet ist und mit ihrem aus Bildmedaillons, Schleifen und Bändern bestehenden

Zierat der wohl etwas jüngeren, noch stattlicheren Kanzel der Kirche von Glewitz bei Grimmen verwandt ist. Die Szenen aus dem Leben Christi darstellenden Tafelbilder an der Brüstung der Glewitzer Kanzel sind im Grunde genommen schon selbständige Kunstwerke und bezeichnen einen Wendepunkt auf dem Entwicklungsweg der Kanzel, der nun im 19. Jh. über sehr nüchterne klassizistische Formen zur Neugotik hinführte.

Neben Altar und Kanzel war die Taufe eines der wichtigsten Inventarstücke der Kirchen geblieben, und dort, wo die Beschaffung eines neuen Stückes erforderlich schien, ließ man es nicht an der Aufwendung der nötigen Geldmittel fehlen. Das monumentalste Stück dieser Art hat die Prerower Kirche mit dem um 1740 fertiggestellten Taufgehäuse aus der Werkstatt des Stralsunder Meisters Michel Müller erhalten. Es ist mehr ein tabernakelartiger Tempel des Taufaktes, gebildet aus einer kreisrunden Brüstung mit durchbrochen geschnitztem Blumen- und Rocaillendekor und vier Engelhermen, die wie Karyatiden das Gehäusedach tragen. Das Dach besitzt ein über den Hermen verkröpftes, kräftig profiliertes Gebälk und wird von einer großen Engelwolke und dem Triumphierenden Christus bekrönt; in diesem Gehäuse steht dann der eigentliche Taufständer aus Holz mit vier geflügelten Engelköpfchen an der Kuppa und einer Engelwolke mit Gottvater am darüber hängenden Deckel. Das Vorbild für dieses Taufgehäuse war mit Sicherheit die noch weitaus größere Taufkapelle in der Stralsunder Nikolaikirche, deren künstlerische Qualität zumindest die Engelstelen der Prerower Taufe erreichen. Sonst begnügte man sich mit als «Taufengel» ausgebildeten Figuren, die entweder auf dem Erdboden standen oder schwebend angebracht waren. Allgemein üblich wurden auch frei stehende Taufständer, die stets einen kräftigen Fuß besaßen und mit dem unterschiedlichsten Dekor ausgestattet waren. Schwebende Taufengel besitzen z. B. die Kirchen in Prohn bei Stralsund und Wartin im Kreis Angermünde, stehende Taufengel die Kirchen in Schlatkow, Lüssow bei Greifswald und Gustow auf Rügen. Solche Taufengel waren ursprünglich in sehr vielen Dorfkirchen zu finden, sind dann aber außer Gebrauch gekommen, verdorben und schließlich leider auf die Dachböden verbannt worden.

Drei Typen der stets reich dekorierten barocken Taufständer vertritt eine Reihe von Taufen in Rügenschen Dorfkirchen: In der Kirche zu Trent hat der 1753 entstandene dreiseitige, blockhaft-massive Taufständer als Dekor geflügelte Engelköpfe erhalten, in Gingst wurde ein im Aufbau gut vergleichbarer Taufständer hingegen mit den Wappen der Stifter verziert; in Wiek ist der 1730 gefertigte Taufständer sogar mit den Porträtmedaillons der Stifter geschmückt, und die Taufe der Kirche von Schaprode wird anstelle des

Schaftes von einer vollplastischen Schnitzgruppe der Taufe Jesu durch Johannes den Täufer im Jordan getragen. Derartige, unmittelbar auf die Feier der Taufe bezogene Stücke sind in unseren Dorfkirchen allerdings selten geworden. Neben den oft dramatischen Schaustellungen barocker Skulpturenszenerien an Altarwänden und Kanzeln und den beim Taufakt dienenden Engelfiguren ist in unseren Dorfkirchen aus jener Zeit auch eine Anzahl von unterschiedlich großen, hölzernen Kruzifixen erhalten geblieben.

Der lebensgroße, sehr qualitätvolle Kruzifixus in der Kirche von Medrow bei Demmin wird kaum in einer einheimischen Werkstatt entstanden sein und erinnert an entsprechende Stücke in fränkischen Kirchen. Weitaus weniger kunstvoll sind dagegen zwei kleinere Kruzifixe in den Kirchen von Rathebur und Levenhagen. Das Antlitz des seiner farbigen Fassung beraubten Ratheburer Christus ist bei allem Ungeschick in der Gestaltung des übrigen Körpers von großer Ausdruckskraft und war wohl ursprünglich mit einer natürlichen Dornenkrone geschmückt. Das aus Hohenbollentin stammende Kruzifix in Levenhagen muß man wohl als ein Werk der Volkskunst betrachten, doch als solches ist es in seiner primitiven Expressivität sehr eindrucksvoll und ein schönes Zeugnis pommerscher Bauernkunst.

Zu welcher bedrängenden Fülle barocker Gestühle, Emporen und Patronatslogen von oft eigenwilliger Ausbildung es zuweilen ursprünglich in den Kirchen gekommen sein mag, läßt sich heute kaum noch ermessen. Vor allem dort, wo in einem Kirchspiel mehrere Gutsdörfer lagen, schuf sich jede am Patronat beteiligte Gutsherrschaft ein eigenes Gestühl oder eine Loge, die in Größe und zur Schau gestelltem Aufwand diejenigen des Nachbarn möglichst übertrumpfen sollten, und nahm in der Wahl des Aufstellungsortes nur selten auf die Architektur des Raumes und die älteren Ausstattungsstücke gebührende Rücksicht. Von späteren Generationen, die darin eine ungerechtfertigte Einengung des der Gemeinde zustehenden Raumes sahen, wurde dann mancher handwerklich vorzüglich gearbeitete, reich dekorierte Einbau zur Seite gestellt oder vernichtet, so daß der heutige Eindruck der zur Zeit des Barocks neu ausgestatteten Kirchen oft bei weitem nicht mehr die ursprüngliche Konzeption wiedergibt. – Für den farbigen Anstrich der hervorgehobenen Stücke wurden damals Weiß, Schwarz und Gold, zuweilen auch rot-graue oder schwarz-weiße Marmorierungen bevorzugt, während man sich bei dem übrigen Mobiliar meistens mit einem schlichten grauen oder braunroten Farbton begnügte. Aus der Fülle der bisher in unseren Dorfkirchen erhalten gebliebenen barocken Gemeindegestühle sollen hier nur das sehr schlichte Gestühl in der Gingster Kirche und das mit zahlreichen frömmigkeits- und kulturgeschichtlich interessanten emblematischen Bildern bemalte Gestühl in der Kirche von Kunow im Kreis Angermünde genannt werden. Auch die Brüstungen der Emporen waren ursprünglich sehr häufig mit Tafelbildern oder gemaltem Dekor geschmückt, doch blieb davon leider nur ein kleiner Teil bis heute unversehrt erhalten. Beispiele dafür sind in den Kirchen von Casekow, Züssow und Putzar zu finden, wobei die Westempore in Putzar auf vier aus der Wussekener Kirche übernommenen, mächtigen Negerfiguren ruht. Ebenfalls in Putzar stehen ein stattliches Kastengestühl und zwei mit Fenstern verschließbare Logen zu ebener Erde, wie sie – nicht ganz so aufwendig – auch im Chor der Gingster Kirche und in der Kirche von Rothenklempenow im Kreis Pasewalk zu finden sind, zudem in den verschiedensten Modifikationen und Funktionen noch in sehr vielen anderen Dorfkirchen vorkommen.

Obwohl Epitaphien von bemerkenswerter künstlerischer Qualität in der Barockzeit fast ausschließlich in den großen Stadtpfarrkirchen zu finden sind, haben sich vor allem die als Kirchenpatrone fungierenden adeligen Gutsherren in den Dorfkirchen doch auch manches solide gearbeitete, zuweilen mit gutem Geschmack und schöpferischer Phantasie gestaltete Epitaph setzen lassen. In der Regel sind diese Epitaphien in Tischlerwerkstätten entstanden und nach einem fast kanonisch zu nennenden Schema mit figürlichem Dekor ausgestattet worden. Zahlreiche dieser aus Holz oder Stein plastisch gearbeiteten Epitaphien bestehen einfach aus einer mit Akanthuslaubwerk oder kriegerischen Trophäen gerahmten Wappenkartusche und der meistens darunter angebrachten Inschrifttafel mit der Laudatio für den Verstorbenen, wobei auch hier figürlicher Schmuck in Gestalt von Putten, Genien und Tugendallegorien o. ä. selten fehlte. Wie u. a. die in den Jahren 1676/77 entstandenen Epitaphien zweier Herren v. Owstin in Quilow bei Anklam, drei für Angehörige der Familien v. d. Lanken, v. Bohlen und v. Platen aus der Zeit von 1701 bis 1727 in Wiek und ein weiteres, nach 1729 geschaffenes für J. V. Jäger in der Kirche von Niepars beweisen, blieb das Wappenepitaph von der zweiten Hälfte des 17. Jh. bis zur Mitte des 18. Jh. ständig in Mode. Von den genannten Epitaphien ist das für J. v. Jäger durch zwei auf den Ecken der Inschrifttafel sitzende, geflügelte langbärtige Männer, von denen der eine ursprünglich wohl Chronos darstellen sollte, und eine Muschel mit dem Totenschädel ganz an die im 18. Jh. übliche Thematik solcher Erinnerungsmale angeschlossen. Andere, noch aufwendiger gestaltete Epitaphien tragen als zentrales Motiv die Reliefbilder oder Porträtbüsten der Verstorbenen, sind aber im übrigen etwa von der gleichen Größe und Ausstattung. Das älteste Beispiel dieser Art in unseren Dorfkirchen ist wohl das 1687 für Ulrich Kisow gestiftete Epitaph in der Kirche von Elmenhorst bei Grimmen. 1706 entstand das mit einer schönen Porträtbüste des J. C. v. Behr ausgestattete

Epitaph in der Kirche von Semlow, ein Werk des Rostocker Meisters Christian Hartig, im Jahre 1722 das aus Sandstein gearbeitete Epitaph für ein Ehepaar v. Königsheim, das die beiden Verstorbenen im Zeitkostüm darstellt und von einem reichen Rahmenarrangement aus Akanthuslaub und Trophäen umgeben ist. Als eines der jüngsten, besonders eigenartigen Epitaphien mag hier noch das in der Kapelle von Pustow bei Demmin genannt sein. Es besteht aus einem auf hohen Säulen ruhenden Sarkophag mit dem Reliefporträt des hier Bestatteten, einem darüber angebrachten Familienwappen des 1744 verstorbenen E. C. v. Scheelen sowie der Inschriftkartusche. – Freilich gab es auch Totenmale mit einem mehr oder weniger reich gerahmten Tafelbild. Zwei von ihnen, das 1676 für Anna Kluke gestiftete Epitaph in der Kirche von Trent, auf dem in Anlehnung an eine ältere Tradition die Familie vor dem Kruzifixus kniend dargestellt ist, und ein 1711 für Elisabeth Reimer als Epitaph gedachtes Tafelbild mit der Darstellung des von Christus in Empfang genommenen Mädchens, können die damals gegebenen Möglichkeiten andeuten. Ebenfalls als eine Art Epitaph kann schließlich wohl auch die mit dem Familienwappen und einer gereimten Widmungsinschrift bemalte Tür zur Gruft der Familie Fürstenberg in der Kirche von Groß Bünzow angesehen werden.

Wieviel handwerkliches Können und schöpferische Phantasie gerade in den Bau barocker Orgelprospekte investiert wurden, lassen auch die Instrumente kleinerer Kirchen erkennen. Einen sehr schön Prospekt besitzt z. B. die Orgel der Kirche in Gingst, deren Werk 1790 der Stralsunder Orgelbauer Friedrich Kindten schuf, der zugehörige Prospekt stammt von Nathanael Freese. Ein Vorfahre F. Kindtens baute 1795 die Orgel in Sagard, deren Prospekt jedoch schon stilistische Anklänge an das Empire zeigt und deshalb wohl gegen Ende des 18. Jh. ausgewechselt oder zumindest stark verändert worden zu sein scheint. Im Kreis Angermünde blieben in der Kirche von Wartin eine 1745 von C. Friedrich Voigt gebaute Orgel und in der Kirche von Blumberg der Prospekt und die zugehörige Empore einer Orgel erhalten, die 1773 entstand, umgebaut und später aber ausgebaut worden ist. Alle diese Orgeln sind oder waren ihrer Disposition nach Instrumente des Spätbarocks und als solche mit kräftig betonten und vor die Flucht der übrigen Teile tretenden Pedaltürmen ausgestattet.

Da die Tafelmalerei an den Brüstungen der Kanzeln, Emporen und Gestühle mit wenigen Ausnahmen die Aufgabe der geistlichen Belehrung und Erbauung hatten und ihrer künstlerischen Qualität nach meistens doch recht provinziell waren, wofür die reizvollen Tafelbilder an den Emporenbrüstungen der Kirchen von Züssow und Putzar zwei schöne Beispiele sind, konzentrierte sich die Verwendung von auf Leinwand gemalten Ölbildern vor allem auf die Altarrückwände. Thematisch folgten sie in der Regel dem von den Renaissancealtären vorgebildeten Kanon und stellten Abendmahl, Kreuzigung, Kreuzabnahme, Auferstehung oder Himmelfahrt Christi dar. Die Altarbilder von Wusterhusen aus der Mitte des 17. Jh. und von Storkow, das um 1700 entstand, sollen hier für viele vergleichbare Bilder genannt sein. Wie das Bild mit dem Haupt des Johannes in der Kirche zu Damitzow, ein Ecce-homo-Bild in der Kirche von Rathebur und das noch in der zweiten Hälfte des 17. Jh. entstandene prachtvolle Bild der Madonna mit dem Kind in der kleinen Schloßkapelle von Ludwigsburg zeigen, blieben aber auch solche Bilder in den Dorfkirchen erhalten, die unabhängig von jeder weiteren Bindung an Altarwände oder Epitaphien dort aufgehängt worden waren oder in diese Kirchen nachträglich hineingekommen sind. Ließen sich Kirchenpatrone oder Pastoren porträtieren, so geschah dies meistens durch Maler, die mehr Handwerker als Künstler waren. Deshalb schauen die Dargestellten oft etwas steif und unnahbar auf den Betrachter herab, und ihr Abbild wird manchmal durch eine erläuternde Inschrift oder Unterschrift zum bescheidenen Epitaphium.

Repräsentative Deckengemälde im landläufigen Sinne haben sich in den Kirchen nicht erhalten und waren dort wohl auch niemals vorhanden. Dafür gibt es einige mit Ornamenten oder kleineren Bildmedaillons, in Ausnahmefällen mit über die ganze Fläche verteilten Bildmotiven bemalte Bretterdecken, die durch ihren farblichen Reiz den von ihnen überdeckten Raum zuweilen erheblich bereichern. Ein schönes Beispiel hierfür ist die Decke der Kirche in Kreuzmannshagen bei Grimmen, in deren Mitte das Bild des aus einem Wolkenkranz hervortretenden Triumphierenden Christus liegt; schlechter erhalten sind leider die Putzdecke in der Nehringer Kirche mit den Darstellungen der Anbetung des Christuskindes und der Auferstehung Jesu und die kürzlich entdeckten Fragmente einer großfigurigen Malerei an der Decke der Kirche zu Bobbin auf Rügen.

Aber auch bemalte Bretterdecken wie die in Putzar oder Landow, an denen Engel mit Spruchbändern zwischen kräftigen Akanthusranken oder luftigen Wölkchen schweben, gehören zu diesen reizvollen, durch undichte Dächer besonders gefährdeten Ausstattungsstücken unserer Kirchen.

Der reiche, an den Höfen der Landesherren und in den Haushalten der Gutsbesitzer entwickelte Lebensstil der Barockzeit brachte es mit sich, daß damals auch das Kunsthandwerk erneut eine hohe Blüte erlebte. Goldschmiede waren in allen größeren Städten unseres Gebietes ansässig und hatten dort in der Regel ihr gutes Auskommen. Nicht zuletzt verdankten sie das auch den Bestellungen der Kirchengemeinden, die im

Dreißigjährigen Krieg aus Edelmetall gefertigte Abendmahlsgeräte oder Leuchter eingebüßt hatten und nun neuer Stücke bedurften, die seitdem Zeugnis vom Können jener Meister ablegen.

Die silbernen Kelche bewahrten auch weiter ihre Grundform aus Fuß, Schaft und steiler Kuppa bis in das 18. Jh. hinein und ließen zuweilen gotische Reminiszenzen erkennen; nur sehr selten folgten sie im Stil des Dekors eindeutig der jeweiligen Mode. Ein 1698 entstandener Kelch in der Kirche von Luckow im Kreis Angermünde vertritt den Typ der Stücke von sehr bescheidenem Aussehen. Dagegen besitzen zwei auf 1744 datierte, aus der Werkstatt des Stralsunder Goldschmiedes S. Cemmerer stammende Kelche der Kirchengemeinde von Wiek einen Sechspaßfuß und am Schaft einen Knauf mit Rotuli wie vormals die gotischen Kelche. Der 1756 vom Greifswalder Goldschmied J. F. Metz gearbeitete Kelch in der Kirche von Kemnitz trägt am Schaft eine Anzahl von Wirteln, während der schöne kleine Kelch der Kirche von Kasnevitz auf Rügen mit getriebenem Rocaillendekor am Fuß und der halbkugeligen Kuppa neue, die Tradition verlassende Wege beschritt. Dieser Weg wurde dann beispielsweise mit dem aus der Zeit um 1820 stammenden, im Stil des Empire dekorierten Kelch der Kirche von Petershagen weiter verfolgt, bis er u. a. in den beiden auf das Jahr 1841 datierten Wusterhusener Kelchen mit Weinlaub- bzw. Palmettendekor am Schaft und der becherförmigen Kuppa einen vorläufigen Endpunkt fand.

Zwei in die Kirchen von Bobbin und Wiek gehörende silberne Kannen von 1697 und 1752 sind unter der Ausgußtülle mit dem Allianzwappen der Stifter verziert und bezeugen auf diese Weise den Anspruch der Kirchenpatrone, sich auch im Kirchengerät ein bescheidenes Denkmal zu setzen. Die Bobbiner Kanne mit dem sparsamen, als flaches Relief dem birnenförmigen Körper aufgelegten Akanthusdekor besticht vor allem durch ihre schön gerundeten, organisch ineinander übergehenden Formen, und die Wieker Kanne mit mehr bauchigem Körper ziert ein aufgelötetes kleines Kruzifix; ihr in der äußerlichen Gestalt nahe verwandt ist die wohl rund sieben Jahrzehnte jüngere, aus der ersten Hälfte des 19. Jh. stammende silberne Taufkanne der Kirche von Kemnitz. — Drei Oblatendosen mit schönem graviertem Dekor auf den Deckeln sind u. a. in den Kirchen von Hohenreinkendorf, Ranzin und Altenkirchen erhalten geblieben.

Wenn schon nicht aus edlem Metall gefertigt, so doch aber in Form und Dekor den aus Goldschmiedewerkstätten stammenden Kirchengeräten ebenbürtig sind die Leuchter, Schalen, Kelche und Kannen aus Zinn, die sich gerade im 17. und 18. Jh. als stabiles und zugleich formschönes Gerät großer Beliebtheit erfreuten.

Die Kirche in Wiek besitzt mit einem inschriftlich auf 1712 datierten Kelch einen der ältesten erhaltenen Zinnkelche unseres Gebietes. Auf dem niedrigen runden Fuß und einem kurzen Schaft sitzt die glockenförmige Kuppa mit der Inschrift «Calix Wicensis 1712»; auch der zugehörige Oblatenteller, die Patene, ist aus Zinn. Aus der zweiten Hälfte des 18. Jh. stammt der im übrigen ganz ähnlich gestaltete zinnerne Kelch der Kirche in Dersekow bei Greifswald, und aus dem 19. Jh. ist u. a. der kleine Kelch der Kirchengemeinde von Behrenhoff auf uns gekommen. Demgegenüber sind Taufkannen und -schalen aus Zinn aus dem 18. Jh. wohl nirgends erhalten geblieben, während entsprechende Stücke aus der ersten Hälfte des 19. Jh. mehrfach zu finden sind. Die Gestalt eines Lekythos, d. h. einer antiken schlanken Kanne mit niedrigem und dünnem, trichterförmigem Hals, ahmt die 1839 entstandene Taufkanne der Kirche in Groß Zicker nach, und in den Formen des Empirestils ist die der Kirchengemeinde von Weitenhagen aus dem Anfang des 19. Jh. gestaltet. Die Taufkanne der Kirche des bei Greifswald gelegenen Dorfes Neuenkirchen besitzt einen bauchigen Körper mit rosettenartiger Fächerung unter dem Boden, und im Rügenschen Dorf Neuenkirchen ist sie walzenförmig wie ein Krug des 17. Jh., wobei die beiden Kannen erst im zweiten Viertel des 19. Jh. entstanden. – Unter den in der Regel runden Taufschalen und Schüsseln aus Zinn ist in unserem Gebiet nicht eine von besonderer Bedeutung; die mit zwei Henkeln und einem zarten Wellendekor an der steilen Wandung versehene Schale der Kirche von Kemnitz und der schlichte Teller mit der Inschrift «Lasset die Kindlein zu mir kommen» in der Kirche von Altefähr auf Rügen charakterisieren die üblichen Typen.

Vielfältiger ist indessen die Gestalt der aus Zinn gegossenen Altarleuchter in den pommerschen Dorfkirchen, die oft dem Vorbild gegossener oder getriebener silberner Leuchter folgte. Der im 18. Jh. meistens balusterförmige Schaft mit ausladendem Tropfteller besitzt entweder einen runden und einfach gewölbten Fuß, wie er an den Leuchtern der Kirchen von Wusterhusen und Groß Kiesow vorkommt, oder aber dreiseitige Sockel mit Löwen- oder Krallenfüßen und oft sehr reichem reliefiertem Dekor. Als Beispiele für diesen aufwendigeren Typ sollen die Leuchter der Kirchen von Katzow und Wiek aus der Zeit um 1725, die der Gingster Kirche aus der zweiten Hälfte des 18. Jh. und ein um 1800 entstandenes Leuchterpaar in der Kirche von Vilmnitz genannt sein. Stilformen des ausgehenden 18. Jh. und des Empire sind an den Leuchtern von Neu Boltenhagen und Lüssow zu finden, zu denen als formschöne Stücke auch noch die beiden kleinen Leuchter aus Volksdorf im Kreis Demmin hinzugezählt werden können.

In der Vielfalt und Originalität des Dekors und einer repräsentativen Wirkung haben die zahlreichen Altar-

leuchter, Kannen und Taufschalen aus getriebenem Messingblech oder massivem Messingguß die aus Goldschmiedewerkstätten stammenden Stücke zuweilen noch überflügelt. Besonders wirkungsvoll sind die großen Altarleuchter mit ihrem kräftigen Dekor aus getriebenen oder gepunzten Buckeln, Blüten, Blättern und Ranken an den weit ausladenden Füßen und Tropfplatten. Einen gewirtelten Balusterschaft besitzen u. a. der um 1700 entstandene Leuchter der Kirche in Wusterhusen und das besonders stattliche Leuchterpaar von 1746 in der Kirche von Gustow auf Rügen. Häufiger sind aber die meistens noch paarweise auftretenden Stücke mit gewundenen Schäften, deren Dekor sich dann vor allem auf die gewölbten Flächen von Fuß und Traufteller beschränkt. Aus der Vielzahl derartiger Leuchter mit gewundenem Schaft seien hier die der Kirchen in Kloster, Ramin und Züssow aus dem letzten Viertel des 17. Jh. genannt. Im Grunde genommen führten diese aus Messing getriebenen Leuchter die Tradition der so schon im 16. Jh. ausgebildeten Stücke fort; deshalb ist es auch nicht verwunderlich, daß der gleiche Typus auch noch an Leuchtern Verwendung fand, die in der ersten Hälfte des 19. Jh. für Dorfkirchen geschaffen und gestiftet wurden. Gleichzeitig entstanden damals aber auch schon ganz andere, aus Eisen gegossene Altarleuchter, für die das Leuchterpaar in der Kirche von Hanshagen mit stark stilisiertem Blumendekor am Schaft und urnenförmigem Aufsatz unter dem Tropfteller, die als Engelhermen ausgebildeten schmiedeeisernen Leuchter in der Kirche von Patzig oder die massiv gegossenen Leuchter mit neugotischem Maßwerk und Dekor der Kirchen in Wiek und Swantow auf Rügen, die alle aus der ersten Hälfte des 19. Jh. stammen, als typische Beispiele dienen können.

Die an den Decken hängenden vielarmigen Kronleuchter aus Messing hielten sich wiederum so sehr an die seit dem 16. Jh. üblich gewordene Form der «Flämischen Kronen», daß sie oft nur durch die eingravierte Jahreszahl ihrer Stiftung datiert werden können. Ein relativ frühes Stück aus der zweiten Hälfte des 17. Jh. ist der Kronleuchter der reich ausgestatteten kleinen Kirche in Ludwigsburg bei Greifswald mit einem den Schaft bekrönenden Landsknechtsfigürchen und Blattkrabben, Weintrauben und Masken an den acht Armen. Die übliche Form tradierten demgegenüber u. a. ein 1683 entstandener Kronleuchter in der Kirche von Gustow, ein 1702 datiertes Stück in der Kirche von Wiek und schließlich ein Leuchter von 1745 in der Kirche von Gristow bei Greifswald. Mit dem Beginn des 19. Jh. kam mit den ampelartigen Kronleuchtern in der Art der beiden in den Kirchen von Vilmnitz und Neuenkirchen auf Rügen hängenden Stücke ein völlig neuer Kronleuchtertypus auf. Er blieb jedoch nicht sehr lange in Gebrauch, weil bald danach mit den historisierenden Baustilen auch den in historisierenden Stilen gearbeiteten Ausstattungsstücken der Vorzug gegeben wurde.

Die Taufschalen aus Messing scheinen auch in der Barockzeit – soweit sie damals entstanden sind, d. h. das Widmungsdatum nicht nur eine erneute Nutzung kennzeichnet – vielfach noch in den alten Modeln getrieben worden zu sein. Jedenfalls ließen sich beispielsweise die allesamt im letzten Viertel des 17. Jh. gestifteten Schalen mit der Darstellung der Taufe Jesu oder der Verkündigung des Engels an Maria, wie wir sie in den Kirchen von Lancken-Granitz, Neu Boltenhagen und Dersekow finden, ohne weiteres auch an den Beginn jenes Jahrhunderts datieren. Das gleiche gilt für die Schale mit der ursprünglich sicherlich sehr reizvollen, nun aber stark abpolierten Darstellung des Sündenfalls im Spiegel, die in der Kirche von Grambow im Kreis Pasewalk erhalten blieb. Für die tiefen Tauf- oder Kollektenschalen, die nur auf dem breiten Rand eine Verzierung aus getriebenen Blumen und Ranken besitzen, gibt es ein schönes Beispiel wiederum in der Kirche von Rambin auf Rügen. – Aus Messing gefertigte Kannen existieren in den Dorfkirchen nur noch sehr selten. Drei in der zweiten Hälfte des 18. Jh. bzw. am Beginn des 19. Jh. entstandene Exemplare in den Kirchen von Kloster, Dersekow und Schaprode sind verhältnismäßig niedrig und stark bauchig. Zum Abendmahlsgerät der Schaproder Kirche gehört zudem eine schöne ovale Oblatendose aus Messing mit getriebenen und gepunzten Blumenornamenten mit der Jahreszahl 1685.

Mit der gelegentlichen Ausnahme von Vasen, deren Weg in die Kirchen sich in der Regel der Nachforschung entzieht, waren Kirchengeräte aus Porzellan in den pommerschen Dorfkirchen nicht zu finden. Dafür ist eine Kanne aus Fayence erhalten geblieben. Sie ist im Besitz der Kirchengemeinde von Lancken-Granitz und trägt die gemalte Darstellung Jesu am Brunnen der Samariterin. Daß dieses schöne Stück in einer Barther Manufaktur geschaffen wurde, wird angenommen, ist aber nicht mit Sicherheit zu beweisen.

Auch die Gemeinden der Barockzeit mußten ihre Toten begraben und hinterließen uns die Zeugnisse ihrer Totenehrung und ihres Totengedächtnisses. Hatten sich in der Zeit der Renaissance zumindest die Kirchenpatrone neben den aufwendigen Epitaphien auch ihre Grabplatten mit reichem ornamentalem, oft auch figürlichem Dekor versehen lassen, so finden wir seit der Mitte des 17. Jh. in den Dorfkirchen und vereinzelt auch schon auf den sie umgebenden Friedhöfen die Gräber fast ausschließlich nur noch mit solchen Platten bedeckt, die innerhalb eines ornamentalen Rahmens, in den meistens ein Totenkopf eingefügt ist, anstelle des figürlichen Dekors eine lange Inschrift zur Person des Verstorbenen trägt. Zuweilen tragen sie allerdings auch noch die als Relief oder ausgegründet wiedergegebenen Wappen der hier Begrabenen, ein

Rudiment älterer Traditionen. Als typisches Beispiel für diese Art von Grabplatten kann die auf das Jahr 1735 datierte Platte für alle Angehörigen der Familie von Krassow im Chor der Gingster Kirche gelten. – Wenn auf den Friedhöfen auch sehr vereinzelt kleine Grabmonumente vorkommen, wie das für die 1803 verstorbene Caroline Adlersträhle auf dem Friedhof von Patzig oder der 1810 errichtete gußeiserne Obelisk für Friedrich Hollander auf dem Friedhof zu Weitenhagen, so ist das wirklich charakteristische Grabmal unseres Gebietes vom 18. Jh. bis in das dritte Viertel des 19. Jh. hinein die aus Kalkstein oder Granit gebrochene schlanke Grabstele gewesen. Als Vorbilder kommen einmal die antiken griechischen Grabstelen, zum anderen aber wohl auch die mittelalterlichen Mordwangen in Frage, die am Ort der Bluttat aufgerichtet wurden. Eine Reihe solcher Mordwangen ist erhalten geblieben. Sie stehen in der Regel allerdings nicht mehr an ihrem ursprünglichen Ort, sondern sind auf die Friedhöfe versetzt worden. Sie wurden gelegentlich im 18. Jh. – wie die Gingster Mordwange zeigt – als Grabstelen erneut benutzt. Die Stelen des 18. und 19. Jh. sind auf der Vorderseite mit den Angaben zur Person, auf der Rückseite mit einem Sinnspruch oder -gedicht geschmückt und nur selten ohne symbolischen oder auf das Lebenswerk des hier Bestatteten bezogenen Dekor in den sehr vielfältig gestalteten oberen Abschlußfeldern geblieben. Als Schmuckformen dominieren, dem Zeitgeschmack entsprechend, allegorische Darstellungen. Geflügelte Engelköpfchen, Urnen, gesenkte Fackeln, eine auf- beziehungsweise untergehende Sonne, Sterne, die Krone als Zeichen für den verheißenen himmlischen Lohn, eine Sense mit abgemähten Ähren als traditionelle Veranschaulichung des biblischen Gleichnisses für das Jüngste Gericht, eine junge umgebrochene Eiche, die Sanduhr, Totenköpfe, zwei verschränkte Hände, ein Herz, aus dem heraus eine Rose erblüht, welkende Blumen, Rundtempel, ein offener Sarg mit Kreuz und Siegesfahne, das «Auge Gottes», ein Anker als Sinnbild des Glaubens und anderes mehr läßt sich auf diesen Steinen entdecken. Auf den Beruf des Verstorbenen wird z. B. durch eine Brezel, einen Schuh oder das Rad für den Müller hingewiesen. Besonders sind in diesem Zusammenhang die Schiffsdarstellungen. Sie bezeichnen vielfach nicht nur den Beruf des hier Beerdigten, sondern schmücken auch die Gedenksteine für die bei Schiffsuntergängen in der Fremde Ertrunkenen. Zumindest ein Teil der Stelen ist ursprünglich bemalt gewesen, was nicht nur die Schrift oder die allegorischen Zutaten betrifft. In der Görminer Kirche zeigt der untere, nicht abgetretene Teil einer als Fußbodenplatte verwendeten Stele eine gemalte Rosengirlande. Die Farbenfreude, die sich an den Gräbern heute nur in der Blumenbepflanzung zeigt, schloß früher oft auch die Grabsteine ein. Meistens stehen diese Grabsteine oder -stelen nicht mehr an ihrem ursprünglichen Ort, doch ist die Zahl der auf den einzelnen Friedhöfen noch erhalten gebliebenen Stücke oft erstaunlich groß. Zum Beispiel sind auf dem Friedhof von Altenkirchen die schönsten Stelen neu aufgestellt worden, aber auch anderenorts, u. a. in Neuenkirchen auf Rügen, Kloster auf Hiddensee, Wotenik bei Demmin und in Prerow, ist noch eine große Anzahl zu finden, von denen die in Prerow mit originellen und kulturhistorisch aufschlußreichen maritimen Motiven in den Bekrönungen ausgeschmückt sind. – Ein Teil der Gräber war allerdings auch mit schmiedeeisernen Grabkreuzen von z. T. frappierend naiver Machart, in anderen Fällen allerdings auch von hervorragender handwerklicher Qualität besetzt, die bis in die zweite Hälfte des 19. Jh. hinein alte volkskundliche Symbolik tradierten. An einem leider defekten schmiedeeisernen Grabkreuz aus dem Jahre 1801 schwebt ein Engel mit einem Siegeskranz herbei, um den Verstorbenen nach vollbrachtem Lebenslauf zu bekrönen. Ein bescheideneres Grabkreuz auf dem Friedhof von Rubkow bei Anklam ist dafür besser erhalten und läßt ahnen, welche Vielfalt an Motiven in diesen volkstümlichen Grabmalen ihren Ausdruck gefunden haben werden, bevor man dann später zur stereotyperen Gestalt der großen Kreuze aus Gußeisen überging, von denen wiederum eine gute Anzahl als Zeugnisse der Kontinuität von Leben und Tod in den Gemeinden vormals und heute erhalten geblieben sind.

Von den Dorfkirchen im 19. Jahrhundert und in unserer Zeit

Man wird kaum behaupten dürfen, daß die Zeit der nationalen Einigung aller deutschen Patrioten gegen die Heere und die Machtansprüche des französischen Kaisers Napoleon I. in den ersten beiden Jahrzehnten des 19. Jh. besonders bemerkenswerte Spuren im nordostdeutschen Gebiet und in seinen Kirchen hinterließ. Allerdings hatten auch hier Land und Leute unter den Drangsalen und Forderungen der französischen Besatzung mehr als genug zu leiden. Wo die Dorfkirchen durch die Einquartierung von Mannschaften und Pferden oder das Lagern von Waffen und Proviant profaniert worden waren, bedurfte es nach dem Abzug der napoleonischen Truppen in den meisten Fällen umfangreicher Instandsetzungsmaßnahmen, um das Gotteshaus wieder in einen würdigen Zustand zurückzuversetzen. Geschah dies nicht sogleich, sondern erst um die Mitte des 19. Jh. oder später, so war in den gotischen Kirchen oft der Verzicht auf die nun als vermeintliche Zeugnisse «fran-

zösischen Geistes» nicht mehr geschätzten barocken Ausstattungsstücke verbunden, an deren Stelle dann ein neue «gotische» Ausstattung trat.

Immerhin entstanden in der ersten Hälfte jenes Jahrhunderts einige wenige kleine Kirchengebäude und Kapellen von teilweise recht eigenwilliger Gestalt. Am Beginn dieser Reihe steht die den jahrhundertealten Typus des Zentralbaus aufgreifende achtseitige Kapelle mit sehr flachem Zeltdach, die der damals in Altenkirchen amtierende Pfarrer Ludwig Gotthard Kosegarten seit 1806 auf dem Hochufer über dem Fischerdorf Vitt am Nordende Rügens aufrichten ließ. Hier fanden bei schlechtem Wetter Kosegartens Strandpredigten statt, und noch heute sind mehrmals im Jahr an diesem Ort Menschen zum Gottesdienst versammelt. Der in Wolgast geborene Maler Philipp Otto Runge hatte den Auftrag erhalten, für den Altar der Kapelle ein Bild mit der Darstellung des auf dem Meer wandelnden und den in den Wellen versinkenden Petrus errettenden Christus zu malen. Das Original dieses Bildes ist nicht fertig geworden und heute in der Kunsthalle von Hamburg zu finden; seine Kopie hat indessen seit einigen Jahren den vorgesehenen Platz in der Vitter Kapelle erhalten. Besitzt die Gestalt dieser Kapelle gleichsam zeitlosen Charakter, so folgt die der Kapelle in Vorbein bei Demmin dem Vorbild barocker Kirchengebäude. Der Reiz des schlichten rechteckigen Putzbaus mit hohem Walmdach und Segmentbogenfenstern besteht vor allem in seiner dominierenden Lage inmitten des von einer Feldsteinmauer umgebenen und durch ein schönes Rundbogenportal zu betretenden Friedhofes. Daneben tradiert die 1845 gebaute Sobecksche Gruft auf dem Friedhof des Dorfes Zemmin, ein von dorischen Säulen umstellter achteckiger Putzbau mit kräftigem Architrav und Kuppeldach, klassizistische Formen, wie sie anderenorts schon zu Beginn des Jahrhunderts üblich waren. Doch auch die Kapelle von Koblentz im Kreis Pasewalk, vormals das Mausoleum der Familie von Eickstädt und erst 1872 errichtet, ist noch ein spätklassizistischer Bau und beweist einmal mehr, wie sich im 19. Jh. die Baustile oft unvermittelt nebeneinander erhielten.

Standen diese spätklassizistischen Kapellen- und Mausoleumsbauten mehr oder weniger in der Tradition einer mit dem antiken Vorbild das Rationale betonenden Architekturgesinnung, so war der neugotische Baustil in Deutschland zumindest in den ersten Jahrzehnten des 19. Jh. eindeutig das Ergebnis einer sehr allgemeinen romantischen Rückbesinnung auf das Mittelalter als einer Zeit frommer und ehrenfester Gesinnung, aber auch größerer nationaler Einheit und Macht. In ihm war sozusagen die Abkehr von den in den Ereignissen der Französischen Revolution gipfelnden Ideen des Rationalismus und der Aufklärung architektonisch wirksam geworden. – Karl Friedrich Schinkel, dessen architektonisches Schaffen die deutsche

Baukunst im 19. Jh. ganz wesentlich prägte, war hier einer der ersten, der den gotischen Baustil für mehrere seiner Kirchenentwürfe und -bauten wieder aufgriff. Von seinen Schülern Ludwig Persius und August Stüler stammen die beiden Dorfkirchen in den um die Mitte des 19. Jh. aufblühenden Seebadeorten Heringsdorf und Zingst. Für das am Südende der Insel Usedom gelegene Heringsdorf entwarf der vor allem im Dienst des preußischen Königs Friedrich Wilhelm IV. stehende Oberbaurat Persius eine 1848 fertiggestellte hohe Saalkirche aus Backstein mit polygonaler Apsis, schlankem seitlichem Turm und einer Turm und Schiff umgreifenden nordwestlichen Vorhalle, die einen weiten Blick auf das Meer und die Insel bot. Das Gemälde in der neugotischen Altarwand stellt die Grablegung Christi dar und ist die Kopie eines Bildes des flämischen Malers Anthonis van Dyck, eine in Dorfkirchen nicht selten genutzte Möglichkeit zur künstlerisch aufwendigeren Gestaltung der Altarwand. Für die 1862 in Zingst auf dem Darß errichtete Kirche schuf der damalige preußische Ministerialbaurat und Dezernent für alle Kirchenfragen August Stüler die Pläne. Auch sie besitzt ein schlankes Schiff mit polygonaler Apsis, und ihre Staffelgiebel sind mit reichgegliederten Wimpergen besetzt; einen Turm hat diese Kirche allerdings nicht erhalten. Aus der Mitte des Jahrhunderts stammt noch der 1856 errichtete bescheidene Backsteinbau einer Kapelle in Tantow bei Angermünde, im übrigen sind die weiteren neugotischen Dorfkirchen unseres Gebietes aber erst im letzten Viertel des Jahrhunderts entstanden. Die Johanniskirche in Saßnitz z. B. wurde 1881 gebaut, die Kirche von Zinnowitz 1895. Beide Kirchen besitzen wiederum schöne blendengegliederte Giebel und einen schlanken Turm, der bei der Saßnitzer Kirche ähnlich wie in Heringsdorf an die Nordwestecke der Kirche gestellt ist. Demgegenüber erweckt die Zinnowitzer Kirche mit polygonaler Apsis und kräftigen Strebepfeilern auf den ersten Blick den Eindruck eines mittelalterlichen Gebäudes, der durch das Erscheinungsbild des Innenraumes mit seiner zeltartigen Holzdecke und der Elemente des Barockstils aufgreifenden reichen Ausstattung allerdings wieder rasch verwischt wird.

Seit der Mitte des 19. Jh. wurden aber auch zuweilen an mittelalterlichen gotischen Kirchen die bisher fehlenden westlichen Glockentürme nachträglich angefügt, wie es beispielsweise 1842 an der Kirche von Kemnitz und wenig später an der Kirche von Prohn im Kreis Stralsund geschah. Dabei ist in Prohn dem alten, nur bis zur Traufe des Schiffes ausgeführten Turm ein neuer mit nach außen geöffneten Seitenhallen vorgesetzt worden. Die kleine Feldsteinkirche des Dorfes Radekow im Kreis Angermünde erhielt am Ende des 19. Jh. sowohl einen Glockenturm als auch eine Apsis aus Backstein. Auf diese Weise haben zahlreiche Dorfkirchen unseres Gebietes im 19. Jh. durch die unterschiedlichsten Anbauten, die Vergrößerung der Fenster oder den Einbau von reich differenziertem, gußeisernem Maßwerk in die alten Fensteröffnungen, wie es u. a. in der Kirche von Poseritz geschah, nachträglich eine architektonische Aufwertung erfahren, die aber zuweilen leider auch den ursprünglichen Charakter dieser Dorfkirchen merklich entstellte.

Das gilt freilich weniger für die Innenräume jener Dorfkirchen, deren damals vielfach erneuerte einheitliche Ausstattung mit neugotischen Altarwänden, Kanzeln, Orgeln, Emporen und Gestühlen bis hin zu den Glasmalereien der Fenster und den Leuchtern zwar den uns heute schmerzlich erscheinenden Verlust älterer – meist barocker – Stücke zur Folge hatte, dem Interieur des Kirchenraumes aber seine ursprüngliche Geschlossenheit zurückgewann. Andererseits können zuweilen auch einzelne, nachträglich in einen älteren Zusammenhang gestellte Ausstattungsstücke wie beispielsweise die aus Brettern gebaute klassizistische Kanzelaltarwand mit seitlichen Schranken in der Kirche von Volksdorf bei Demmin oder der eine kleinere Kopie der «Sixtinischen Madonna» Raffaels rahmende klassizistische Altaraufsatz der Kirche von Meierstorf im Kreis Pasewalk eine originelle oder reizvolle Bereicherung des Interieurs darstellen. –

Ein speziell in den unmittelbar an der Ostseeküste gelegenen Kirchen vorkommendes Ausstattungsstück sind die sogenannten «Votivschiffe», naturgetreue Modelle vormals die Meere befahrender Schiffe. Sie hängen dort, wo Kapitäne, Schiffer und Fischer wohnten und wohnen, und waren ursprünglich als Dankesgabe nach Errettung aus Seenot oder der Bewahrung vor solchem Unglück gebaut und gestiftet worden. Später sind es dann oft auch nur Geschenke der Erbauer an die Kirche gewesen, zu deren Gemeinde sie meistens von der Taufe bis zu ihrem Tode gehörten. Ob die in der Kirche von Garz im Kreis Wolgast hängende schöne Fregatte mit der Jahreszahl 1750 auch schon zu dieser Zeit gebaut wurde, ist nicht gewiß. Dagegen kam ein ähnliches Schiffsmodell in der Kirche von Prerow mit Sicherheit 1780 dahin, und eine dritte Fregatte in der Kirche von Koserow wurde im Jahre 1823 gestiftet. In Rambin auf Rügen hängen die Modelle einer Brigantine und eines Dreimastvollschiffes aus der Zeit um 1820, während die Modelle des Dreimastvollschiffes «Germania» und der Fregatte «Teutonia» in Prerow um 1850 entstanden. Selbst ein Schraubendampfer mit Rahschoner-Takelage aus der Zeit um 1860 in der Kirche von Wiek wurde wohl als Votivschiff gestiftet, das Modell des von 1855 bis 1895 als Fährschiff zwischen Stralsund und Rügen verkehrenden Raddampfers in der Kirche von Altefähr soll hingegen nur die Erinnerung an diese bis zum Bau des Rügendammes bestehende Verbindung zwischen Festland und Insel aufrechterhalten.

Daß sich die in der zweiten Hälfte des 19. Jh. mit der Freilegung und Restaurierung aufgefundener mittelalterlicher Wandmalerei beauftragten Maler nur selten mit dieser Aufgabe begnügten und vielmehr neben einer oft sehr freien Ergänzung der fehlenden Teile zumindest den ornamentalen Dekor an Wänden, Gewölben und Holzbalkendecken nach eigenem Ermessen und in dem ihnen jeweils am geeignetsten erscheinenden Stil hinzuzufügen versuchten, ist hinreichend bekannt. Einer ganz anderen Situation können wir indessen in der Kirche von Semlow begegnen. In dieser in der Übergangzeit von der Romanik zur Gotik errichteten Kirche hat der Maler Karl Julius Milde 1861 Wände und Decke des Schiffes und die Leibung des Triumphbogens völlig neu mit großformatigen figürlichen und szenischen Malereien bedeckt, deren Stil vom Werk des Peter v. Cornelius, einem Hauptvertreter der romantischen deutschen Malergruppe der «Nazarener», beeinflußt worden zu sein scheint. An der in Kassettenfelder gegliederten Decke thront Christus als Herrscher des Alls zwischen Medaillons mit den Halbfiguren der Apostel, von Engeln, Seligen und Verdammten; auf die Leibung des Triumphbogens sind Medaillons mit Propheten gemalt und an den Wänden des Schiffes Erzengel und Engel über alttestamentlichen Szenen. Und das Programm dieser Ausmalung noch zu erweitern, hat Milde zudem auch die Brüstungsfelder der Orgelempore mit Bildnissen der für die christliche Missionierung und die evangelische Reformation des Landes wichtigen Männer bemalt und die Kuppa der hölzernen Taufe von 1576 mit vier minutiös gemalten Szenen aus dem Leben Jesu geschmückt. Ohne Zweifel sollte und wollte Milde mit seiner großzügigen Ausmalung den für das Mittelalter überlieferten Schmuck der Kirche mit Wandmalereien in zeitgemäßer Art wiederholen. Was daraus erwuchs, ist jedoch eine so überzeugende und geschlossene künstlerische Leistung, daß man die neue Gestaltung des Kirchenraumes zu den beachtenswertesten Kirchenausmalungen des 19. Jh. in ganz Norddeutschland zählen darf.

Wenn die im Jahre 1913 fertiggestellte Gnadenkirche des Rügenschen Seebades Sellin äußerlich noch ganz die Gestalt eines achtseitigen barocken Zentralbaus mit Mansarddach und bekrönender Laterne erhielt und die Architektur der 1930 im benachbarten Göhren aus Backstein neu errichteten Dorfkirche mit doppeltürmiger Westfront und hohen Rundbogenfensterpaaren noch einmal romanische Stilelemente aufgriff, so sind das für die in der ersten Hälfte des 20. Jh. gebauten Dorfkirchen in unserem Gebiet doch Ausnahmen geblieben. Vielmehr waren nun die mit den Bauentwürfen beauftragten Architekten unter Verzicht auf historische Stilreminiszenzen bemüht, ihren Kirchengebäuden bei aller Sorgfalt in den Details eine neue Sachlichkeit und Klarheit zu verleihen, wie

sie nach der Jahrhundertwende in der Baukunst allenthalben zu dominieren begann. – Eine eigenartige Zwischenstellung nimmt dabei allerdings die bald nach 1900 errichtete Kirche von Alt Kosenow im Kreis Anklam ein, die als äußerlich schlichter Rechteckbau mit großen Rundbogenfenstern im Inneren eine die flache Decke und die Wände mit breiten Ornamentborten gliedernde Ausmalung besitzt, in der ein die Breite und Länge der Decke einnehmendes monumentales Kreuz mit Strahlenkranz und Bildmedaillons in den Vierpässen der Kreuzbalkenenden dominiert. Zwei gemalte Engelgestalten zu beiden Seiten des neugotischen Kanzelaltars und im gleichen Stil gehaltene ornamentale Glasmalereien in den beiden Ostfenstern runden das in der Auffassung des ersten Jahrzehnts unseres Jahrhunderts gestaltete Interieur zu einer bemerkenswerten Einheit ab.

Um das Jahr 1930 entstanden die Kirchen in Wilhelmshof im Kreis Pasewalk und in Baabe auf Rügen, beide Bauten von kubischer Klarheit, mit glatt in die Wände geschnittenen Fenster- und Türöffnungen und bescheidenen Dachreitern für ihre Glocken. Betont das über dem Fußboden ansetzende Gewölbe im Inneren der Baaber Kirche die der Sammlung der Gemeinde dienende Funktion des Raumes, so erhält die Wilhelmshofer Kirche durch zwei seitliche Fenstererker zumindest äußerlich einen etwas wohnlichen Charakter.

Wohnlichkeit und Sammlung zugleich verbindet die 1934/35 nach dem Entwurf des Architekten Bernhard Hopp ganz aus Holz gebaute Kirche in Born auf dem Darß. Äußerlich nur durch den wie ein Dachreiter über dem rohrgedeckten Dach stehenden Glockenstuhl als Kirche erkennbar, gleicht das Gebäude den schönsten Fischerhäusern der Darßlandschaft. Den mit hellen Kiefernbrettern getäfelten Innenraum überspannt indessen wie der Rumpf eines Bootes eine von Spanten getragene hölzerne Tonnendecke, die auf Konsolen mit vier stehenden männlichen Gestalten ruht. Altar, Kanzel und das einfache Bankgestühl sind aus Holz, das Altarkreuz über dem Weltkreis und die Schiffsankern gleichenden Kronleuchter aus Schmiedeeisen; gemeinsam aber sprechen sie die herbe Sprache der dem Meer verbundenen Menschen dieser Gemeinden in unseren Tagen.

Unter den schließlich noch nach dem zweiten Weltkrieg entstandenen kleineren Kirchen ist die wiederum auf dem Darß errichtete Kapelle von Ahrenshoop aus dem Jahre 1951 – ein Bauwerk des Architekten Hardt-Walter Hämer – die architektonisch interessanteste. Wie ein Zelt liegt der Raum unter dem tief herabreichenden, rohrgedeckten Satteldach und erhält sein Licht durch die den Eingang umgebende westliche Glaswand. Wiederum sind die tragenden Bauelemente und die Verkleidung der Innenwände aus Holz; die Gemeinde versammelt sich unter einer von Spanten getragenen hölzernen Spitzbogentonne. Das vor einer von den Seiten her belichteten Bretterwand stehende hohe schmiedeeiserne Kreuz auf dem Altar, die Kanzel mit den flachen Reliefs der Evangelistensymbole und der aus drei das Becken tragenden stämmigen Kinderfiguren bestehende Taufständer, die das Werk der Bildhauerin Doris Oberländer sind, bilden den einzigen Schmuck dieses in aller seiner Herbheit monumentalen Kirchenraumes. – Anderenorts, so z. B. in der 1939 fertiggestellten Bansiner Kirche, schmücken die Fenster Glasmalereien, wobei sie – wie das die Verspottung Jesu vor Pilatus darstellende Ostfenster in der Kirche von Ranzin bei Greifswald, eine Arbeit von Lothar Mannewitz, zeigt – zuweilen auch als künstlerischer Beitrag unserer Zeit in ältere, sogar mittelalterliche Kirchenfenster eingebaut wurden.

Da das Gemeindeleben heute auch in den dörflichen Kirchengemeinden immer vielfältigere Formen annimmt und nicht mehr allein im gemeinsamen Gottesdienst besteht, ist es sehr wünschenswert, wenn dort, wo sich die Möglichkeit zum Bau einer neuen Kirche bietet, mehrere variabel nutzbare Räume unter dem gleichen Dach vereinigt werden. Dieses Anliegen berücksichtigen u. a. die in den Jahren 1954 gebaute Petrikirche im Seebad Lubmin bei Greifswald und die 1961 aus standardisierten Barackenteilen aufgebaute Kapelle bei Ückeritz im Kreis Wolgast mit ihrer ebenso schlichten wie die Landschaft weithin beherrschenden gemauerten und weiß getünchten Giebelfront, die das schmiedeeiserne Symbol der unter dem Kreuz dahintreibenden Arche Noah trägt. Das Gebäude birgt neben dem Gemeinde- und Christenlehreraum eine kleine Wohnung. Das über dem Altartisch hängende schmiedeeiserne Altarkreuz aber greift in moderner Form die frühe Symbolik des Kreuzeszeichens auf, das Haupt Christi durch das im die Zwölfzahl der Jünger andeutenden Kreis stehende Christusmonogramm ersetzend.

Literaturverzeichnis

Baier, Gerd, Weltenrichter und Schmerzensmann (zur Wandmalerei in der Kirche von Görmin), in: Festschrift Johannes Jahn, Leipzig 1958, S. 201–205

Ders., (Fotos Klaus G. Beyer), Deutsche Kunstdenkmäler. Ein Bildhandbuch, Bezirke Neubrandenburg, Rostock, Schwerin; Leipzig 1970

Berckenhagen, Ekhard, Die mittelalterliche Wandmalerei in Stralsund und im westlichen Pommern (Dissertation Berlin [West] 1952), maschinenschriftlich

Börsch-Supan, Eva, Berliner Baukunst nach Schinkel. 1840 bis 1870, München 1977

Brutschke, Paul, Die Kirchen auf Usedom, Jena 1958

Clasen, Karl-Heinz, Die Baukunst an der Ostseeküste zwischen Elbe und Oder, Dresden 1955

Dehio, Georg, Handbuch der deutschen Kunstdenkmäler (Neubearbeitung): Die Bezirke Neubrandenburg, Rostock, Schwerin; Berlin 1968

Gülzow, Erich, Das Grabmal Barnims VI. in der Kenzer Kirche, in: Monatsblätter der Gesellschaft für pommersche Geschichte und Altertumskunde, 55. Jg. 1941, S. 44–47

Ders., Kenzer Kunstschätze, in: Unsere Heimat, Heft Barth, 1938, Nr. 2

Hach, Otto, Karl Gottfried Pfannschmied. 1819–1887, in: Westermanns Monatshefte, Nr. 64, 1919/20, S. 151–155

Mehnert, Annemarie, Die mittelalterlichen Taufsteine in Vorpommern (Dissertation Greifswald 1934), Greifswald 1934

Mietzke, Ingelore, Das Domikalgewölbe im Küstengebiet zwischen Elbe und Oder (Diplomarbeit Greifswald 1957), maschinenschriftlich

Möller, Herbert, Das mittelalterliche Kirchenportal in Vorpommern (Dissertation Greifswald 1937), Greifswald 1937

Möller, Karl, Die Stralsunder Bildhauerkunst des 18. Jh. (Dissertation Greifswald 1933), Greifswald 1933

Nickel, Heinrich (mit Gerd Baier, Gerhard Femmel und Karl-Max Kober), Mittelalterliche Wandmalerei in der DDR, Leipzig 1979

Pless, W., Die Kirchen auf dem Darß, Jena 1953

Römer, Ilse, Renaissanceplastik in Neu-Vorpommern (Dissertation Greifswald 1935), Greifswald 1935

Trost, Heinrich (mit weiteren Verfassern), Kunstdenkmäler der Bezirke Neubrandenburg, Rostock, Schwerin; Bildband zur Ergänzung des Handbuchs der deutschen Kunstdenkmäler von G. Dehio, Berlin 1975

Voss, Johannes, Zur Restaurierung des Altarretabels in Wusterhusen, in: Mitteilungen des Instituts für Denkmalpflege, Arbeitsstelle Schwerin, Heft 26 (1981), S. 452–460

Weber, Hans-Joachim, Zwischen Ostsee und Oder. Bilder aus der Evangelischen Landeskirche Greifswald, Berlin 1969

Wentzel, Hans, Lübecker Plastik bis 1350, Berlin 1938

Westphal, Hugo, Die gotischen Landkirchen auf Rügen (Dissertation Greifswald 1937), Greifswald 1937

Inventarbände:

Haselberg, Ernst v., Die Baudenkmale der Provinz Pommern. Der Regierungsbezirk Stralsund, Stettin 1881 bis 1902, Heft I.: Kreis Franzburg-Barth, Heft II: Kreis Greifswald, Heft III: Kreis Grimmen, Heft IV: Kreis Rügen, Heft V: Stadtkreis Stralsund

Lemcke, Hugo, Die Bau- und Kunstdenkmale der Provinz Pommern. Der Regierungsbezirk Stettin, Stettin 1898–1901, Heft I: Kreis Demmin, Heft II: Kreis Anklam, Heft III: Kreis Ueckermünde, Heft IV: Kreis Usedom-Wollin, Heft V: Kreis Randow

Ohle, Walter / Gerd Baier, Die Kunstdenkmale im Bezirk Rostock. Die Kunstdenkmale des Kreises Rügen, Leipzig 1963

Baier, Gerd / Horst Ende / Renate Krüger, Die Denkmale im Bezirk Rostock. Die Denkmale des Kreises Greifswald, Leipzig 1973

Baier, Gerd / Horst Ende / Brigitte Oltmanns / Wolfgang Rechlin, Die Bau- und Kunstdenkmale in der DDR. Bezirk Neubrandenburg (Kurzinventar), Berlin 1982

Blunck, Erich (und weitere Verfasser), Die Kunstdenkmäler der Provinz Brandenburg, Band III, Teil I: Kreis Prenzlau, Berlin 1921

Trost, Heinrich (und weitere Bearbeiter), Die Bau- und Kunstdenkmale in der DDR, Bezirk Frankfurt (Oder) (für den Kreis Angermünde), Berlin 1980

TAFELTEIL

81

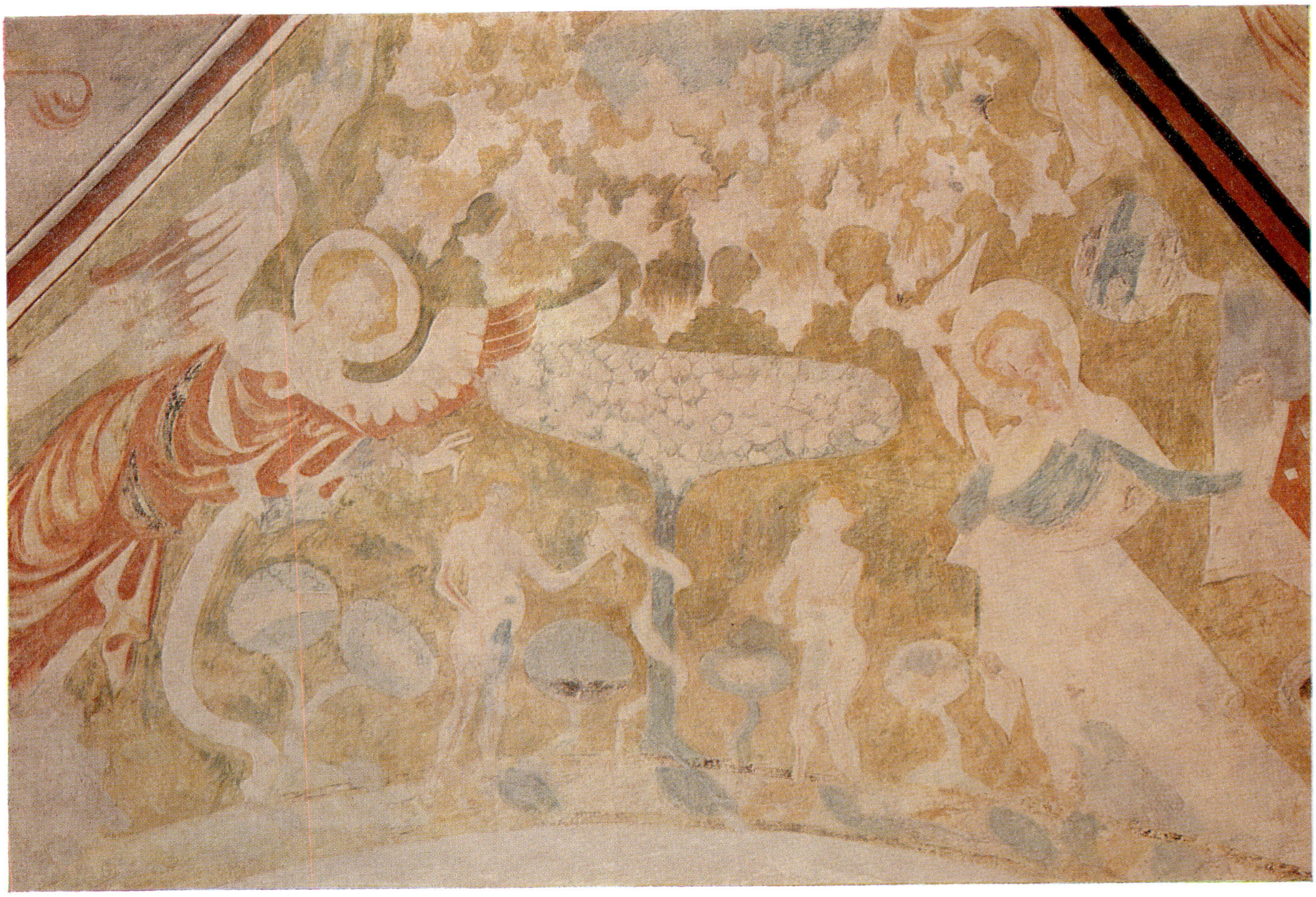

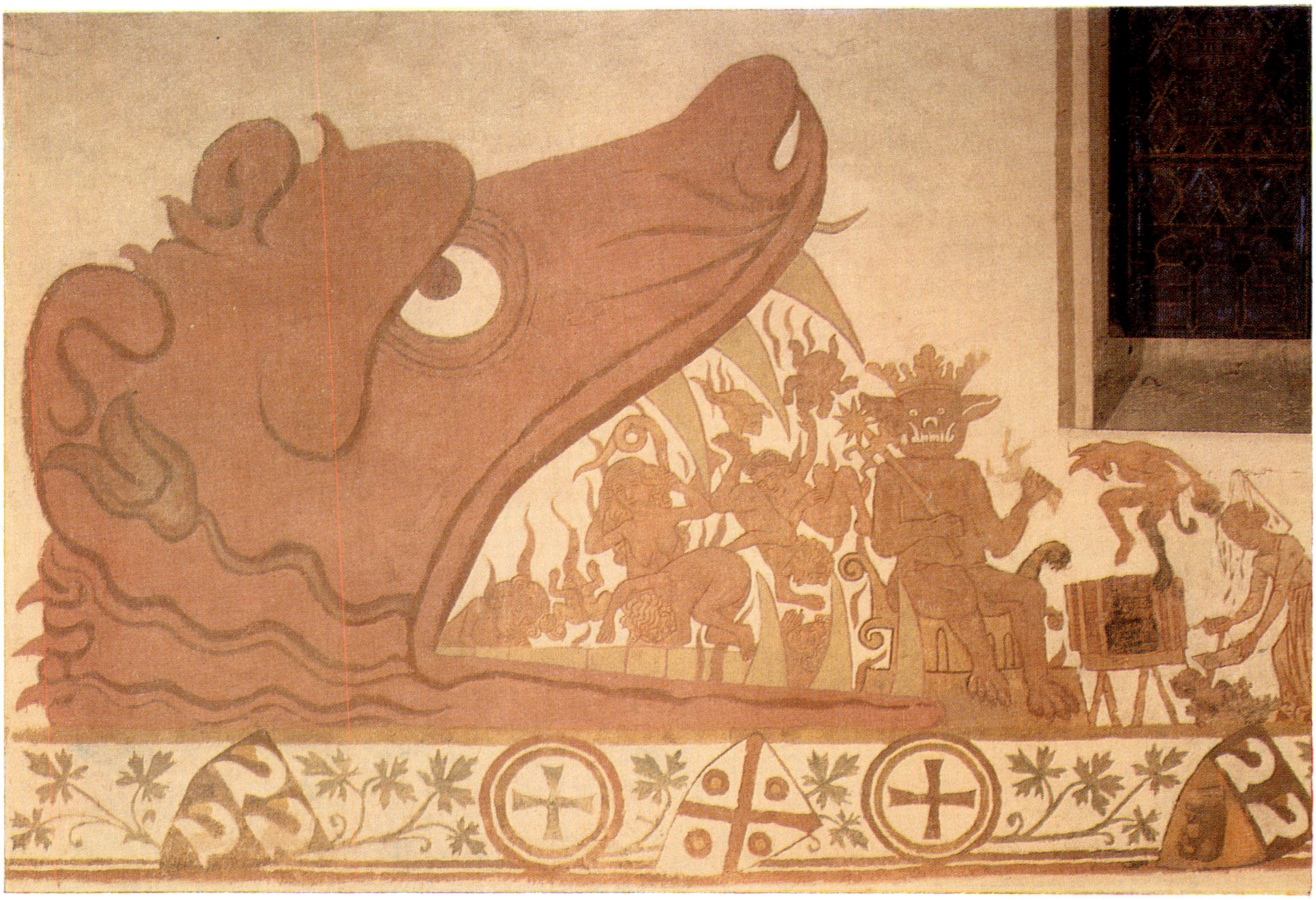

Ahrenshagen, Sündenfall und Verkündigung an Maria, Wandmalerei an der westlichen Chorgewölbekappe, 1. Hälfte 14. Jh.

Behrenhoff, Höllenrachen mit thronendem Satan und Verdammten, Wandmalerei vom Anfang 14. Jh. an der Chornordwand.

Seite 81
Bobbin, Kreuzigungsgruppe, Tafelmalerei von um 1410/20 auf der Innenseite der Tür des Sakramentsschreines in der Sakristei.

Ahrenshagen, Epitaph für Arend Christoffer von Mörder, um 1702.

Ahrenshagen, Chorraum mit gotischer Gewölbemalerei, Kanzelaltar und Patronatsloge, Mitte 18. Jh.

Ahrenshoop, Westfassade der 1951
geweihten Kapelle.

Altefähr, Blick in den Chor
mit barocker Ausstattung.

Altenkirchen, Ostwand des Chores
mit Apsis, um 1200.

Altenkirchen, Blick durch das Mittelschiff zum Chor mit Altaraufsatz
von 1724 und neugotischer Kanzel.

Behrenhoff, Anfang 20. Jh.
gestiftete neugotische Glasmalerei
mit Weltenrichter im Fenster
der Chornordwand.

Altenkirchen, Taufstein, um 1250.

Behrenhoff, gotisches Mittelschiff nach
Westen mit Gewölbemalerei des 15. Jh.,
Resten eines Altares vom Anfang 17. Jh.

Blumberg, Orgelprospekt von 1773.

Bobbin, der um 1400 errichtete Chor
(z. Z. in Restaurierung) mit barocker
Ausstattung und Taufstein von
um 1300, die Kanzel von 1622,
das Gemeindegestühl vom Anfang
19. Jh.

Born, die 1934/35 aus Holz gebaute
Kirche von Südwesten.

Bodstedt, Taufe Christi, Tafelbild
Mitte 16. Jh.

Eixen, rechter Malflügel (hl. Dorothea)
des Flügelaltares von um 1530.

Brandshagen, das am Anfang 14. Jh.
errichtete dreischiffige Hallenlanghaus
von Südwesten.

Gingst, Mittelschiff nach Westen
um 1400 mit barocker Stuckdecke
und Ausstattung, Orgel von 1790.

Brandshagen, Eva am Spinnrocken,
triumphierender Teufel, Adam bei
der Feldarbeit
Wandmalerei vom Ende 14. Jh. an der
Chorsüdwand.

Brandshagen, Karavelle mit Besatzung,
Wandmalerei vom Ende 14. Jh. am
Gurtbogen zum Turmjoch.

Brandshagen, Blick durch das Mittelschiff mit barocker ornamentaler Wandmalerei in den frühgotischen Chorraum
mit Kruzifix vom Ende 15. Jh. und
barocker Ausstattung.

Seite 95
Brandshagen, Altaraufsatz von 1707,
Mittelbild und Stifterporträts 2. Hälfte
18. Jh.

94

Deyelsdorf, die 1606 nach dem Vorbild
protestantischer Schloßkapellen
errichtete Kirche von Südosten.

Deyelsdorf, Innenraum der Kirche
nach Osten mit der Ausstattung
des 19. Jh.

linke Seite
Casekow, Kanzelaltar von 1721.

Eixen, der Mitte 13. Jh. errichtete
Feldsteinbau mit Architekturdetails
aus Backstein von Südosten.

Drewelow, Kanzelaltar vom Anfang
18. Jh.

Eixen, Auferstandener Christus,
Kabinettscheibe von 1649.

Eixen, Mittelschrein des Flügelaltares,
um 1530.

Ferdinandshof, das Anfang 18. Jh.
errichtete Kirchengebäude mit achtseitigem Dachturm von Süden.

Elmenhorst, Kirchenschiff
vom Ende 13. Jh.
und der nachmittelalterliche verbretterte Westturm von Südwesten.

Flemendorf, «Heilige Sippe» mit im
Vordergrund kniender Familie des
Stifters E. E. Henlein, Anfang 16. Jh.;
von einem Epitaph, jetzt im barocken
Altaraufsatz.

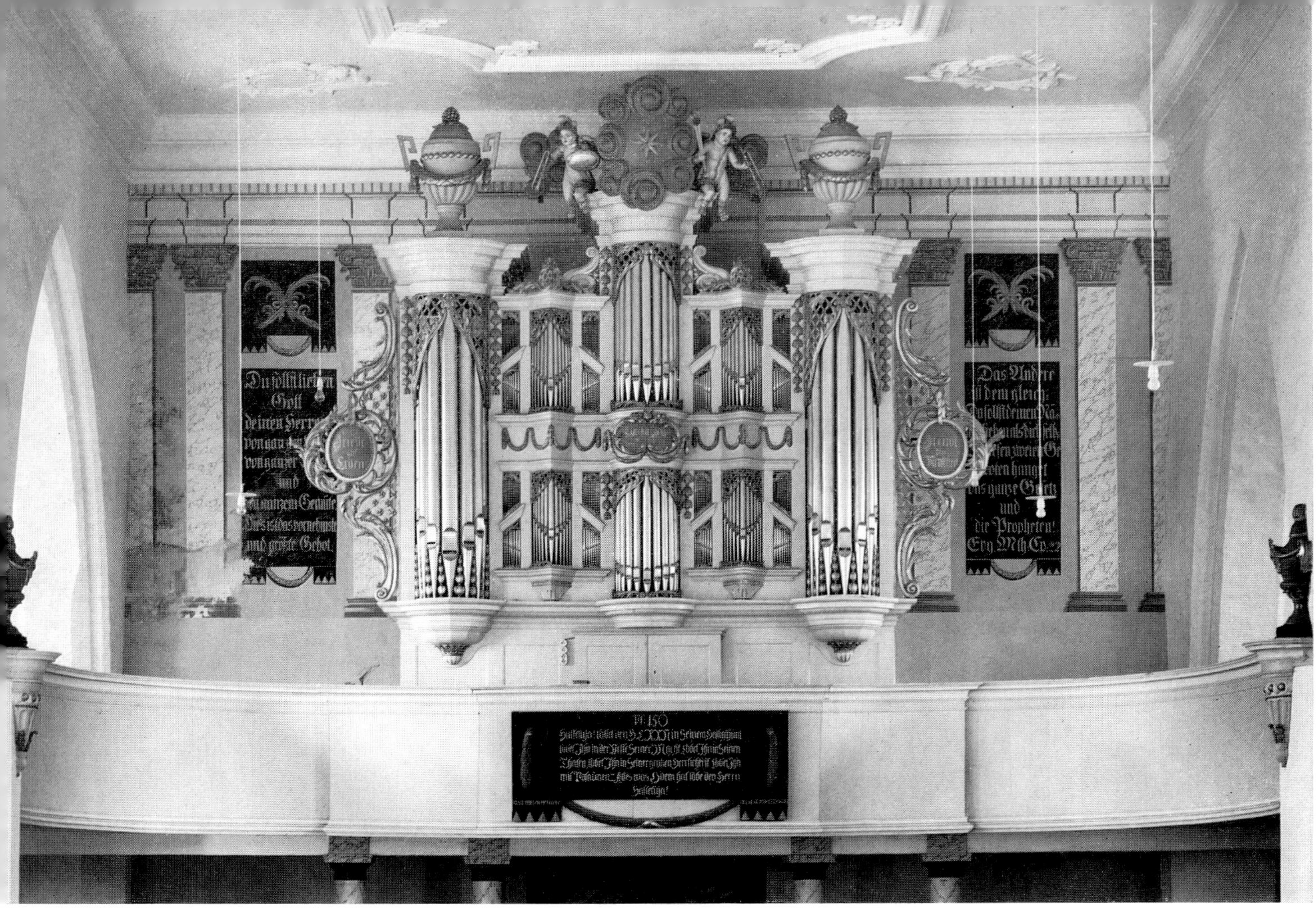
Du sollst lieben
Gott
und
und größte Gebot.
Das Andre
und
die Propheten!

Fürchte
dich
nicht

Gingst, Westempore mit Orgelprospekt
von Nathanael Freese, 1790.

Seite 105
Griebenow, das achteckige Kirchengebäude von 1616 und der frei
stehende Glockenstuhl.

Griebenow, Innenraum mit früh-
barocker Ausstattung und der Orgel
vom Anfang 18. Jh.

Gnevezow, Mittelschrein des nachreformatorischen Flügelaltares vom
Anfang 17. Jh., vor der Restaurierung.

Görmin, Deesis mit Heiligen,
Himmlischem Jerusalem und Hölle,
Wandmalerei aus dem 3. Viertel 14. Jh.
an den Ostkappen des Chorgewölbes.

Garz, spätgotischer Kirchenraum
mit Votivschiffen und der Ausstattung
des 19. Jh.

Glewitz, Empirekanzel zwischen dem Chor vom Ende 13. Jh. und dem spätgotischen Langhaus.

Grambow, Taufschale von 1690.

Groß Bünzow, Sanduhr von der Kanzel, um 1700.

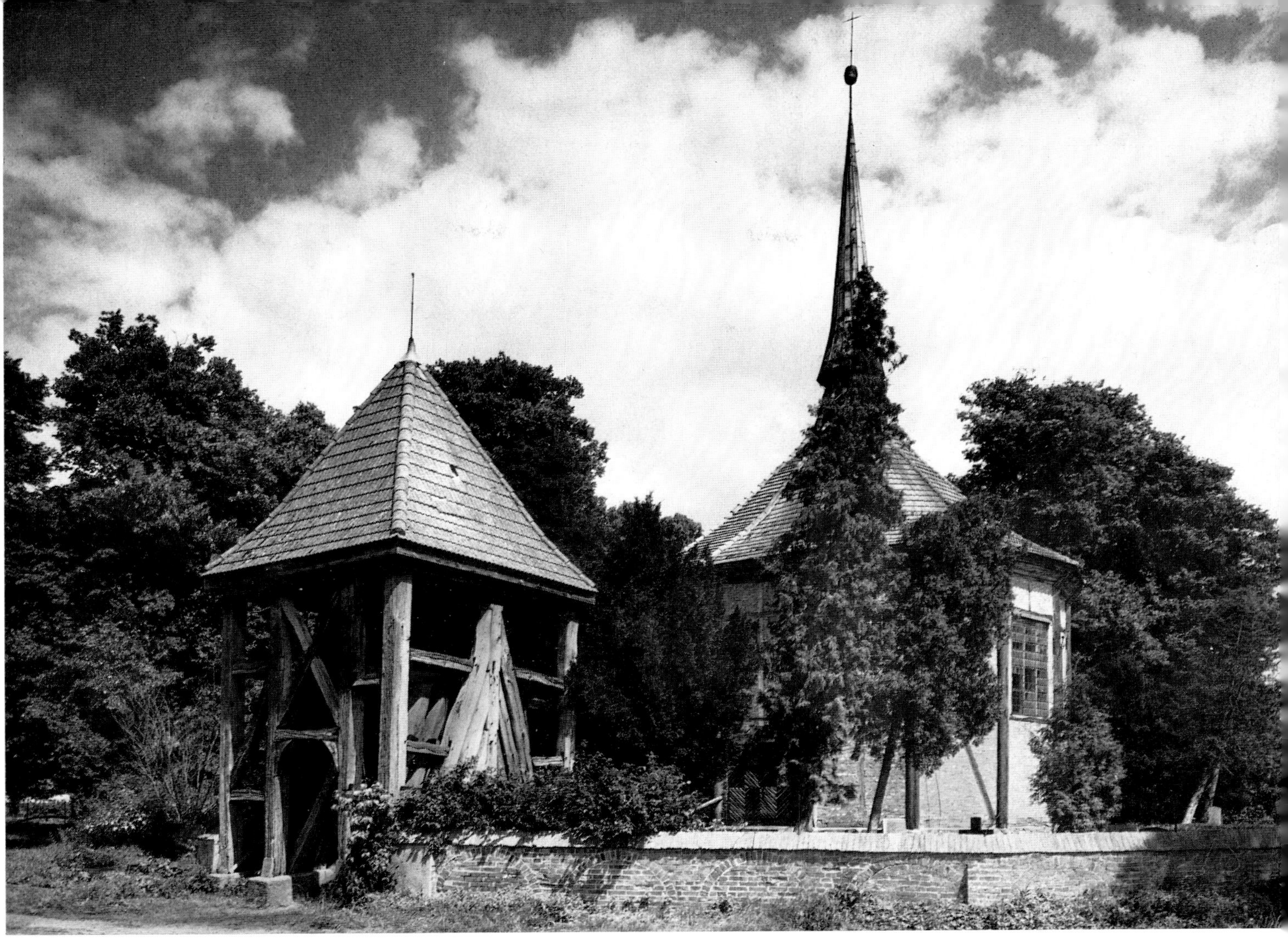

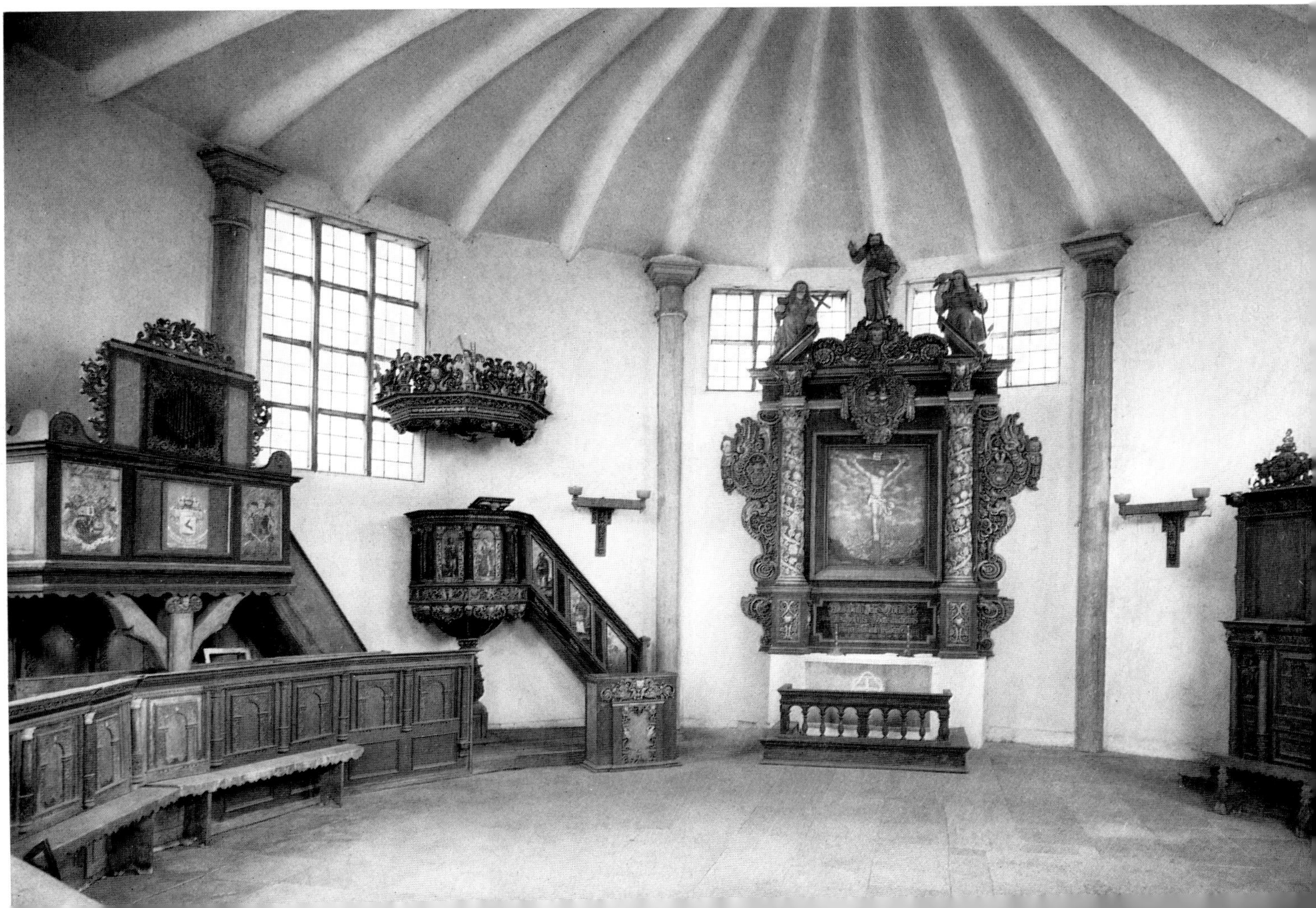

Groß Kiesow, die gotische Kirche mit dem nach 1250 errichteten Chor und der neugotischen Ummantelung des barocken oberen Turmgeschosses.

Groß Bisdorf, Friedhofsportal, 1784.

Seite 107
Groß Mohrdorf, Altaraufsatz und
-gitter von 1700 im Chorpolygon
der nach 1250 errichteten Kirche.

Gustow, Tauf- und Lesepultengel
von 1768 (Detail).

Gustow, Blick aus dem Schiff in den
Ende 13. Jh. errichteten Chorraum
mit gotischer Kreuzigungsgruppe,
von 1784.

Gustow, Anna-Selbdritt-Gruppe,
um 1500.

Gustow, Mordwange für Thomas
Norenberch auf dem Friedhof, 1510.

Groß Zicker, Kabinett-
scheiben von um 1600
mit Zunftwappen
der Schneider, Segelschiff,
einer Gesellschaft im Boot
und einem Kavalier
zu Pferd.

Groß Mohrdorf,
Christgeburt,
Relief vom Kanzelkorb
(Ausschnitt).

Groß Mohrdorf,
Mosefigur als Kanzelträger.

110

Horst, die spätgotische
Kirche von Nordwesten,
der um 1300 errichtete
Chor wohl für eine größere
Kirche geplant.

Seite 112
Japenzin, die spätgotische
Feldsteinkirche mit ver-
brettertem nachmittel-
alterlichem Westturm
von Südosten.

Seite 113
Kemnitz, die am Anfang
14. Jh. errichtete Kirche
mit Westturm von 1842,
Portal und Feldsteinmauer
des Kirchhofes aus dem
16. Jh.

Japenzin, Flügelaltar
mit Heiligen und Apostel-
figuren, Ende 15. Jh.

Horst, spätgotischer
Flügelaltar vom Anfang
16. Jh. (die fehlenden
Figuren in der Predella
werden z. Z. restauriert).

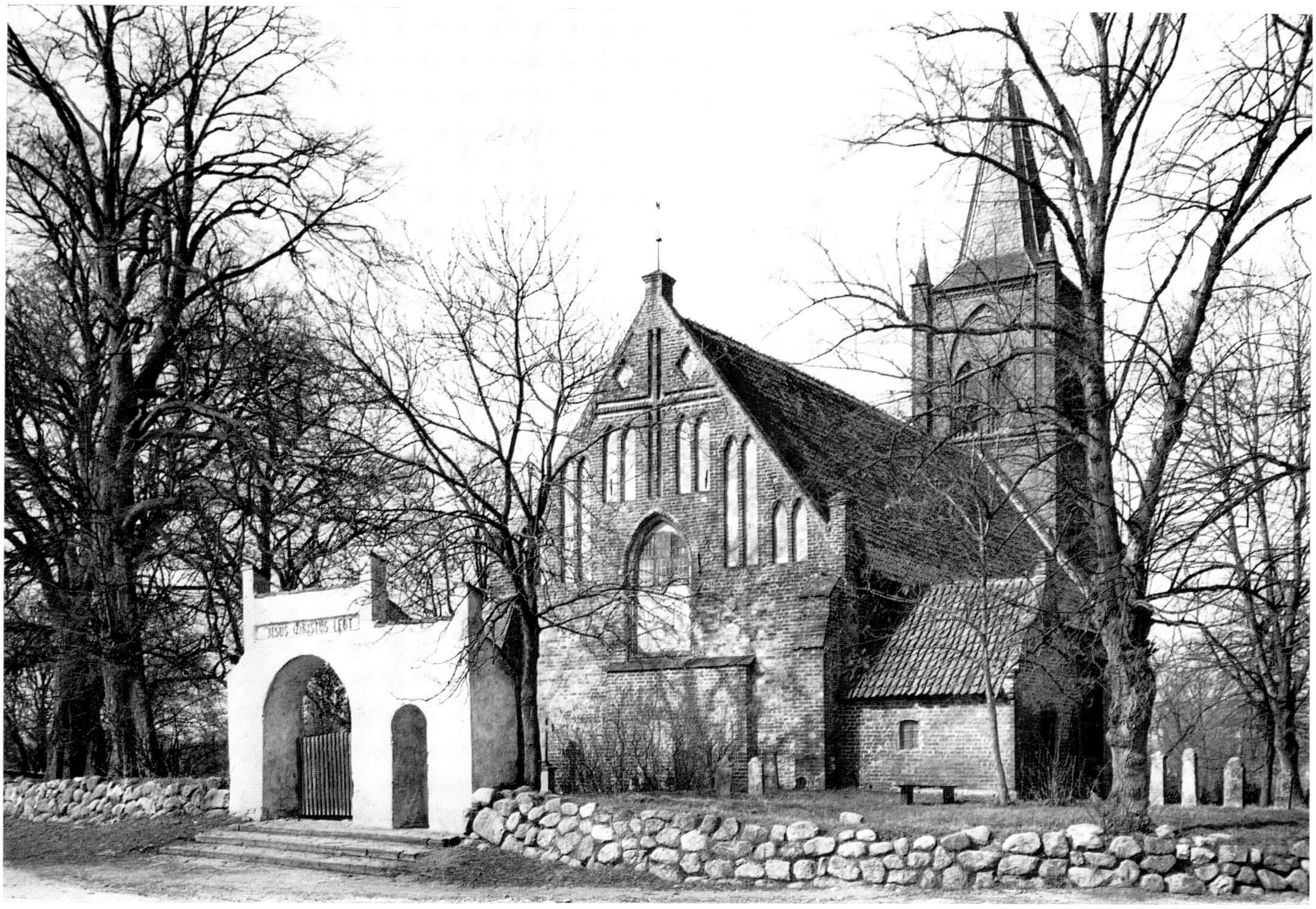
JESUS CHRISTUS LEBT

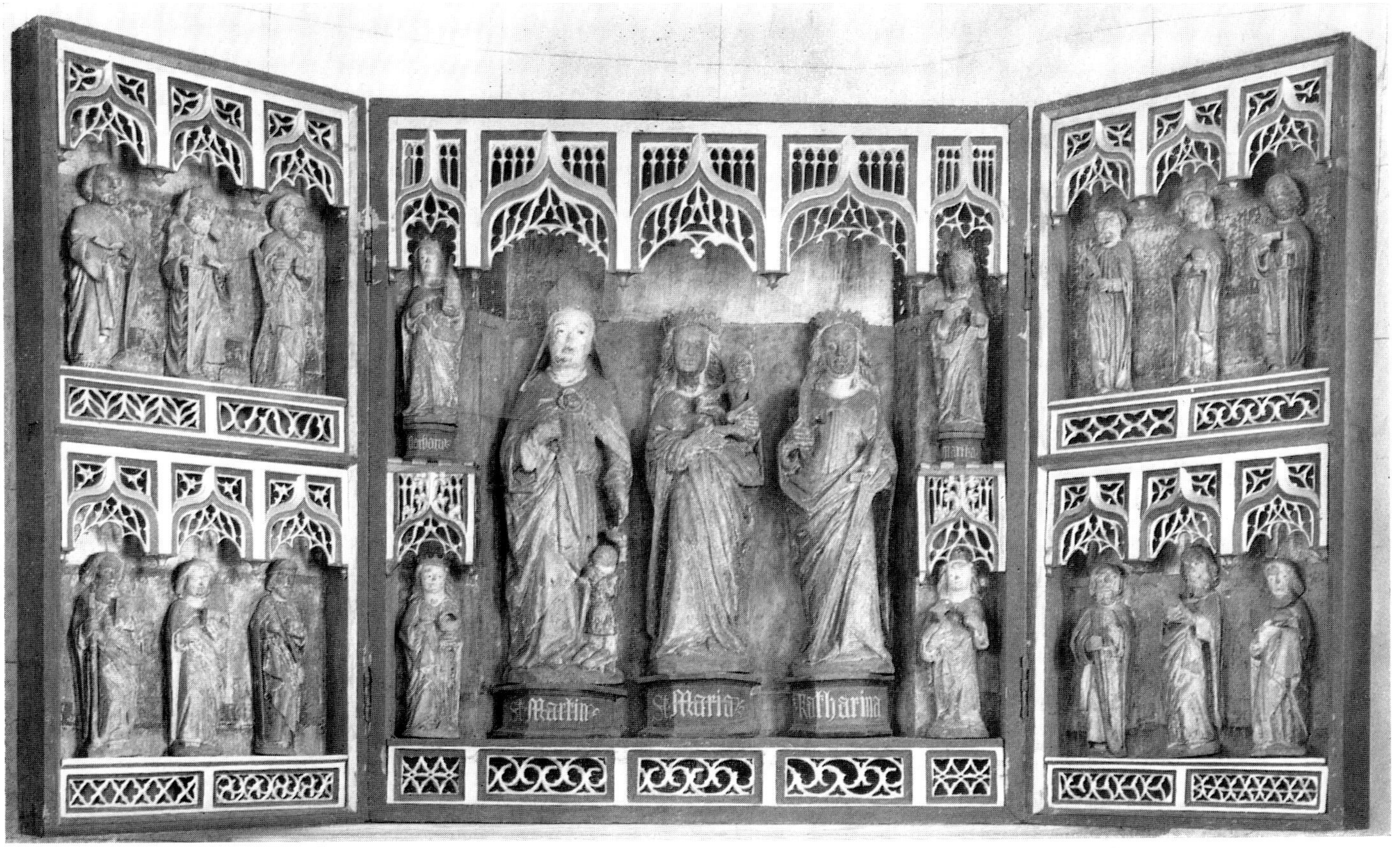
St. Martin
St. Maria
Katharina

Kenz, Glasmalerei
mit Szenen des Marien-
lebens aus einem Fenster
des Chorpolygons,
2. Viertel 15. Jh.

Kenz, ehemaliges
Triumphkruzifix,
Ende 14. Jh.

Kenz, Kenotaph
(Scheinsarkophag)
Herzog Barnims VI.
von Wolgast,
Anfang 15. Jh.

Kenz, spätromanische Patene
(Abendmahls- bzw. Oblatenteller
für die Messe).

Kenz, silberne Oblatendose mit
opfernden Hirten als Deckelrelief,
1. Viertel 17. Jh.

Kirch Baggendorf, Chor mit Sakristei
und östlichem Schiffsgiebel der Mitte
13. Jh. errichteten Kirche.

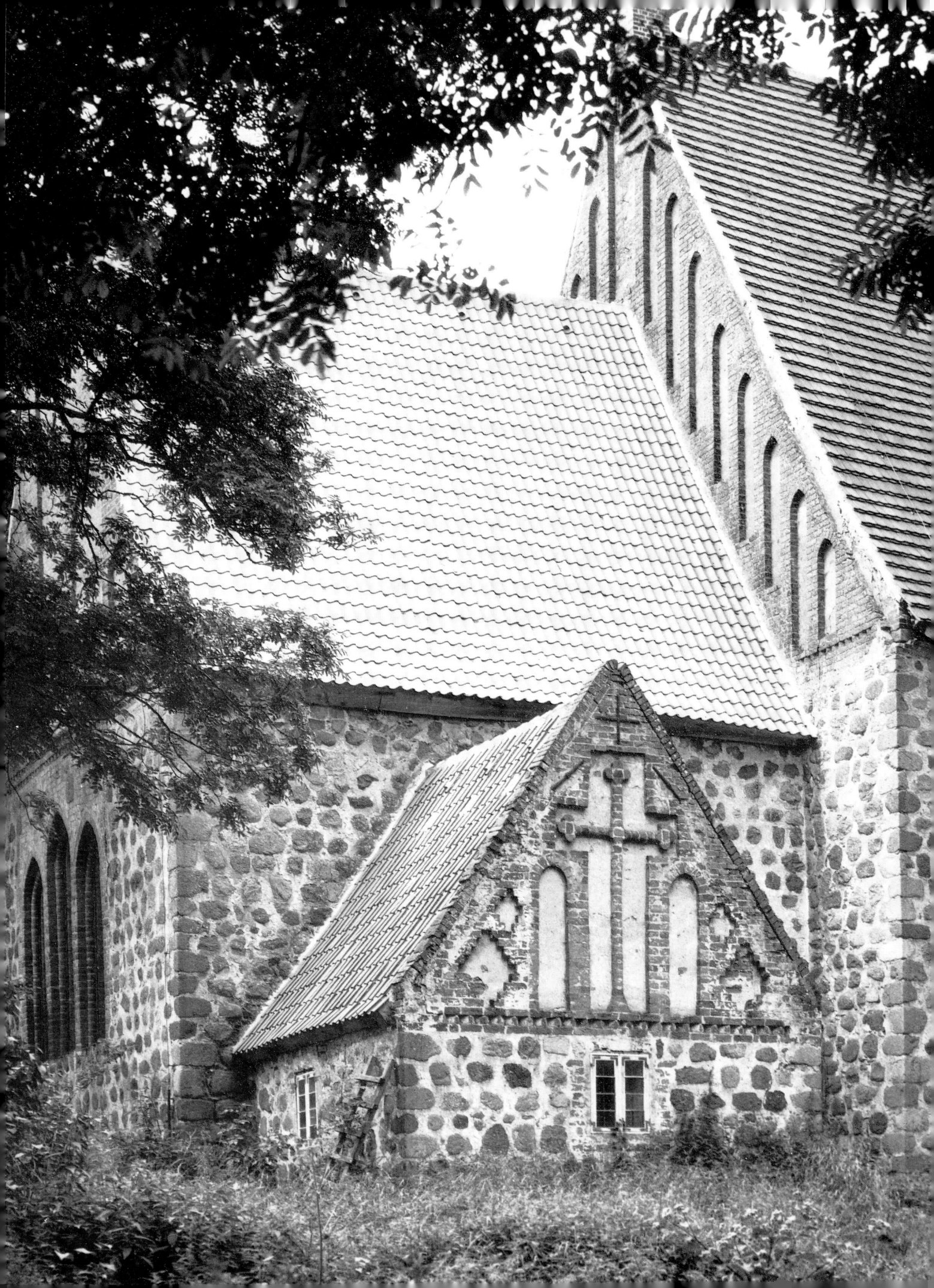

Kirch Baggendorf, Blick durch das
östliche Schiffsjoch in den Chorraum
mit ornamentaler Wandmalerei
vom Anfang 14. Jh. und barocker
Ausstattung von um 1700.

Kirch Baggendorf, «Törichte Jungfrauen», Wandmalerei um 1390 an
der Leibung des Triumphbogens.

Kirch Baggendorf, Kanzel von 1702.

Kreutzmanns-
hagen, Innenraum
der im 15. Jh.
errichteten Kirche
mit Ausstattung
aus dem 3. Viertel
18. Jh.

Kölln, Mittel-
schrein mit
Madonna, Anna
Selbdritt und
hl. Nikolaus vom
Flügelaltar,
Anfang 16. Jh.

Koserow, Flügel-
altar mit den 1955
außen angesetzten
Tafelbildern von
den Außenseiten
der Flügel,
um 1500.

Krien, Sitzmadonna
Anfang 14. Jh.

Krien, Taufstein,
1. Hälfte 13. Jh.

Lancken-Granitz, Spätgotisches
Kastengestühl an der Chorsüdwand, inschriftlich von 1522.

Levenhagen, das in der 1. Hälfte
15. Jh. errichtete Kirchenschiff mit
gleichzeitiger Wand- und Gewölbemalerei, die Ausstattung aus dem
18. und 19. Jh.

Levenhagen, als Werk der Volkskunst
entstandenes Kruzifix aus der Kirche
von Hohenbollentin, 1. Hälfte 17. Jh.

Levenhagen, Schmiedeeisernes
Grabkreuz

Levenhagen, Taufstein mit eingeritzten
Apostelfiguren, 1. Hälfte 14. Jh.

Lüskow, die im Mittelalter aus Feldsteinen errichtete und barock veränderte Saalkirche von Südwesten.

Ludwigsburg, achtarmiger Kronleuchter aus Messing, 2. Hälfte 17. Jh.

Lüssow, Altaraufsatz (mit Altarschranke und Taufengel), 1725.

Seite 128
Lindenberg, Fußwaschung und Gethsemane, Wandmalerei von 1597 an der Südwand der kurz zuvor gebauten Kirche.

Mellenthin, «Die Kirche Jesu auf dem meerumbrandeten Felsen» und «Der Tod als Befreier der Seele», emblematische Tafelbilder an der Brüstung der Orgelempore, Anfang 18. Jh.

Seite 129
Mellenthin, Grabplatte für Rodinger v. Neuenkirchen und seine Ehefrau, um 1600.

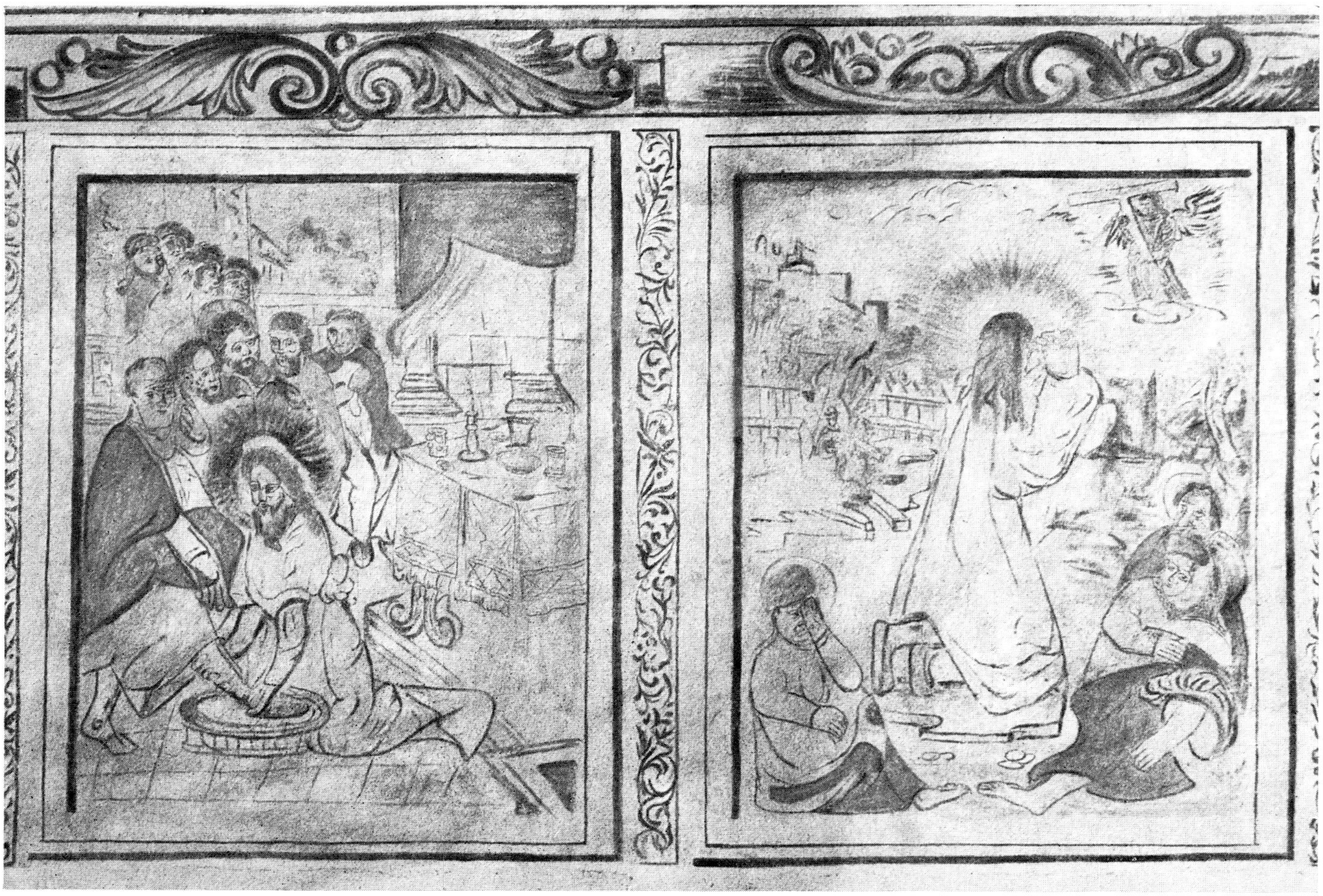

Entgegen aller schrecken,
Wird sie der Herr

Zur rechten Freyheit bringt der
Und rettet uns aus aller Noth

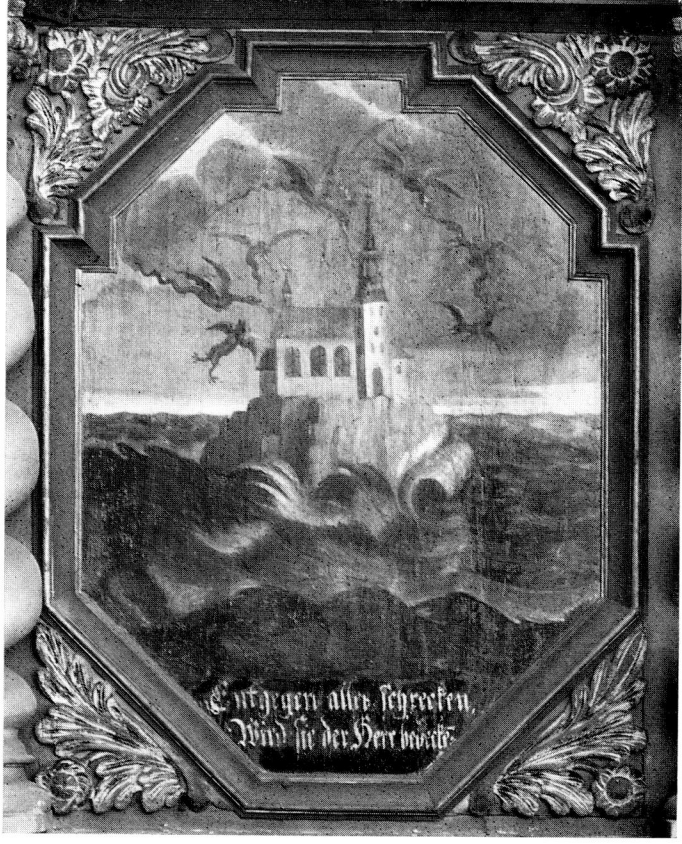

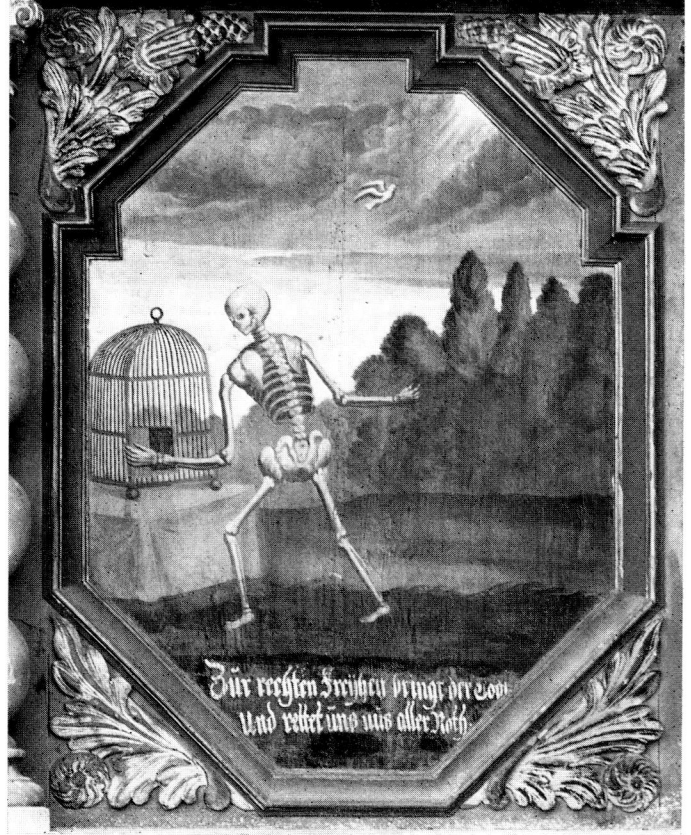

Medrow, Kruzifix an der Schiffsostwand, um 1600.

Middelhagen, 8 Szenen aus der Katharinenlegende, Tafelmalerei der Flügel des Flügelaltares von um 1480.

Morgenitz, Konsolbrett für die Totenkronen mehrerer unverheiratet Verstorbener, letztes Drittel 18. Jh.

Mönchow, Mausoleum der Familie Dannenfeldt, um 1900.

Joseph bracht auch seinen Vater Jacob und seine brüder hi
nein, und stellet sie für Pharao und Jacob segnet den Phara

Murchin, Jakob und seine Söhne
vor Pharao, nachträglich gerahmte
Reliefplatte unbekannter Herkunft,
Anfang 17. Jh.

Neu Boltenhagen, Taufstein aus
Granit, um 1250.

Neuenkirchen (Rügen), Kanzel von
1567 am Triumphbogen der spätgotischen Kirche, der Schalldeckel
von 1585.

132

CHRISTVMLIEBHABEN ECCARDVONVSEDVM IVDIT VONPASELICH
ISTBESSERALSALLES FVRSTLLANDVOIGT SEINEEHLICHEHAVSFRAV

Seite 133
Neuenkirchen bei Greifswald,
gemalte Drolerien an
den nordöstlichen Kappen
des Schiffsgewölbes,
Anfang 15. Jh.

Neuenkirchen (Rügen),
Altarleuchter aus Zinn, 1639.

Neuenkirchen (Rügen),
Brüstung des Kastengestühls
von 1636.

Nossendorf, Kreuzigungs-
gruppe, Tafelmalerei auf der
Innenseite der Tür zur Sakramentsnische, 2. Hälfte 14. Jh.

Patzig, Flügelaltar mit
hl. Margaretha und den
Aposteln im Schrein und
den geöffneten Flügeln,
Mitte 15. Jh.

Seite 135
Pinnow, Fachwerkkirche von
um 1730 mit am Anfang
20. Jh. angefügtem westlichem
Backsteinturm von Südosten.

Groß Mohrdorf, Kanzel von 1702.

Prerow, barockes Taufgehäuse,
um 1740.

Prerow, Grabstele für Gustav Käding
und seine Frau Maria auf dem
Kirchhof, um 1861.

Groß Teetzleben,
Altaraufsatz von
1739 mit eingefüg-
tem spätgotischem
Schnitzaltar.

Ranzin,
«Ecce homo»,
Glasbild von
L. Mannewitz
im Ostfenster
des Chores, 1966.

Lancken-Granitz,
Taufkanne aus
Fayence mit der
Darstellung
Christi und
der Samariterin
am Brunnen,
um 1700.

Krummin,
Abendmahlskelch,
Anfang 16. Jh.

Semlow, nördliche Triumphbogenleibung und Langhaus des Feldsteinbaus
aus der 1. Hälfte 13. Jh., die Wand- und Deckenmalerei von 1861.

Prohn, Blick aus dem am Anfang 14. Jh. errichteten Schiff in den spätromanischen Chorraum, beide mit jüngeren Gewölben, Triumphkreuzgruppe
auf dem Altar und Gewölbemalerei spätgotisch, die barocke Ausstattung
um 1725.

Prohn, Taufengel im Chor, um 1725.

Prohn, Grabstein Radelef Beket
mit der eingeritzten Darstellung
einer Hansekogge, 1482.

Prohn, Kreuzigung Christi mit im
Vordergrund kniender Familie,
Tafelbild vom Epitaph Heinrich
Westphal, um 1635.

Putzar, eine der vier die Orgelempore tragenden über- lebensgroßen Negerfiguren, Anfang 18. Jh.

Putzar, Innenraum der Mitte 16. Jh. errichteten Kirche nach Osten, die Ausstattung aus dem 17. und 18. Jh.

Ramin, Ostgiebel und Sakristei der
im 13. Jh. aus Feldsteinquadern
errichteten Kirche, der Fachwerkturm
über dem Westgiebel 1726.

Ranzin, Grabstein für Michael Horn,
1315.

Rappin, Altaraufsatz von 1669.

Rappin, silberner Abendmahlskelch
mit kyrillischer Widmungsinschrift,
1648.

Rieth, Altar von 1777 und etwa
gleichzeitige Kanzel der 1731
errichteten Kirche.

Rathebur, Christus nimmt die
verstorbene Elisabeth Reimar zu sich,
Tafelbild als Epitaph, 1711.

Reinkenhagen, Chor und Langhaus
der um 1300 gebauten Kirche von
Südosten, die oberen Turmgeschosse
1914 aufgesetzt.

Rothenklempenow, die 1738 fertiggestellte Kirche von Südosten.

Sanzkow, Taufstein, um 1300.

Sanzkow, Altarleuchter aus Zinn,
1714.

Schaprode, Innenraum nach Osten.

148

Schaprode, Johannes tauft Jesus,
Fuß des Taufständers von um 1725.

Schlatkow, Taufengel unter Baldachin,
Ende 17. Jh.

Schaprode, romanischer Chor mit
Apsis vom Südosten, das Südfenster
im 15. Jh. verändert.

Schlatkow, Kanzel vom Anfang 18. Jh.,
die St.-Michaels-Figur als Kanzelträger
wohl um 1600.

Schlatkow, die spätgotische Kirche
mit Ende 19. Jh. veränderten Fenstern
und frei stehendem Glockenstuhl aus
dem 17. Jh. von Südwesten.

Seite 152
Schlemmin, Blick aus dem Schiff in den
Chorraum der spätgotischen Kirche
mit neuromanischer Ausstattung vom
Ende 19. Jh.

Seite 153 unten links
Schlemmin, Epitaph für den 1594
verstorbenen Claus Thun an der
Schiffsnordwand.

Seite 153 oben
Semlow, Blick aus dem Schiff der
spätromanischen Kirche in den
Chorraum mit Kanzel von 1590,
Ostempore vom Anfang 17. Jh. und
Altaraufsatz von 1723.

Seite 153 unten rechts
Semlow, Taufständer von 1576 mit
Tafelbildern aus der Mitte 19. Jh.

Semlow, Epitaph für Joachim Christoph
von Behr, um 1700.

Semlow, zwei Wandgräber an der
Chorsüdwand für Adam von Behr
(rechts, um 1600) und für Christoph
von Behr (links, 1605) mit ihren
Ehefrauen.

Semlow, Neugotische Friedhofskapelle,
um 1870.

Stoltenhagen, Kanzel, 2. Viertel 18. Jh.

Trent, Rahmen und Tafelbilder eines Epitaphs, um 1600.

links
Spantekow, Kanzel vom Anfang 17. Jh.

Seite 157
Trent, Altarwand und Beichtstuhl von 1752/54 im um 1400 errichteten Chor.

Tribohm, die
1. Hälfte 13. Jh.
aus Feldsteinen
errichtete Kirche
von Osten.

Sommersdorf, Mord-
wange für Hinrik
von Ramin, 1423.

Seite 160
Trantow, die Ende
14. Jh. errichtete Kirche
mit um 1800 angefügten
westlichem Turmjoch
von Süden.

Seite 161
Verchen, Drolerieköpfe,
Wandmalerei in den
Gewölbekappen des
Chorpolygons, 2. Hälfte
15. Jh.

Verchen, Kruzifix einer
Triumphkreuzgruppe,
2. Viertel 15. Jh.

Verchen, die Ende
13. Jh. errichtete ehem.
Benediktinerinnen-
klosterkirche mit Chor-
polygon und Nordturm
aus dem 15. Jh.
von Süden.

Stolpe, Ruine des
Turmuntergeschosses
der 1180/90 errich-
teten Benediktiner-
klosterkirche.

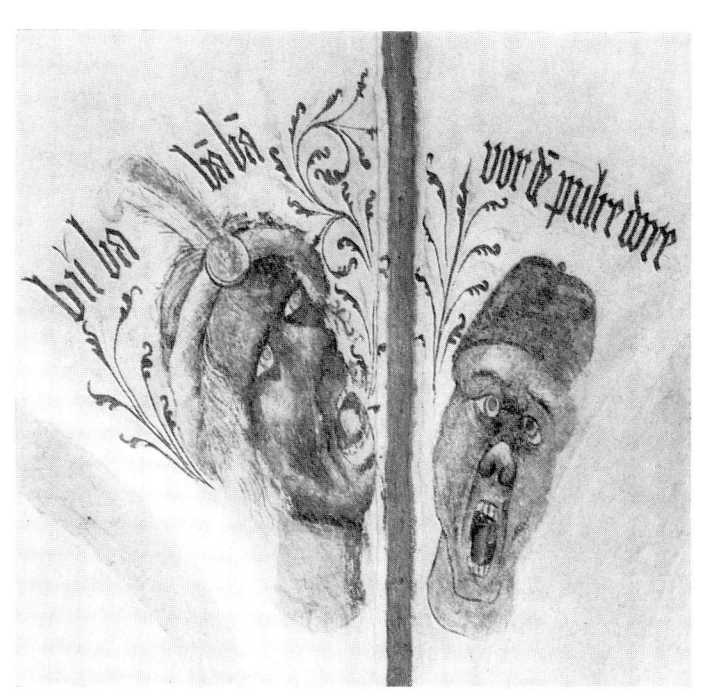

163

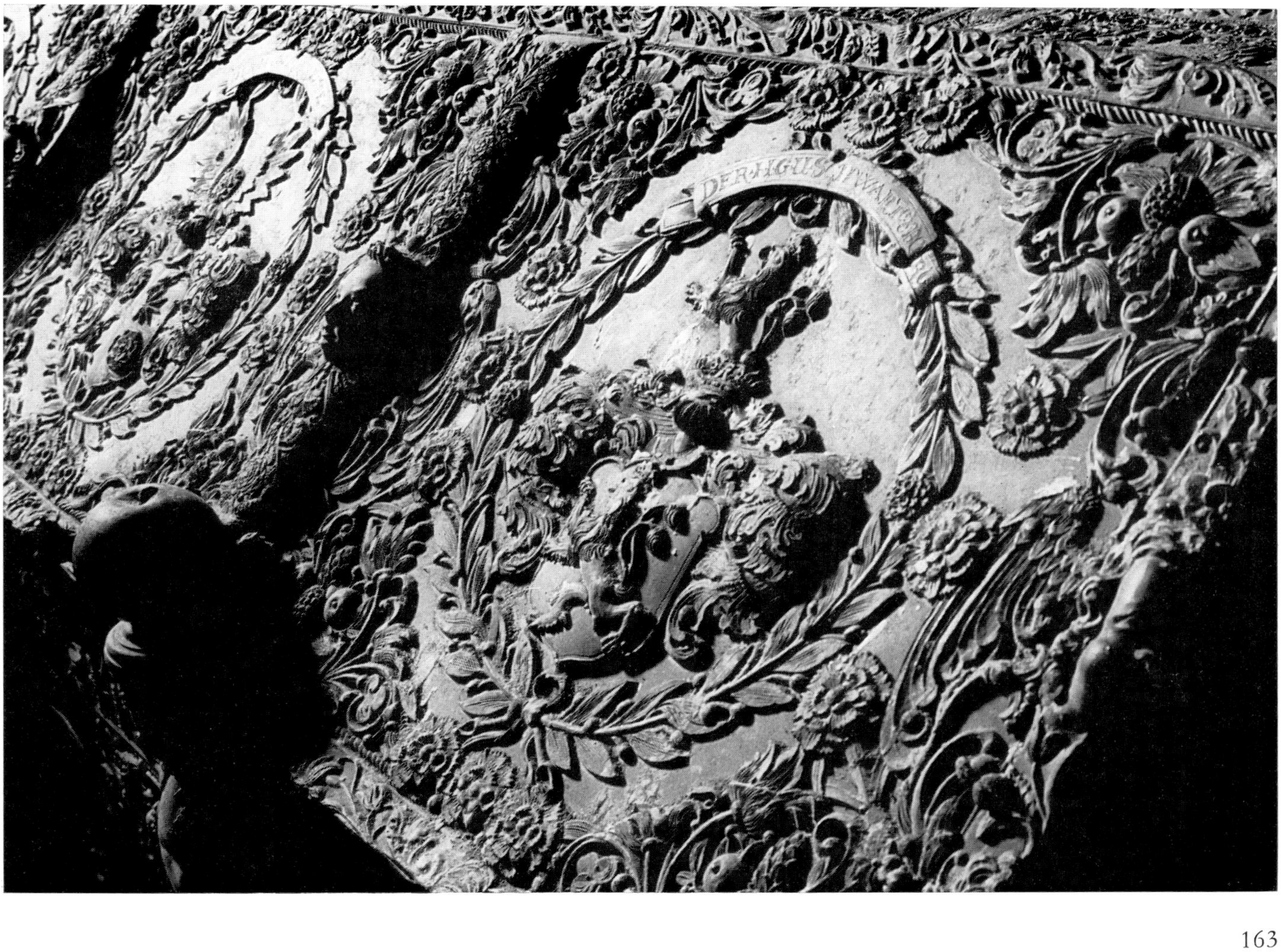

Seite 162
Vilmnitz, Nordwand des Mitte 13. Jh.
errichteten Chores mit Epitaphien
für Ludwig und Erdmann v. Putbus
von um 1600, Kanzel und östlich
anschließender Beichtstuhl von 1709
bzw. 1722.

Seite 163
Vilmnitz, Epitaph für Anna Maria
v. Putbus an der Chorsüdwand, 1599.

Vilmnitz, Altaraufsatz von 1603.

Vilmnitz, Prunksarkophag für Erdmann
Ludwig v. Putbus in der Kirchengruft,
1677.

Volksdorf, Glocke von 1755 im frei
stehenden Glockenstuhl auf dem
Kirchhof.

Vitt, die 1816 eingeweihte Strandkapelle von Norden.

Waase, Marienleuchter
aus Bronze, Mitte 15. Jh.

Waase, hl. Veronika mit dem
Schweißtuch vor Christus
mit dem Kreuz,
Detailgruppe aus dem
Mittelschrein des Flügel-
altares von um 1520.

Waase, der 2. Hälfte 15. Jh.
errichtete Chor mit gleichzeitiger Wandmalerei,
barockem Kronleuchter
und dem brabantischen
Flügelaltar von um 1520
im geöffneten Zustand.

Wieck bei Greifswald, nachreformatorischer Flügelaltar vom Anfang
17. Jh., geöffnet.

Werder, Kelch, 1. Hälfte 17. Jh.

Wartin, Kanzelaltar von um 1710
und Taufengel von 1707 vor der
Ostwand der frühgotischen Kirche.

Wiek, St. Georg zu Pferd,
das Bildwerk aus der 1. Hälfte 15. Jh.
1927 stark ergänzt.

Wiek, Triumphkreuzgruppe: Christus
um 1300, Johannes d. Täufer Mitte
15. Jh., Maria um 1500; im Hintergrund die barocke Altarwand von 1748.

Wiek, die im 1. Drittel 15. Jh.
errichtete Kirche von Osten.

Wusterhusen, St. Georg mit dem
Drachen, Wandmalerei an der Leibung
des Triumphbogens, 1. Viertel 15. Jh.

Wildberg, die Kirche mit dem in der
2. Hälfte 13. Jh. errichteten Chor,
einem im 16. Jh. angefügten Schiff
und dem verbretterten Westturm aus
dem 18. Jh. von Süden.

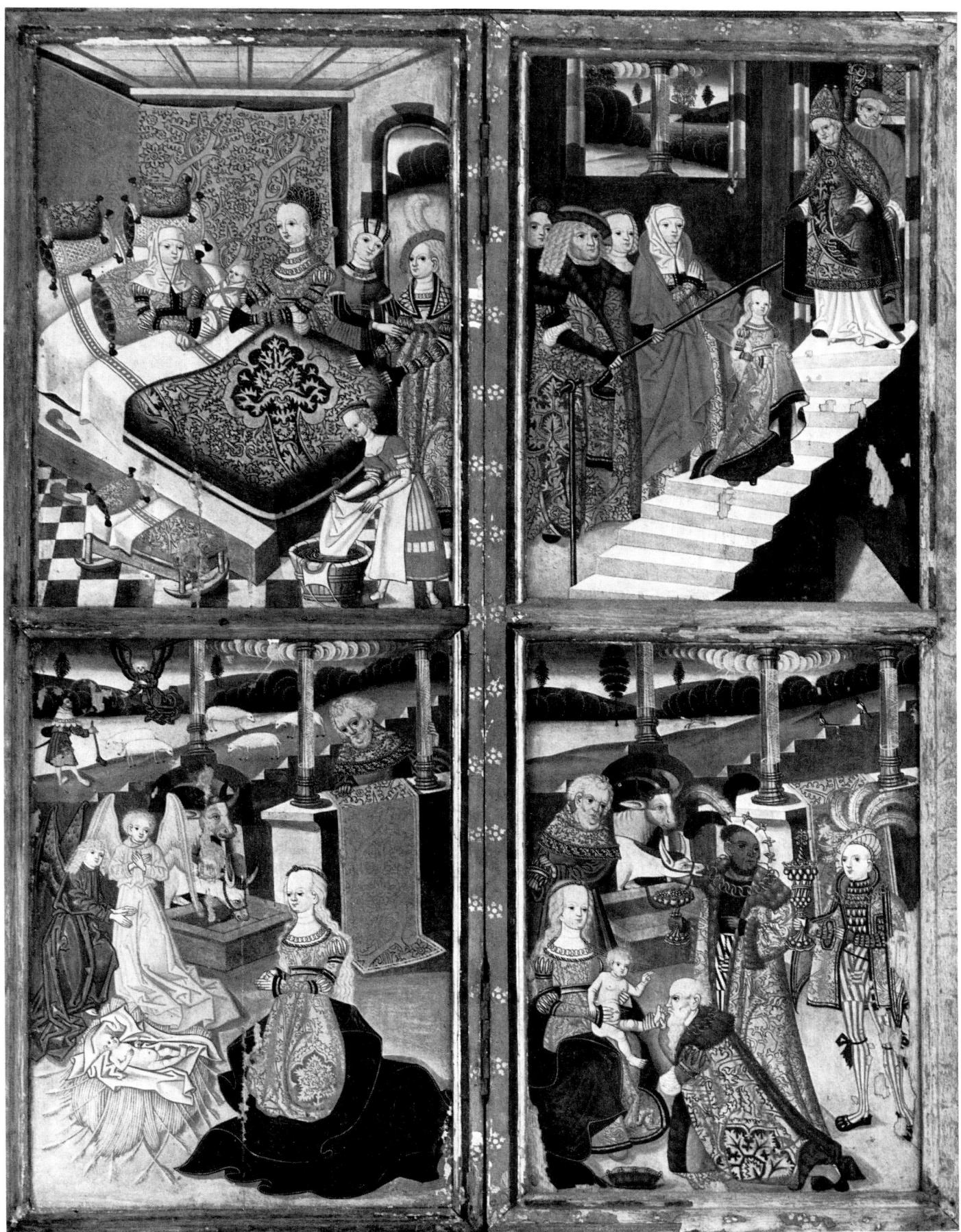

Wusterhusen, die aus dem Anfang
15. Jh. stammende Kirche mit im Kern
frühgotischem Chor von Südosten.

Wolkwitz, Sitzmadonna um 1250.

Wusterhusen, silberner Abendmahlskelch von 1841.

Zarnekow, Altaraufsatz von 1622.

Reinberg, Christus als Weltenrichter
und Erlöser, Wandmalerei an der
Ostkappe des Chorgewölbes,
Mitte 14. Jh.

Verchen, Madonna zwischen Johannes
d. Täufer und St. Christophorus,
Glasmalerei im nordöstlichen
Chorfenster, um 1460/70.

Waase, Reliefszenen aus dem
Mittelschrein (Beweinung Christi,
Schwur König Heinrichs II.), um 1520.

176

Verchen, das spätgotische Chorpolygon mit Wand- und Glasmalereien; Verkündigungsgruppe im Altaraufsatz, um 1420; Assistenzfiguren einer Kreuzigungsgruppe, um 1500; Wandmalerei nördlich vom Triumphbogen mit Erschaffung Evas, 2. Hälfte 16. Jh.

Ziethen, das Langhaus der 1257 geweihten Kirche mit im 15. Jh. angefügtem Westturm von Südwesten.

Zemmin, das 1845 für die Familie
Sobeck errichtete Mausoleum auf
dem Kirchhof.

Züssow, Gefangen-
nahme und Verhör
Jesu vor Pilatus,
Gemälde an der
Emporenbrüstung,
um 1700.

Zarnekow, gesticktes
ehemaliges Kasel-
kreuz (Detail),
15. Jh., der Korpus
des Kruzifixus 1890
durch das Christus-
kopfmedaillon
ersetzt.

181

Züssow, «Ecce homo», Ölgemälde,
Ende 17. Jh. entstanden und bis
Ende 19. Jh. im Mittelschrein des
gotischen Flügelaltares.

Seite 183
Wusterhusen, Chorpolygon von um
1420, der 1650 geschaffene Altaraufsatz rahmt einen spätgotischen
Flügelaltar, dessen Schnitzfiguren
durch ein Mittelbild und die 1739
eingefügten Figuren von Mose
und Aaron ersetzt wurden.

Seite 184
Züssow, Kabinettscheiben von 1634 bis
1645 mit biblischen Szenen, Aposteln,
Madonna, Genreszenen und Wappen;
nachträglich zusammengefaßt.

Einzeldarstellungen

einem achtseitigen Helm bekrönt worden ist. Die alte Balkendecke im Schiff wurde 1737 durch ein hölzernes Tonnengewölbe ersetzt und zur gleichen Zeit der mittelalterliche Triumphbogen zwischen Chor und Schiff herausgebrochen. Die Ausmalung stammt von 1912.

Der architektonische Aufbau des Altars mit den vier Evangelisten und dem auferstandenen Christus als Figurenschmuck sowie die Altarschranken entstanden 1746 in der Werkstatt des Stralsunder Meisters Michel Müller. Die zugehörigen Tafelbilder, eine seitenverkehrte Kopie des Abendmahls von Peter Paul Rubens im Hauptfeld und die Emmausjünger in der Predella, sind das Werk des damals ebenfalls in Stralsund ansässigen Malers J. J. Hoffmann. Rund 80 Jahre älter ist die schöne Kanzel von 1667 mit den Bildern der vier Evangelisten und Landschaftsdarstellungen in Temperamalerei. Von besonderem Reiz sind die als Grisaillen (d. h. in abgestuften Grautönen) gemalten sinnbildhaften Darstellungen christlich-erbaulichen Charakters auf der Brüstung des Kanzelaufgangs, die anläßlich der Umsetzung der Kanzel an den jetzigen Ort 1674 hinzugefügt wurde. Ein am Beginn des 17. Jh. entstandenes Tafelbild an der Chorsüdwand stellt die Grablegung Christi dar; das Kastengestühl mit rundbogigen Brüstungsfeldern stammt vom Ende des 17. Jh., die beiden Beichtstühle von um 1700 und das übrige Gestühl von 1913.

Abb. S. 84

Ahrenshagen (Kr. Ribnitz-Damgarten)

Ursprünglich bestand diese Kirche wohl nur aus dem in der zweiten Hälfte des 13. Jh. aus Feldstein errichteten Chor mit Fenster- und Türgewänden aus Backstein. Am steilen, stark gebusten Kreuzrippengewölbe wurde 1969 monumentale Wandmalerei aus der ersten Hälfte des 14. Jh. mit Szenen aus dem Marienleben und kleineren, teilweise typologisch zugeordneten Szenen freigelegt; verhältnismäßig gut erhalten blieb die Malerei in der Westkappe mit der Verkündigung an Maria und dem Sündenfall. Das aus Backstein errichtete Schiff mit flacher Decke und der quadratische Westturm sind erst im 15. Jh. angefügt worden. Am barocken Kanzelaltar aus der Mitte des 18. Jh., dessen zugehöriges Gitter in schlanke Brettbaluster aufgelöst ist, wird der architektonische Aufbau durch zwei weibliche Figuren, einen die Tafel mit den Zehn Geboten haltenden Putto auf dem Kanzeldeckel und zwei das bekrönende «Auge Gottes» im Strahlenkranz anbetenden Engeln bereichert. Der achteckige hölzerne Taufständer und der Patronatsstuhl vor der Chornordwand entstanden im 17. Jh., die gegenüberliegende Patronatsloge mit einer reich geschnitzten Bekrönung und das 1702 datierte Wappenepitaph für Arend Christoffer von Mörder mit Inschrifttafel, zwei sitzenden Engelfiguren und einem Rahmen aus geschnitztem Akanthuslaub im 18. Jh.

Abb. S. 82, 83

Ahrenshoop (Kr. Ribnitz-Damgarten)

Hardt-Walter Hämer ist der Architekt dieses eigenwillig gestalteten Kapellenbaus auf dem Darß. Ganz aus Holz errichtet, wird sein Äußeres durch das tief herabreichende Satteldach mit Rohrdeckung und die große gläserne Eingangswand gekennzeichnet. Den an der Rückwand getäfelten Innenraum umschließt ein vom Fußboden aufsteigendes, spitzbogiges Tonnengewölbe, das an einen kieloben liegenden Schiffsrumpf erinnert. Die bescheidene, dennoch aber formschöne Ausstattung ist das Werk der Bildhauerin Doris Oberländer.

Abb S. 84

Altefähr (Kr. Rügen)

An der Stelle einer älteren Kapelle wurde in der zweiten Hälfte des 15. Jh. die heutige Kirche aus Backstein errichtet. Sie besitzt einen im Osten gerade geschlossenen Chor mit glatter Decke, Sakristei und blendengegliedertem Ostgiebel, ein saalartiges Langhaus und einen Westturm, dessen Obergeschoß 1692 in Fachwerk erneuert und mit

Altenkirchen (Kr. Rügen)

Nach der Christianisierung Rügens durch Bischof Absalom von Roskilde wurde diese Kirche als eine der ersten Dorfkirchen der Insel wohl noch vor 1200 als dreischiffige Säulenbasilika aus Backstein mit lisenenbesetztem Chor und Apsis begonnen. Danach entstand das dreischiffige Langhaus mit Kreuzpfeilern und flacher Decke. Die gotischen Kreuzrippengewölbe im Chor und im damals um ein Joch nach Westen erweiterten Langhaus wurden am Ende des 14. Jh. eingebaut. Gleichzeitig erfolgte die Erneuerung der Seitenschiffswände; die Fenster im Obergaden des Mittelschiffes wurden vermauert und alle drei Schiffe unter ein gemeinsames Dach gebracht. Die vom Anfang des 13. Jh. stammende ornamentale Ausmalung von Apsis und Triumphbogen und die gotische Architekturfarbigkeit des Langhauses sind 1965 bis 1968 nach dem freigelegten Befund ergänzt worden. Der um 1250 entstandene Taufstein mit vier bärtigen Männerköpfen an der zylindrischen Kuppa ist wohl die älteste der aus Gotland nach Nordwestpommern eingeführten Kalksteintaufen. Neu ist der mächtige Balken im Triumphbogen des Chores; das auf ihm stehende Kreuz von 1839 erhielt neuerdings Kreuzblumen, und der aus Eichenholz geschnitzte Korpus vom Ende des 14. Jh. wurde 1975–1980 restauriert. Aus der Werkstatt des Stralsunder Bildhauers Elias Keßler stammt der barocke Altaraufbau mit fünf schönen Engelfiguren; sein ursprüngliches Tafelbild wurde 1863 durch ein anderes von Gottfried Pfannschmied mit der Darstellung des in den Wellen versinkenden Petrus ersetzt. Die Kanzel und das Gestühl sind 1861 entstanden.

Abb. S. 86

Behrenhoff (Kr. Greifswald)

Die 1249 erstmalig erwähnte Kirche besitzt einen damals aus Granitquadern errichteten hohen quadratischen Chor; für den blendengegliederten Giebel und die spitzbogigen

Fenstergewände wurde Backstein verwendet. Das ursprünglich dreischiffige basilikale Langhaus aus Backstein mit reich profilierten Gewändeportalen und achteckigen Arkadenpfeilern ist mit der südlichen Chorvorhalle im 14. Jh. angefügt worden. Das nördliche Seitenschiff wurde allerdings wohl nach dem Dreißigjährigen Krieg wieder abgebrochen, während die schönen gußeisernen Maßwerke der Fenster von einer allgemeinen Umgestaltung des Innenraumes und seiner Ausstattung in den Jahren 1857/58 stammen. Der mit einer flachen Putzdecke versehene Chor war ehemals kuppelig gewölbt, im Langhausmittelschiff blieben die achtteiligen Rippengewölbe erhalten, ebenso im südlichen Seitenschiff die einfachen Kreuzrippengewölbe. 1899 wurden an den Chorwänden Wandmalereien aus dem Anfang des 14. Jh. wiederentdeckt und stark ergänzt. Dargestellt ist u. a. als sehr drastische Szene der Höllenrachen mit dem Fegefeuer. Im Langhaus ist bei einer erneuten Restaurierung des Innenraumes ebenfalls eine ornamentale gotische Ausmalung mit Drolerieköpfen in den Gewölbezwickeln entdeckt worden. Ein einfacher Taufstein aus Kalkstein kam um 1300 in die Kirche, und mehrere einzeln an den Schiffswänden angebrachte kleinere Plastiken gehörten wohl zum ehemaligen Altaraufsatz aus der ersten Hälfte des 17. Jh. Klar und einheitlich gestaltet ist die im übrigen neugotische Ausstattung von 1857/58 mit Kanzel, Altaraufsatz, Orgel, Westempore und Gestühl. Die im Stil mittelalterlicher Glasmalereien gestalteten Chorfenster, das östliche mit der Majestas Domini in gotisierendem Maßwerk und dem Wappen der Familie v. Behr, wurden um 1906 gestiftet. Abb. S. 82, 86, 87

Blumberg (Kr. Angermünde)

Der um die Mitte des 13. Jh. aus Feldsteinen errichtete Rechteckbau mit querrechteckigem Westturm erhielt 1735 seinen barocken Akzent durch den quadratischen Turmaufsatz, sein leicht eingezogenes hölzernes Glockengeschoß und die von einer Laterne bekrönte Haube. Zur barocken Ausstattung des flachgedeckten Kirchenschiffes gehört die hufeisenförmige Westempore mit dem in ihrer marmorierten Brüstung stehenden Prospekt einer kleinen Orgel von 1773. Der geschnitzte reiche Akanthusdekor des Prospektes wird durch die Figur des Harfe spielenden Königs David zwischen musizierenden Frauen und einer von Engelputten begleiteten Widmungstafel ergänzt. Abb. S. 88

Bobbin (Kr. Rügen)

Das weithin sichtbar auf einer Anhöhe am Südende des Großen Jasmunder Boddens um 1400 errichtete Kirchengebäude aus Feldsteinmauerwerk besitzt ein geräumiges Schiff, an das sich im Osten der etwas schmalere Rechteckchor mit beidseitigen Anbauten, im Westen der rund 100 Jahre jüngere, im Grundriß quadratische Glockenturm anschließen. Den Innenraum überdecken im Chor zwei Kreuzrippengewölbe, im Schiff eine bemalte Bretterdecke. Dem von Säulen flankierten architektonischen Aufbau des 1668 von dem schwedischen Generalgouverneur Carl Gustav v. Wrangel gestifteten Altars sind drei Tafelbilder mit den Darstellungen des Abendmahles, der Kreuzigung und der Himmelfahrt Jesu eingefügt, denen Gemälde des P. P. Rubens als Vorbild dienten. Die Kanzel mit reichem Knorpelwerkdekor und den Bildnissen des

Salvator mundi (d. h. des Herrschers der Welt), der vier Evangelisten und weiterer Apostel kam nach einer Inschrift 1622 in die Kirche, während die ihr gegenüberliegende Patronatsloge mit dem Altaraufsatz erst im letzten Drittel des 17. Jh. eingebaut worden ist. In der Südwand der Sakristei liegt eine fest verschließbare «Sakramentsnische» zur Aufbewahrung der geweihten Hostien. Die Innenseite der Eichenholztür trägt ein durch den späteren Einbau eines Schlosses leider stark beschädigtes Tafelbild mit dem gekreuzigten Christus zwischen Maria und Johannes dem Evangelisten und zwei Engeln in den Zwickeln über dem die Kreuzigungsgruppe überfangenden Spitzbogenrahmen. Der Totenschädel und die Knochen am Fuß des Kreuzes sind Symbole für den «Alten Adam», dessen Erbsünde erst durch den Kreuzestod Jesu gesühnt wurde. Die schmalen Gesichter der Gestalten und der sehr weiche Faltenwurf der Gewänder lassen dieses Bild mit der gesamten Nische um 1410/20 datieren. Der mit «gestempelten» roten Blütenmustern überzogene Hintergrund ist typisch für Wand- und Tafelbilder aus der ersten Hälfte des 15. Jh. Abb. S. 81, 89

Bodstedt (Kr. Ribnitz-Damgarten)

Die Kirche ist ein schlichter spätgotischer Saalbau aus Backstein mit polygonalem Ostschluß und einem 1786 im Westen angefügten weiteren Joch; vorgesehene Gewölbe wurden nicht ausgeführt. Der dem hl. Theobald geweihte nördliche Kapellenanbau war im 15. Jh. Ziel von Wallfahrten. In der Kirche wird u. a. ein Tafelbild mit der Darstellung der Taufe Jesu aus der Mitte des 16. Jh. aufbewahrt. Zwar ist es wohl nur das Werk eines einheimischen Meisters, doch in der Innigkeit der dargestellten Szene gehört es zu den typischen Beispielen für die Tafelmalerei der Renaissance in den pommerschen Dorfkirchen. Abb. S. 91

Born (Kr. Ribnitz-Damgarten)

Die 1934/35 nach dem Entwurf der Architekten Hopp und Jäger entstandene Kirche ist äußerlich einem großen Fischerhaus mit verbretterten Wänden und Giebeln, hell gestrichenen Fenstern und Türen und einem rohrgedeckten Satteldach vergleichbar. Anders der überraschend einfach gestaltete, dennoch monumental wirkende Innenraum. Seine Wände lassen den Wuchs des Holzes in allen Zufälligkeiten erkennen, und die von kräftigen Knaggen getragene hölzerne Tonnendecke gleicht einem mit Spanten ausgeschlagenen Schiffsrumpf. Hier steht mitten in der Küstenlandschaft des Darß ein dem Wesen und Wollen der in ihm versammelten Menschen adäquates Gotteshaus, entstanden in einer Zeit notwendig gewordener Besinnung auf die ganze Wahrheit der evangelischen Botschaft. Abb. S. 90

Brandshagen (Kr. Grimmen)

Die erste Erwähnung der aus Backstein errichteten Kirche im Jahre 1249 kann sich nur auf den rechteckigen Chor mit von Maßwerk gegliederten Spitzbogenfenstern bezogen haben. Seine zwei Kreuzrippengewölbe ruhen auf Dienstkonsolen mit Kelchkapitellen. Das dreischiffige Langhaus, eine kreuzrippengewölbte Vierstützenhalle mit achteckigen Pfeilern und an den Gewänden reich profilierten, schmalen

Spitzbogenfenstern sowie Strebepfeilern an den Außenwänden, ist erst nach 1300 angefügt worden. Der mittelalterliche Glockenturm steht im westlichsten Mittelschiffsjoch und ist nach drei Seiten zum Langhaus geöffnet. Seine zwischen zwei polygonal vortretenden Treppentürmchen gelegene Westfassade wird durch das spitzbogige Gewändeportal und große Maßwerkblenden hervorgehoben, den oberen Abschluß bildet ein jüngeres Glockengeschoß aus Fachwerk mit massiv verblendeter Westwand und steilem Zeltdach. An verschiedenen Bogenleibungen wurden Reste von Wandmalerei aus dem 14. Jh. freigelegt. Darunter befinden sich sowohl biblische Szenen wie die Darstellung Adams und Evas bei der Feld- und Hausarbeit mit dem über den Sündenfall triumphierenden Teufel als auch solche mit kulturhistorisch interessanten Bildern zur Seeschiffahrt. Zur barocken Ausstattung aus dem 18. Jh. gehört hingegen die ornamentale Akanthusmalerei an den Pfeilern und Scheidbögenarkaden des Langhauses und im Scheitel der Kreuzrippengewölbe. Vom Ende des 15. Jh. stammt das schöne Triumphkreuz mit den Evangelistensymbolen in den Vierpässen der Kreuzarme; auch es wurde nachträglich auf einen Triumphbalken mit barockem Akanthusdekor gestellt. Die Bedeutung des 1707 in der Werkstatt des Stralsunder Bildhauers Hans Broder geschaffenen Altaraufsatzes beruht nicht zuletzt auf seinem ausdrucksvollen Figurenschmuck, den vier Evangelisten, dem auferstandenen Christus als Bekrönung, den Allegorien von Glaube und Hoffnung und musizierenden Engeln, Engelputten und Engelköpfchen. Die Bilder des Altaraufsatzes stellen in der Predella das Abendmahl, im Hauptfeld die Himmelfahrt Jesu und im bekrönenden Feld das Geschehen in Gethsemane dar. In den reich geschnitzten Akanthusdekor hat seitlich vom Hauptfeld der Stifter Isaak Schenkel sein Porträt und das seiner Frau einfügen lassen. Zu den weiteren beachtenswerten Ausstattungsstücken der Kirche gehören die um 1800 im Empirestil gebaute Kanzel und die im Chor aufgestellten Gestühlswände mit allegorischer Malerei aus der zweiten Hälfte des 18. Jh., denen im Langhaus die Emporen mit szenisch bemalten Brüstungen entsprechen. Abb. S. 93–95

Casekow (Kr. Angermünde)

Der nach 1250 entstandene rechteckige Feldsteinbau mit einem erst 1858 aus Backstein errichteten Westturm hatte im zweiten Weltkrieg schwere Schäden erlitten und wurde danach bis 1953 wieder aufgebaut. Zur gleichen Zeit ist seine barocke Ausstattung, eine Westempore mit gemalten Aposteldarstellungen und der 1721 gestiftete Kanzelaltar, restauriert worden. An dem in seinem architektonischen Aufbau sehr einfachen Kanzelaltar mit geschnitztem Akanthusdekor und einer bekrönenden, den Triumphierenden Christus zwischen zwei Frauengestalten darstellenden Figurengruppe sind besonders die Tafelbilder in den Brüstungen von Aufgang und Kanzelkorb mit Szenen aus dem Alten und dem Neuen Testament und dem Porträt Luthers auf der Kanzeltür von Interesse. Abb. S. 96

Deyelsdorf (Kr. Grimmen)

Eine zugleich als Dorfkirche errichtete Gutskapelle, die im kleinen den Typus der evangelischen Schloßkapellen des 16. Jh. mit Kreuzgrat- oder Tonnengewölben und zwischen tiefen Wandpfeilern umlaufenden massiven Emporen über weitgespannten Rundbogenarkaden aufgriff. Die rundbogigen Fenster mit in die Leibungskanten gestellten Säulen und der Westturm mit achtseitigem Helm lassen vermuten, daß der 1606 fertiggestellte rechteckige Putzbau mit betonter Eckquaderung bei der letzten umfassenden Instandsetzung durch den Wismarer Architekten Thormann im Jahre 1872 einschließlich des östlichen Renaissancegiebels «stilgemäß» verändert worden ist. Das jetzige Interieur stammt ebenfalls zum guten Teil aus dem 19. Jh., greift aber bis in die Details der Ausstattungstücke Elemente des Renaissancestils auf. Die Figur des Segnenden Christus über dem Altar ist eine kleinere Kopie der 1820 entstandenen, damals hochberühmten Skulptur des klassizistischen dänischen Bildhauers Bertel Thorvaldsen in der Kopenhagener Frauenkirche. Abb. S. 97

Drewelow (Kr. Anklam)

Die Kirche, ein spätmittelalterlicher Rechteckbau aus Feldsteinen, wurde wohl am Beginn des 18. Jh. stark beschädigt und danach mit einem Dachreiter aus Fachwerk wiederhergestellt. Der Schöpfer des damals entstandenen Kanzelaltars ist vom Schema des architektonischen Aufbaus abgegangen und umgab Kanzelkorb und Zugang mit einem geschnitzten Vorhang, den Engelputten auseinanderraffen und vor dem die Allegorien von Glaube und Hoffnung stehen. Als Dekor sind Lambrequins, Eierstab, Blattgehänge und Akanthus verwendet, der in den Türen der seitlich gelegenen Verschläge wiederkehrt. Den Schalldeckel bekrönt ein Posaunenengel. Stammen die beiden Zinnleuchter noch aus dem 18. Jh., so ist das bronzene Altarkruzifix mit neoromanischen Bogenarkaden am Fuß wohl um die Mitte des 19. Jh. entstanden. Abb. S. 98

Eixen (Kr. Ribnitz-Damgarten)

Dieser Rechteckbau ohne Chor und Westturm ist eine der typischen Kirchen aus der Übergangszeit zwischen Romanik und Gotik. Er wurde um die Mitte des 13. Jh. aus Feldsteinen errichtet, doch für die spitzbogigen Leibungen der Stufenportale und schlanken Zwei- und Dreifenstergruppen sowie für die Giebel fand Backstein Verwendung. Besonders schön ist der Ostgiebel durch rhombische bzw. zwei- und dreigeteilte Rundbogenblenden und eine Kreuzblende im Scheitel gegliedert. Der jetzt flach gedeckte Innenraum sollte ursprünglich Kreuzrippengewölbe erhalten. Ein aus dem zweiten Viertel des 16. Jh. stammendes Altartriptychon an der Südwand birgt in den Flügelkästen Heiligenfiguren, die in der bewegten Gestaltung der Gewänder an die Apostel des Güstrower Domes erinnern. Die zwei Tafelbilder auf den Außenseiten der Flügel stellen die Heiligen Georg und Dorothea vor landschaftlichen Hintergründen im Stil der Donauschule dar. Eine jetzt aus dem ursprünglichen Zusammenhang gelöste Glasmalerei in Schwarzlot wirkt wie eine Zeichnung und stellt den auferstandenen Christus dar; sie ist wohl gleichzeitig mit den Bildern des Altartriptychons 1649 in die Kirche gestiftet worden. Abb. S. 92, 98, 99

Elmenhorst (Kr. Grimmen)

Ältester Teil dieser aus Feldsteinen errichteten Kirche ist das noch im 13. Jh. fertiggestellte rechteckige Schiff mit einer an der Südseite angebauten Sakristei. Die blenden-gegliederten Giebel und die abgestuften Gewände der Spitzbogenfenster sind aus Backstein gemauert. Im 14. Jh. ist dann der im Osten polygonal geschlossene Chor angefügt worden, der westliche Glockenturm aus verbretterten Fachwerk wurde um die Mitte des 17. Jh. gebaut.

Abb. S. 100

Ferdinandshof *(Kr. Ueckermünde)*

Um das bisher fast brach liegende, feuchte Bruchgebiet am Oderhaff landwirtschaftlich zu erschließen, hatten preußische Könige seit dem Anfang des 18. Jh. südwestdeutsche Siedler ins Land gezogen. Von diesen Zuwanderern wurde auch der im nordostdeutschen Landschaftsbild ungewöhnliche Kirchbau auf dem außerhalb des Dorfes gelegenen Friedhof errichtet. Über dem polygonalen Ostschluß des langgestreckten Saalbaus erhebt sich ein achtseitiger Fachwerkturm mit geschweifter Haube, deren Wetterfahne die Jahreszahl 1724 trägt. Die Außenwände der Kirche sind von Anbeginn verputzt gewesen und besitzen in den die Rechteckfenster rahmenden Putzfaschen mit Ohren ihren einzigen Schmuck, wie auch der nördliche Sakristeianbau mit seinem schlichten Fachwerkgiebel von der Kargheit der Lebensumstände zeugt, unter denen die Siedler ihre Arbeit an diesem Ort begannen.

Abb. S. 100

Flemendorf *(Kr. Stralsund)*

Der geräumige Backsteinbau mit polygonalem Ostschluß wurde am Ende des 15. Jh. gebaut; auf eine geplante Einwölbung des Innenraumes lassen die farbig abgesetzten Schildbögen der Wände schließen. Aus der Entstehungszeit der Kirche stammen gut erhaltene, bei ihrer Freilegung 1937 kaum entstellte Wandmalereien, u. a. ein Bildnis des hl. Christophorus. In den mit vier Evangelistenfiguren besetzten barocken Altaraufsatz wurde wohl erst im 19. Jh. als zentrales Motiv ein Anfang des 16. Jh. entstandenes Tafelbild mit der Darstellung der «Heiligen Sippe» und Stifterbildnissen eingesetzt.

Abb. S. 101

Garz *(Kr. Wolgast)*

In dieser kleinen spätgotischen Feldsteinkirche hängen zwei der schönen «Votivschiffe», wie sie in zahlreichen Kirchen zu finden sind, zu deren Gemeinden zur See fahrende Leute gehörten. Die mit größter Detailtreue bestimmte Schiffe nachbildenden Modelle sind entweder das Ergebnis der Bastelfreude der Schiffer oder Fischer an langen Winterabenden, oft aber auch zur Erinnerung an gefährliche Fahrten oder gar Schiffbrüche mit dem dargestellten Schiff und aus Dankbarkeit für eine glückliche Rettung in die Kirche gestiftet worden.

Abb. S. 102

Gingst *(Kr. Rügen)*

Der rechteckige Chor der heutigen, aus Backstein gebauten Hallenkirche entstand um das Jahr 1300 und muß lange Zeit für die Gemeindegottesdienste ausgereicht haben, denn das dreischiffige Langhaus kam erst rund hundert Jahre später hinzu. Der Westturm wurde nach 1450 errichtet, doch seine achteckige Haube ist aus dem

18. Jh. Der Chor und die durch spitzbogige Scheidbogenarkaden über achteckigen Pfeilern getrennten drei Schiffe des Langhauses besaßen ursprünglich Kreuzrippengewölbe, die aber nur in den Seitenschiffen erhalten blieben. Die Gewölbe des Langhausmittelschiffes und des Chores stürzten bei Bränden ein und wurden durch stuckverzierte flache Decken ersetzt, als die Kirche nach 1725 eine Instandsetzung und barocke Neuausstattung erfuhr. Die jetzige Ausmalung entstand 1963 in Anlehnung an die freigelegten Reste der mittelalterlichen bzw. barocken Farbigkeit des Raumes. Der mit den allegorischen Figuren von Glaube und Hoffnung und einem Gemälde der Himmelfahrt Jesu ausgestattete Altaraufsatz von 1776 besitzt schon klassizistischen Charakter; die in sein Oberteil eingebaute Uhr ist eine Zutat von 1796. Ob die reich dekorierte Kanzel mit einem auf der Strebekrone des Schalldeckels stehenden Posaunenengel in der Werkstatt des Stralsunder Tischlermeisters Martin Becker entstand, ist ungewiß. Die Felder des Aufgangs und der Brüstung des Kanzelkorbes sind mit Akanthusdekor überzogen, in das Medaillons mit den Bildnissen Martin Luthers und der vier Evangelisten gesetzt sind. Die gemalte Draperie hinter der Kanzel ist eines der wenigen erhaltenen Beispiele dieser im 18. Jh. oft genutzten Möglichkeit zur repräsentativen Hervorhebung von Altarwänden und Kanzeln. Die ebenfalls von Draperien hinterfangenen zwei Beichtstühle im Chor sind das Werk Stralsunder Meister, während das einfache Kastengestühl aus einer einheimischen Werkstatt stammt; sie alle gehören zu der barocken Neuausstattung von um 1730. Der üppig dekorierte hölzerne Taufständer besteht aus drei kräftigen Volutenfüßen, zwischen die drei Kartuschen mit den Wappen des Stifters Philipp v. Krassow und seiner Frau und einem Bibelzitat gesetzt sind; der Deckel ist gleichzeitig als Lesepult zu verwenden. Besondere Beachtung verdient auch die 1795 von dem Meister Christian Kindten in Sagard gebaute Orgel mit einem bisher annähernd original erhaltenen, 1957 restaurierten Werk. Der reiche Orgelprospekt mit Zymbelstern und mechanisch bewegten Engelfiguren ist das Werk des Stralsunder Kunsttischlers Nathanael Freese.

Abb. S. 92, 102

Glewitz *(Kr. Grimmen)*

Die Glewitzer Kirche, ein 1851 nachträglich verputzter Backsteinbau, wird lange Zeit nur aus dem am Ende des 13. Jh. errichteten Chor mit dreiseitigem polygonalem Ostschluß bestanden haben. Das von Kreuzrippengewölben überdeckte Langhaus wurde erst in spätgotischer Zeit angebaut. Das gesamte Gebäude mußte 1686 nach starken Kriegsschäden restauriert werden, wobei die Gewölbe des Chores 1719 völlig erneuert wurden. Die bisher erhaltene Ausstattung ist verhältnismäßig bescheiden. Nur ein Kruzifix vom Ende des 15. Jh. und die um 1800 entstandene Kanzel im Empirestil mit drei gemalten Szenen aus dem Leben Jesu und einem Schalldeckel, auf dem über den Tafeln mit den Zehn Geboten ein Putto mit Bibel und Kreuz steht, sind auch ihrer künstlerischen Qualität nach beachtenswert.

Abb. S. 104

Gnevezow *(Kr. Demmin)*

Zur Ausstattung des vermutlich am Ende des 16. Jh. aus Feldsteinen errichteten rechteckigen jetzigen Kirchengebäudes gehört das mittelalterliche Gehäuse eines noch

Übersichtskarte
der in diesem Buch behandelten
Dorfkirchen der
Evangelischen Landeskirche
Greifswald

Vitt
Altenkirchen
Wiek
Bobbin
Kloster
Neuen-kirchen
Schaprode
Trent
Kappin
Waase
Patzig
Gingst
Groß Mohrdorf
Bergen
Landow
Laucken-Granitz
Sellin (Garz/Rp)
Prohn
Vilmnitz
emendorf
Altefähr
Gustow
Groß Zicker
Stralsund
Berthke
Brandshagen
Elmenhorst
Reinberg
Reinkenhagen
Stoltenhagen
Neuenkirchen
Horst
Ludwigsburg
Wusterhusen (Greifsw./Land)
Grimmen
Levenhagen
Wieck
Krummin
Kreutzmanns-hagen
Greifswald (stadt)
Koserow
Kirchbaggendorf
Klevenow
Griebenow
Wolgast
Gross Bisdorf
Kemnitz
lsdorf
Glewitz
Groß Kiesow
Zarnekow
Nehringen
Behrenhoff
Medrow
Görmin
Züssow
Volksdorf
Trantow
Ranzin
Rubkow
Nossendorf
Lüssow
Groß Bünzow
Morgenitz
Zemmin
Schlatkow
Murchin
Melleuthin
Demmin
Zicthen
Usedom
Garz
Sanskow
Stolpe
Mönchow
Verchen
Anklam
Medow
Krien
Lüskow
Guevezow
Spautekow
Alt Kosenow
Wolkwitz
Drewelow
Lindenberg
Japenzin
Rathebur
Uckermünde
Kölln
Röckwitz
Werder
Putzar
Rieth
Altentreptow
Wildberg
Wolkow
Ferdinandshof
Groß
Teetzleben
Neubrandenburg
Wilsickow
Pasewalk
Rothenklempenow
Wolfshagen
Werbelow
Schmarsow
Wilhelmshof
Hetzdorf
Ramin
Menkin
Grambow

e
ze
Landeskirche
Kirchenkreise
enturen

Sommers-dorf
Penkun (Garz-Penkun)
Wartin
Neubrandenburg
Blumberg
Casekow
Frankfurt / Oder

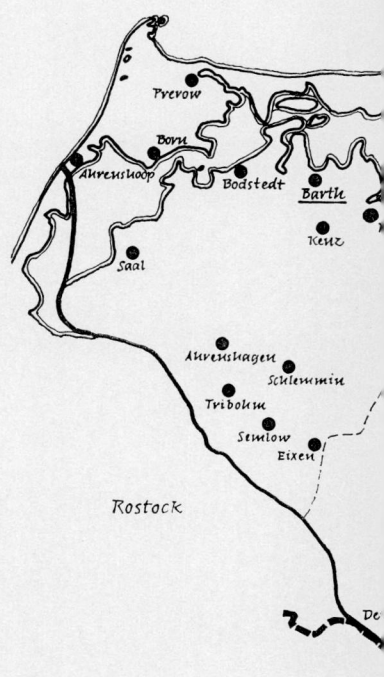

Prerow

Born

Ahrenshoop

Bodstedt

Barth

Saal

Kenz

Ahrenshagen

Schlemmin

Tribohm

Semlow

Eixen

Rostock

De

Neubrandenb

aus einem Vorgängerbau stammenden Flügelaltars, in dessen Mittelschrein und Kastenflügel Anfang 17. Jh. eine Figur des segnenden Christus und szenische Reliefs mit neutestamentlicher Thematik gestellt wurden. Zu seiten des als Pantokrator dargestellten Christus sind es die Geburt, Taufe, Grablegung und Auferstehung Jesu, im linken Flügel die Verkündigung an Maria und das Abendmahl, im rechten der die Kinder segnende Christus und das Jüngste Gericht. Der ungewöhnliche Stil dieser trotz folkloristischer Züge sehr ausdrucksstarken Plastiken erschwert ihre Datierung, wobei die Ornamentik der nicht mehr vollständig erhaltenen Schleierbretter an osteuropäische Einflüsse oder Vorbilder denken läßt.

Abb. S. 103

Görmin (Kr. Demmin)

Der aus Feldsteinquadern errichtete rechteckige Chor der Görminer Kirche entstand um die Mitte des 13. Jh., wobei für die Leibungen der als gestaffelte Dreiergruppe oder paarweise geordneten Spitzbogenfenster und den blenden-gegliederten Ostgiebel Backstein Verwendung fand. Auch das erst später errichtete gotische Langhaus und der auf einem mittelalterlichen Feldsteingeschoß stehende West-turm von 1869 sind aus Feldsteinen gebaut worden. Bei einer Restaurierung im Jahre 1951 konnte an den Wänden und dem achtrippigen Gewölbe im Chor Malerei aus dem dritten Viertel des 14. Jh. freigelegt werden. Im Zentrum ist Christus in einer mandelförmigen Strahlenglorie als thronender Weltenrichter dargestellt, in dessen Schoß er noch einmal als der Schmerzensmann sitzt. Ihm zur Seite knien Maria und Johannes der Täufer und stehen Heilige, denen links die Hölle, rechts das himmlische Jerusalem zu-geordnet sind. An den Wänden des Chores sind die zwölf Apostel dargestellt.

Abb. S. 103

Grambow (Kr. Pasewalk)

Die Grambower Dorfkirche ist ein bescheidener, wenn auch gut erhaltener Saalbau aus Feldsteinen und wohl noch im 13. Jh. errichtet worden. Zu ihrer barocken Aus-stattung gehört eine 1690 von Joachim Kotthafn gestiftete Taufschale aus Messing. Ihr häufiger Gebrauch hat seine deutlichen Spuren hinterlassen. Das getriebene Relief des Sündenfalls und die in der Regel keinen rechten Sinn er-gebende «Umschrift» aus Minuskelbuchstaben im Spiegel der Schale haben vor allem durch das ständige Putzen ihre Details eingebüßt. Sie wiederholen jedoch ein Motiv, das neben der Verkündigung des Engels an Maria seit dem Mittelalter auf Taufschalen häufig wieder begegnet und sozusagen einen der beiden thematischen Pole des geist-lichen Spannungsfeldes christlichen Glaubens zwischen dem Sündenfall und dem Kommen des Retters in Jesu Geburt kennzeichnet.

Abb. S. 104 oben

Griebenow (Kr. Grimmen)

Als fünfzehneckiger Zentralbau stellt die 1616 aus Fach-werk errichtete ehemalige Schloßkapelle unter den Dorf-kirchen Vorpommerns eine Ausnahme dar, obwohl runde oder polygonale Sakralbauten auch sonst von der Spätgotik bis in das 19. Jh. mehrfach gebaut worden sind. Die das kräftig profilierte Hauptgesims tragenden Eckständer be-sitzen geschnitzten Maskendekor, und das steile Zeltdach

mündet in einer schlanken Spitze. Den lichten, architek-tonisch gut proportionierten Innenraum mit hölzernen toskanischen Wandsäulen überdeckt ein vielrippiges Zelt-gewölbe. Bald nach der Fertigstellung des Baus mögen noch im ersten Drittel des 17. Jh. die Kanzel, die Emporen und das Kastengestühl entstanden sein. Die Tafelbilder in den Brüstungsfeldern der Kanzel und ihres Aufganges stellen Mose, Aaron und die vier Evangelisten dar, wobei Kanzelkorb und Schalldeckel mit reichem Dekor aus Schweifgrotesken, Engelköpfchen und kleinen Engel-figuren mit den Leidenswerkzeugen Jesu geschmückt sind. Der auf 1654 datierte prachtvolle Altaraufsatz mit einem Bild des Gekreuzigten und der bekrönenden Figuren-gruppe des Pantokrators zwischen den Allegorien von Glaube und Hoffnung zeigt schon barocke Stiltendenzen. Der reizvolle Bau und seine Ausstattung wurden 1949 restauriert, und das Spielwerk der kleinen Orgel aus dem Anfang des 18. Jh. konnte 1969 gründlich instand gesetzt werden. Die Glocken von 1625 und 1655 hängen in einem frei stehenden Glockenstuhl vor der Kapelle, durch den hindurch der Zugang zu dem von einer Backsteinmauer umgebenen Kirchhof führt.

Abb. S. 105

Groß Bisdorf (Kr. Grimmen)

Die am Ende des 14. Jh. errichtete stattliche Hallenkirche aus Backstein mit Spitzbogenfenstern und kleeblattbogiger Öffnung des südlichen Gewändeportals hatte wohl einen frühgotischen Vorgänger. Den Zugang zum Kirchhof ver-mittelt ein barockes Friedhofsportal (1784) mit großer und kleiner korbbogiger Öffnung und einer von toskanischen Pilastern gegliederten Putzfront.

Abb. S. 106

Groß Bünzow (Kr. Anklam)

Zur Kanzel des aus Feldsteinen errichteten spätgotischen Kirchengebäudes gehört die um 1700 geschaffene schmiede-eiserne Sanduhr mit Gläsern, deren unterschiedliche Halsweite den Sand im Zeitraum zwischen einer viertel bis zu einer ganzen Stunde durchlaufen läßt. Danach können die Gläser miteinander umgedreht und neu genutzt werden. Derartige Sanduhren gehörten ursprünglich zur Ausstattung fast jeder Kirche; heute sind sie Raritäten ge-worden, die zu bewahren eine wichtige Aufgabe der für sie verantwortlichen Pfarrgemeinden sein muß.

Abb. S. 104

Groß Kiesow (Kr. Greifswald)

Die Wände des in der zweiten Hälfte des 13. Jh. errich-teten Chores sind aus Feldsteinen und die Gebäudekanten durch sorgfältig behauene, wechselseitig einbindende Quader betont. Sein besonderer architektonischer Reiz liegt jedoch in den kräftig profilierten Gewänden der Priesterpforte und der Spitzbogenfenster aus schichtweise wechselnden, glasierten und unglasierten Backsteinen, dem auf Dreieckskonsolen ruhenden Rundbogenfries unter der Traufe und dem von zwei Blendenreihen ge-gliederten Ostgiebel. Er und das nach 1300 entstandene einschiffige Langhaus mit spitzbogigen Fenstern und Por-talen sowie das Turmuntergeschoß mit ungewöhnlich starken Mauern sind aus Backstein. Hingegen besteht das 1653 aufgesetzte Turmobergeschoß aus Fachwerk und wurde erst um 1800 mit Backsteinwänden ummantelt; seine geschweifte Haube mit Laterne dürfte damals zumindest erneuert worden sein. Eine Renovierung im Jahr 1980 verlieh dem Innenraum seinen gegenwärtig noch etwas nüchternen Charakter. Abb. S. 106

Groß Mohrdorf (Kr. Stralsund)

Aus der Silhouette des an einem Hügel gelegenen Dorfes hebt sich weithin sichtbar die breit gelagerte Hallenkirche mit einem hohen Satteldach hervor. Sie wurde in der zweiten Hälfte des 13. Jh. aus Backstein gebaut. An den einjochigen Chor mit fünfseitigem Ostschluß schließen sich die zwei Joche des dreischiffigen Langhauses mit zwei achteckigen Pfeilern und einfachen Scheidbogenarkaden an. Es ist seinerseits mit dem die Breite des Langhauses besitzenden Untergeschoß des nicht fertiggestellten Westturmes durch drei hohe Spitzbogenarkaden verbunden. Chor und Langhaus besitzen Kreuzrippengewölbe, die an den Wänden auf schlanken Diensten aufsitzen, und am Eingang des Chores reich profilierte Vorlagen für einen nicht ausgeführten Triumphbogen. 1967 wurde die gotische Architekturfarbigkeit nach Befund rekonstruiert und am östlichen Arkadenbogen zum Turm Reste der ursprünglich viel umfangreicheren Wandmalerei aus der Mitte des 14. Jh. restauriert. Die barocke Ausstattung aus der Zeit um 1700 ist zum größten Teil das Werk des Stralsunder Bildschnitzers und Tischlers Johannes Wendt. Der zweigeschossige Altaraufsatz mit gewundenen Säulen und Akanthusdekor ist reich mit Reliefszenen und Figurengruppen zur Passion, Auferstehung und Himmelfahrt Jesu, Petrus, Paulus, Engelfiguren und Putten besetzt. Die Pfosten der Altargitterbalustrade zieren plastische Schleifengehänge mit Putten, die die Leidenswerkzeuge Jesu tragen. Ebenso beachtenswert ist die von einer Mosefigur getragene polygonale Kanzel mit gewundenen Säulchen und Akanthusdekor, deren Brüstungsfelder mit Reliefszenen aus dem Leben Jesu geschmückt sind, während die entsprechenden Felder des Schalldeckels alttestamentliche Reliefszenen tragen. Über die gesamte Kanzel sind Figuren des Guten Hirten, der zwölf Apostel, der Madonna mit dem Kind, Engel, Putten und die Allegorien von Glaube und Hoffnung verteilt. Ein um 1615 aus Sandstein gearbeitetes Epitaph für G. v. d. Osten mit dem Alabasterrelief des Weltgerichtes, dem Stifterpaar, seiner Ahnenprobe und einer Kartusche mit langer Widmungsinschrift, die aus dem 18. Jh. stammende Patronatsloge neben der Kanzel mit bekrönendem Waffentrophaion und die Empore im nördlichen Langhausseitenschiff sind die weiteren barocken Ausstattungsstücke der Kirche; die szenische und ornamentale Glasmalerei im nordwestlichen Fenster des Chorpolygons stammt aus der zweiten Hälfte des 19. Jh. Abb. S. 107, 110, 137

Groß Teetzleben (Kr. Altentreptow)

Für den neuen Altaraufsatz der 1725 aus Fachwerk errichteten Saalkirche mit dreiseitigem östlichem Abschluß wurde der spätgotische Flügelaltar mit Reliefs und vollplastisch ausgebildeten Szenen aus der Passion Jesu durch ein architektonisch gegliedertes zweites Geschoß mit einem die Auferstehung Jesu darstellenden Tafelbild und rahmenden Akanthuslaub-Ohren ergänzt, das von einer wohl aus dem Ende des 15. Jh. stammenden Figur des Schmerzensmannes bekrönt wird. Die Predella erhielt ein kleines Tafelbild mit der Darstellung des Abendmahls. Abb. S. 138

Groß Zicker (Kr. Rügen)

Diese bescheidene Backsteinkirche vom Ende des 14. Jh. mit einem jüngeren westlichen Dachturm aus Fachwerk steht im Gebiet des Rügenschen Mönchgutes, das im Mittelalter von den Konversen des Zisterzienserklosters Eldena landwirtschaftlich erschlossen worden war. Im 16. bis 18. Jh. sahen die Gemeindeglieder in der Stiftung kleiner gemalter Kabinettscheiben eine Möglichkeit, sich in ihrer Kirche ein bescheidenes Erinnerungsmal zu schaffen. Diese in die Kirchenfenster eingesetzten Glasgemälde kleinen Formats zeigen von der «Hausmarke» oder dem Handwerkssymbol des Stifters, seinem Monogramm und der Jahreszahl der Stiftung über häusliche oder maritime Szenen, Reiter und Kavaliere bis hin zu biblischen Darstellungen eine große Vielfalt von Bildmotiven, die heute neben ihrem künstlerischen Reiz auch ein reiches kulturhistorisches Quellenmaterial darstellen. Abb. S. 110

Gustow (Kr. Rügen)

Der rechteckige Chor dieser Backsteinkirche wurde noch am Ende des 13. Jh. errichtet, während das dreijochige Schiff im 14. Jh. hinzukam. Chor und Schiff besitzen Kreuzrippengewölbe, die im Schiff erst 1517 eingebracht wurden und von den nach innen gezogenen Strebepfeilern ausgehen. Von der mittelalterlichen Ausstattung sind Wandmalereien in Chor und Schiff, die Triumphkreuzgruppe aus der Mitte des 15. Jh. und zwei geschnitzte Figurengruppen vom Ende des 15. Jh. erhalten geblieben. Die beiden Schnitzgruppen – eine Anna Selbdritt und ein Vesperbild – haben vermutlich als Einzelstücke auf Nebenaltären der persönlichen Andacht gedient. Der Altaraufsatz von 1720 wiederholt noch einmal das Schema der Renaissancealtäre mit einem Tafelbild des Abendmahls im von gewundenen Säulen gerahmten Mittelfeld, einem ovalen Bild mit dem Gekreuzigten im Oberteil sowie den Figuren des Triumphierenden Christus und zweier Apostel als Bekrönung bzw. auf seitlichen Konsolen. Die Kanzel mit figürlichen Bildmedaillons in den Brüstungsfeldern und einer bekrönenden Figur des Christusknaben schuf 1784 in den Formen des Louisseize-Stils der Stralsunder Meister Christoph Nathanael Freese, den zugleich als Lesepult dienenden Taufengel aus dem Jahre 1768 sein Vater Jakob Freese. Die allesamt sehr schlichten Gestühle und Emporen sind zwischen 1681 und dem Beginn des 19. Jh. entstanden. Zwei Altarleuchter aus getriebenem Messingblech wurden 1768 in die Kirche gestiftet, der Kronleuchter im Schiff ist inschriftlich auf das Jahr 1913 datiert und die Imitation einer Flämischen Krone. – Auf dem Friedhof steht die Mordwange für den 1510 ums Leben gekommenen Priester Thomas Norenberch. Auf ihrer Vorderseite ist die Darstellung eines vor dem Gekreuzigten knienden Mannes mit einem Schwert über dem Kopf eingeritzt und darunter die Widmungsinschrift ausgemeißelt. Abb. S. 108, 109

Horst (Kr. Grimmen)

An einem um 1300 aus Backstein errichteten, stattlichen Chor, dessen Nordportal und die bis unter die Traufe reichenden hohen Spitzbogenfenster ungewöhnlich kräftig profilierten Gewände besitzen, sind erst im 15. Jh. ein schlichteres zweijochiges Schiff und der quadratische Westturm angebaut worden. Das Obergeschoß des einen

Feldsteinsockel besitzenden Turmes ist von dicht gereihten Spitzbogenfenstern und -blenden gegliedert und trägt einen hohen vierseitigen Helm. Die schlichte mittelalterliche Blendengliederung am Westgiebel des Chores beweist, daß er ursprünglich frei sichtbar war, der Ostgiebel wurde im 17. Jh. im Stil der Spätrenaissance umgestaltet. Den ehemaligen Hochaltar der Kirche hat man z. Z. an die Südwand des Chores gestellt. Es ist ein Anfang des 16. Jh. entstandener, im Stil der vielfigurigen brabantischen Altäre in 10 Felder mit qualitätvollen Reliefszenen aus dem Marienleben aufgeteilter Flügelaltar, in dessen Predella 10 sehr bewegte Heiligenfiguren gestellt sind.

Abb. S. 111

Japenzin (Kr. Anklam)

Der sorgfältig aus Feldsteinen errichtete kleine Saalbau mit polygonalem Ostschluß ist wohl noch im 15. Jh. entstanden, seine Fenster wurden im 17. oder 18. Jh. rundbogig verändert, als auch der verbretterte quadratische Westturm mit achtseitigem spitzem Helm angebaut worden ist. Der wohl am Ende des 15. Jh. geschaffene Flügelaltar mit den drei zentralen Figuren der Madonna zwischen den hl. Martin und Katharina, kleineren Heiligen an den Seiten des Schreins und den zwölf Aposteln in den Flügelkästen wurde 1960 restauriert, wobei an den Figuren nur der Rest der mittelalterlichen farbigen Fassung freigelegt und erhalten worden ist. Abb. S. 112, 113

Kemnitz (Kr. Greifswald)

Die jetzige Gestalt der bald nach 1300 aus Backstein errichteten Kirche mit einem Sockel aus Granitsteinen ist die Folge ihrer starken Beschädigung im Dreißigjährigen Krieg. Ursprünglich war sie eine dreischiffige Halle mit etwas höherem Mittelschiff und einem an dieses anschließenden rechteckigen Chor mit nördlicher Sakristei und einem blendengegliederten Giebel, in den das hohe spitzbogige Ostfenster hineinreicht. Beim Wiederaufbau wurden das nördliche Langhausseitenschiff abgetragen und die beiden instand gesetzten Schiffe unter ein gemeinsames Dach gebracht. Die erneute Einwölbung von Chor und Mittelschiff und die neue Ausstattung der Kirche erfolgten erst 1743, während der von vier Ecktürmchen flankierte dreigeschossige Westturm mit vierseitigem Helm 1841/42 nach einem Entwurf des Greifswalder Universitätsbauinspektors Carl August Menzel, einem Schüler Schinkels, in neugotischen Formen wiederaufgebaut worden ist. Abb. S. 113

Kenz (Kr. Ribnitz-Damgarten)

Die Kirche in Kenz war am Ausgang des Mittelalters Ziel zahlreicher Wallfahrten. Der im ersten Viertel des 15. Jh. aus Backstein errichtete fünfjochige Saalbau mit polygonalem Ostschluß und schlankem Westturm, den ein Helm über vier Schildgiebeln krönt, nimmt in seiner Geräumigkeit darauf Rücksicht. Zur Ausstattung dieser Kirche gehört eine Anzahl ungewöhnlicher Stücke. Als erstes ist hier eine Patene von um 1200 zu nennen. Auf den breiten Rand, den ungewöhnlicherweise eine «Gott ist Gott» lautende Umschrift in arabisch-kufischer Schrift umgibt, sind rundum Christus und seine Jünger beim Abendmahl und im Spiegel das Opferlamm Gottes in Ritz-

zeichnung dargestellt. Wann diese Patene in die Kenzer Kirche gelangte, ist ungewiß. Sollte sie schon lange zum Besitz der Gemeinde gehört haben, so ist sie das Geschenk eines wohlhabenden Stifters, der das Stück aus einem anderen Kirchenschatz hierher brachte. Das Grabmal Herzog Barnims VI. von Wolgast besteht aus einem sarkophagartigen hölzernen Schrein, in dem die farbig gefaßte, lebensgroße Figur des im vollen Ornat aufgebahrten Herzogs liegt. 1405 starb Barnim VI., und bald danach ist das Monument wohl entstanden. Aus der Zeit um 1400, also noch vor dem Bau der heutigen Kirche, stammt das monumentale Kruzifix an der Westwand. Im Unterschied dazu sind die jetzt in den Fenstern des polygonalen Ostschlusses zusammengefaßten Reste künstlerisch sehr qualitätvoller Glasmalerei – in reiche Architekturgehäuse gestellte szenische Darstellungen aus Marienleben und Passion Jesu, einzelne Heiligenfiguren und mehrere Wappen – im zweiten Viertel des 15. Jh. und wohl in einer norddeutschen Werkstatt entstanden. Herzog Philipp II. von Wolgast, der bedeutendste Kunstmäzen unter den pommerschen Herzögen, stiftete 1606 das aus Sandstein gearbeitete Epitaph zur Erinnerung an seinen 1405 verstorbenen Ahnherrn Barnim VI. und gab dieses mit einer umfangreichen Inschrifttafel, dem Porträtbüstenrelief Barnims und dessen Wappen sowie weiterem kleinfigurigem Dekor ausgestattete Stück wahrscheinlich bei dem Rostocker Bildhauer Rudolf Stockmann in Auftrag. Etwa aus der gleichen Zeit stammt die ovale silberne Oblatendose aus den Vasa sacra der Kirche mit Fruchtgehängen und Engelköpfen an der Wandung und eine Reliefszene auf dem Deckel, die, nach dem am rechten Rand erkennbaren Opferaltar und den beiden Jäger- oder Hirtengestalten zu urteilen, trotz aller sonst ungewöhnlichen Einzelheiten das Geschehen um Kain und Abel darstellen wird. Abb. S. 114–116

Kirch Baggendorf (Kr. Grimmen)

Der um die Mitte des 13. Jh. aus Feldstein errichtete Bau ist eine der eindrucksvollsten frühgotischen Dorfkirchen unseres Gebietes. Die in Backstein ausgeführten spitzbogigen Stufenportale und gestaffelten Dreifenstergruppen und eingestellten Halbsäulen und Dreiviertelrundstäbe gliedern die Wände des zweijochigen Schiffes und des eingezogenen quadratischen Chores in harmonischem Rhythmus. Ebenfalls aus Backstein sind die blendenverzierten Giebel des Schiffes, des Chores und der an dessen Nordseite gelegenen Sakristei. Der quadratische Turm ist schmaler als das Schiff. Der Chor überdeckt ein steiles Domikalgewölbe, dessen Scheitelrippen um den ringförmigen Schlußstein als Kreuz enden. Die weitgespannten zwei Domikalgewölbe des Schiffes mit rechteckigem Rippenprofil verzichten auf solchen Dekor. Die ornamentale Ausmalung des Innenraumes vom Anfang des 14. Jh. und die um 1390 entstandene figurenreiche Wandmalerei an der Triumphbogenleibung – die klugen und törichten Jungfrauen sowie Heilige unter Architekturbaldachinen – wurden 1939/40 freigelegt und restauriert. Zum architektonisch gegliederten Altaraufsatz von 1703 gehören drei Gemälde: In der Predella das Abendmahl, im Hauptfeld die Kreuzigung und im reich mit Akanthuslaub dekorierten, von einer Figur des Triumphierenden Christus bekrönten obersten Geschoß die Grablegung Jesu; das neugotische Altargitter kam im 19. Jh. hinzu. Den Korb der auf 1702 datierten Kanzel mit korinthischen Ecksäulchen, Blattgehängen und Akanthusdekor trägt originellerweise ein geschnitzter Palmbaum. In die Felder der Kanzelbrüstung sind Christus und die vier Evangelisten gemalt, in die des Aufganges und der Tür alttestamentliche Szenen; in der Türbekrönung hat sich der damals amtierende Pfarrer darstellen lassen. An der Chornordwand steht das aus Sandstein gefertigte große Epitaph für den 1625 verstorbenen J. V. v. Triebsees und seine Gemahlin Anna v. Jasmund mit zwei porträtartigen Reliefbildnissen der Verstorbenen in Rüstung bzw. Zeittracht. Die Nordempore im Schiff ist wohl noch im 17. Jh. entstanden.   Abb. S. 117–119

Kölln (Kr. Altentreptow)

In dem spätgotischen kleinen Saalbau aus Feldstein, für den ein Kreuzrippengewölbe vorgesehen war, der jetzt aber eine flache Balkendecke besitzt, blieb der wohl am Anfang des 16. Jh. entstandene Flügelaltar erhalten. Im Mittelschrein stehen die Figuren der Strahlenkranzmadonna mit zwei über ihr schwebenden Engeln, eine Anna-Selbdritt-Gruppe und der hl. Nikolaus, in den Kastenflügeln je zwei Reihen von kleinen Heiligenfiguren unter Schleierbrettern aus feinformigem Rankenwerk; die Rückseiten der Flügel tragen gemalte Passionsszenen. Im Jahre 1701 wurden die barocken seitlichen Ohren und eine bekrönende Inschriftkartusche hinzugefügt, während das kleine spätgotische Kruzifix von Anfang an zum Flügelaltar gehört haben dürfte.   Abb. S. 121

Koserow (Kr. Wolgast)

Die im 15. Jh. errichtete Backsteinkirche, deren rechteckiger Chor im unteren Teil der Umfassungswände Reste eines nach 1250 entstandenen Vorgängerbaus aus Feldstein birgt, besitzt einen 1955 restaurierten und dabei neu zusammengestellten Flügelaltar aus der Zeit um 1500. Sowohl die Schnitzfiguren als auch die Tafelmalerei der Flügel-Rückseiten sind von großer künstlerischer Qualität, so daß die Herkunft aus einer Lübecker Werkstatt angenommen werden kann. Vor erneuerte Hintergründe mit geputztem Granatapfelmuster ist im sehr schmalen Mittelschrein, der sicherlich zu einem Nebenaltar gehörte, eine sehr ausdrucksstarke Kreuzigungsgruppe gestellt; in den zugehörigen schmalen Kastenflügeln stehen übereinander je zwei Paare von Heiligen, ergänzt durch die gemalten weiblichen Heiligen Ursula, Maria Magdalena, Margaretha und Agnes auf den jetzt sichtbar gemachten Rückseiten der Kastenflügel. Die beiden Altarleuchter aus getriebenem Messingblech stammen wohl noch aus dem 17. Jh.
Abb. S. 121

Kreutzmannshagen (Kr. Grimmen)

Der Innenraum der im 15. Jh. aus Feldstein gebauten, langgestreckten Saalkirche mit polygonalem Ostschluß war ursprünglich für eine Wölbung vorbereitet worden, erhielt später aber eine Bretterdecke. Diese Decke wurde im zweiten Viertel des 18. Jh. erneuert und mit drei gemalten Deckenspiegeln versehen, von denen die zwei äußeren eine einfache Marmorierung erhielten, während der mittlere Spiegel im gemalten rechteckigen Rahmen den aus einem Wolkenkranz hervortretenden Triumphierenden Christus in der Strahlenglorie zwischen Engelputten trägt. Der architektonisch gegliederte Altaraufsatz – ein

Werk des Kunsttischlers Christian Pahlmann – entstand um die Mitte des 18. Jh. und ist in der Bekrönung mit einem Relief der Taube des Heiligen Geistes im Strahlenkranz und den Figuren des Mose und der «Ecclesia» geschmückt. Seine von Samuel Schönfeldt aus Greifswald gemalten Tafelbilder stellen Abendmahl und Kreuzigung Jesu dar, die Bilder auf den Brüstungsfeldern des Altargeheges Szenen aus dem Neuen Testament. Die kleeblattförmig ausgebauchte Kanzel mit dem Bild des Schmerzensmannes an der Rückwand, der Darstellung des Gleichnisses vom «Viererlei Acker» an der Brüstung des Korbes und einem vom «Auge Gottes» bekrönten Schalldeckel ist 1756–1760 entstanden, der mittelalterliche Taufstein wurde 1972 restauriert, und das sehr einfache Gestühl der Gemeinde kam 1704 in die Kirche.
Abb. S. 120, Schutzumschlagrückseite

Krien (Kr. Anklam)

Der älteste Teil des langgestreckten Backsteinbaus ist der noch im 13. Jh. fertiggestellte rechteckige Chor mit einer von Blenden gerahmten Dreifenstergruppe im Osten und Kreuzrippengewölben. Das im 14. Jh. errichtete Schiff besitzt eine flache Decke und der aus Feldsteinen gemauerte Westturm ein verbrettertes jüngeres Obergeschoß. Die aus Eichenholz geschnittene Sitzmadonna aus dem Anfang des 14. Jh. steht in der Nachfolge der Anna-Selbdritt-Gruppe in der Stralsunder Nikolaikirche und wird wie diese aus einer Lübecker Werkstatt gekommen sein. Ungewiß ist die Herkunft des seine Bezeichnung mit vollem Recht tragenden Taufsteins, dessen aus dem Lebenskreuz mit stilisierten Astansätzen und einer Weinranke bestehender Reliefdekor das Stück in die erste Hälfte des 13. Jh. datieren läßt.
Abb. S. 122, 123

Krummin (Kr. Wolgast)

Die Kirche des 1289 gegründeten ehemaligen Zisterzienserklosters ist ein langgestreckter Putzbau aus der ersten Hälfte des 14. Jh. mit flacher Decke und polygonal geschlossenem, schmalerem Chor. Der am Anfang des 16. Jh. in einer ostdeutschen oder ungarischen Werkstatt geschaffene Abendmahlskelch aus vergoldetem Silber ist mit seinem durchbrochenen Akanthuswerk an Knauf und Fuß sowie dem aufgelegten reichen Dekor aus gegossenen Vegetabilien und Drahtschmelzornamenten in Nordostdeutschland ohne Vergleich.   Abb. S. 138

Lancken-Granitz (Kr. Rügen)

Der in größeren Zeitabständen im 15. Jh. errichtete Backsteinbau mit Rechteckchor, etwas breiterem Schiff und quadratischem Westturm besitzt als einzige Dorfkirche unseres Gebietes noch ein Chorgestühl von 1522. Die Füllungen dieses Gestühls und seines um die Wandpfeiler des Chores herumgekröpften Dorsale ziert spätgotisches Faltwerk. In die das Dorsale oben abschließenden Felder mit durchbrochenem Maßwerkdekor ist die datierende Inschrift «anno domini. m. d. xxii» eingefügt. Eine bunt glasierte Taufwasserkanne aus der um 1700 in der Stadt Barth ansässigen Fayencemanufaktur ist ebenfalls unter den Vasa sacra vorpommerscher Dorfkirchen ein Unikat. Auf dem bauchigen Kannenkörper ist die Szene der Begegnung Jesu mit der Samariterin am Brunnen vor einer reizvollen Landschaftskulisse gemalt, und die Öffnung des gewellten Kannenhalses verschließt ein schlichter silberner Klappdeckel, der am zopfartig ausgebildeten Henkel der Kanne befestigt ist.   Abb. S. 123, 138

Levenhagen (Kr. Greifswald)

Von einer hier 1280 zum ersten Mal urkundlich erwähnten Kirche sind 1964 die Fundamente des rechteckigen Chores ergraben worden. Der jetzige Backsteinbau mit im Osten polygonal geschlossenem Chor und einem breiteren Schiff, das an seinen Längsseiten von je zwei Nebenkapellen begleitet wird und ursprünglich ein sehr großes Westportal besaß, wurde in der zweiten Hälfte des 14. Jh. begonnen, als Levenhagen durch eine Marienerscheinung und ein Hostienwunder Wallfahrtsort geworden war und deshalb eine größere Kirche benötigt wurde. Das Schiff kam wohl erst nach 1400 hinzu. Der verbretterte Glockenturm im Westen ist aus nachreformatorischer Zeit. An den Kreuzrippengewölben von Chor und Schiff und allen Bogenleibungen ist 1964–1968 anläßlich einer umfassenden Restaurierung der gesamten Kirche in Zusammenarbeit mit der staatlichen Denkmalpflege die ornamentale mittelalterliche und barocke Ausmalung freigelegt und ergänzt worden. Gleichzeitig trat auch die aus der zweiten Hälfte des 15. Jh. stammende Wandmalerei an der Westwand des Schiffes – ein von schwebenden Engeln gehaltenes «Vera icon», d. h. das der Legende nach im Schweißtuch der hl. Veronika als Abdruck erhalten gebliebene Antlitz des auf dem Weg nach Golgatha zusammengebrochenen Christus, zwischen Maria mit dem Kind und Johannes dem Evangelisten – wieder zutage. Der Taufstein aus der ersten Hälfte des 14. Jh. ist ein Importstück aus gotländischem Kalkstein; die in die Außenwand des zwölfseitigen Beckens geritzten Figuren der Apostel in Rundbogenarkaden geben diesem Stück seine singuläre Bedeutung unter den Taufsteinen in den Dorfkirchen Vorpommerns. Ein Kruzifix, das wohl in der ersten Hälfte des 17. Jh. entstand und aus der Kirche in Hohenbollentin stammt, ist ein interessantes Beispiel für die oft schon stark an Werke der Volkskunst erinnernden kirchlichen Ausstattungsstücke aus der notvollen Zeit des Dreißigjährigen Krieges. Dagegen darf das jetzt vor die innere Schiffswestwand gestellte schöne Grabkreuz mit den Symbolen des Hufschmiedes als ein echtes Zeugnis einheimischer Schmiedekunst vom Anfang des 19. Jh. gelten.   Abb. S. 124, 125

Lindenberg (Kr. Demmin)

Zur ursprünglichen Ausstattung des am Ende des 16. Jh. aus Feldsteinen errichteten geräumigen Saalbaus mit Balkendecke gehört auch die 1956 wiederentdeckte und restaurierte szenische Wandmalerei von 1597, deren thematisch dem Alten und dem Neuen Testament entnommene Bilder in der oberen Reihe hinter einer illusionistisch gemalten Kolonnade erscheinen und in der unteren Reihe in ein gemaltes Paneel eingefügt sind. Beispielsweise ist der Vertreibung Adams und Evas aus dem Paradies und des Brudermordes Kains an Abel die Fußwaschung der Jünger durch Jesus und der Arche Noah in der Sintflut das Gebet Jesu in Gethsemane gegenübergestellt.   Abb. S. 128

Ludwigsburg (Kr. Greifswald)

Die 1708 errichtete Kirche, ein verputzter Saalbau mit kleinem westlichem Dachturm aus Fachwerk, hatte an dieser Stelle schon zwei Vorgängerinnen. In die vorangegangene Kapelle vom Ende des 16. Jh. wurde der bis heute in Nutzung befindliche achtarmige Kronleuchter aus Messing gestiftet. Der wohl in der zweiten Hälfte des 17. Jh. entstandene Leuchter mit Blattwerk, Weinranken und Masken an den S-förmig geschwungenen Armen und einer bekrönenden kleinen Landsknechtsfigur gehört zum Typ der «Flämischen Kronen». Aus dem Anfang des 17. Jh. stammt ein im Stil der oberitalienischen Meister gemaltes Gemälde mit der Verkündigung des Engels an Maria, das wohl als nachträgliches Geschenk in die Kirche kam.   Abb. S. 127

Lüskow (Kr. Anklam)

In das rechteckige Schiff des spätgotischen Feldsteinbaus mit annähernd rundbogigen Fenstern ist der quadratische Westturm zu zwei Dritteln einbezogen. Sein durch schlanke Blenden gegliedertes mittleres Geschoß ist aus Backstein, das in Fachwerk errichtete oberste Turmgeschoß mit Pyramidendach wurde erst im 18. Jh. aufgesetzt.   Abb. S. 126

Lüssow (Kr. Greifswald)

Der spätgotische Saalbau aus Backstein besitzt einen polygonalen Ostschluß. Der als Gruftkapelle errichtete und heute als Winterkirche dienende westliche Anbau, der auf der Südseite des Schiffes gelegene Glockenturm, die jetzige Form der Fenster und vermutlich auch die schwere Kassettendecke im Inneren stammen von 1878. Elias Keßler in Stralsund ist der Schöpfer des 1725 fertiggestellten Altaraufsatzes mit den künstlerisch höchst qualitätvollen Figuren des Gekreuzigten vor gemaltem Wolkenhintergrund, des das Kreuz tragenden Christus mit Wundmalen und Johannes' des Täufers im Hauptfeld. Das Gemälde in der Predella ist eine Kopie nach Leonardo da Vincis «Abendmahl», das Gemälde in der konkav geschwungenen Bekrönung mit Engelputten stellt die Himmelfahrt Jesu dar. Das reich dekorierte Altargitter und der vor seiner Brüstung stehende barocke Taufengel sind ebenso das Werk Elias Keßlers.   Abb. S. 127

Medrow (Kr. Demmin)

Zur jüngeren Ausstattung des aus dem 13. Jh. stammenden bescheidenen Feldsteinbaus mit Rechteckchor, der wohl nach 1678 bei der ersten Instandsetzung auch verputzt worden ist, gehört das um 1600 geschaffene Triumphkreuz mit einem sehr ausdrucksstarken Christuskorpus. Das Kreuz ist jetzt an der Ostwand des Schiffes links vom Triumphbogen aufgehängt.   Abb. S. 130

Mellenthin (Kr. Wolgast)

Wie oft bei den vorpommerschen Dorfkirchen ist der in der ersten Hälfte des 14. Jh. aus Feldstein errichtete quadratische Chor um einiges älter als das spätgotische Schiff und sein Westturm. Am Kreuzrippengewölbe des

193

Chores wurde 1931 Wandmalerei aus der Zeit um 1420/30 freigelegt und unter Verzicht auf Ergänzungen restauriert. In den vier Kappen sind u. a. das Jüngste Gericht mit den vom Erzengel Gabriel in den Höllenrachen getriebenen Verdammten und den vier Evangelistensymbolen, die Verkündigung des Engels an Maria und das Martyrium des hl. Erasmus dargestellt. Diese qualitätvolle Malerei wurde wohl von Angehörigen der gleichzeitig in der Stralsunder Marienkirche tätig gewesenen Werkstatt geschaffen. In die Brüstungsfelder der barocken Empore mit reichem geschnitztem Dekor und gewundenen Säulen mit korinthischen Kapitellen sind allegorische christliche Sinnbilder gemalt, so z. B. der Felsen, auf dem die Kirche Jesu Christi erbaut ist, oder der Tod als Befreier der Seele aus dem Käfig des Leibes. Der Grabstein mit den lebensgroßen Bildnisreliefs des 1594 verstorbenen Rodinger v. Neuenkirchen und seiner Ehefrau, deren Wappen an die Ecken gesetzt sind, zeigt deutlich, daß auch in jener Zeit steinerne Monumente oft farbig gefaßt waren.   Abb. S. 128, 129

Middelhagen (Kr. Rügen)

Die im 15. Jh. aus Backstein errichtete Dorfkirche mit einem im Osten polygonal geschlossenen Chor birgt einen der wenigen auf Rügen erhalten gebliebenen, der hl. Katharina gewidmeten Flügelaltäre aus der Zeit um 1480. Im Schrein stehen die Schnitzfiguren der hl. Katharina, dreier Apostel und eines Bischofs, die Flügelkästen enthalten vier Reliefs mit Szenen aus dem Leben der hl. Katharina. Sind die inneren Flügel des Altares geschlossen, werden acht gemalte Szenen aus dem Martyrium dieser Heiligen sichtbar; sind auch die äußeren Flügel geschlossen, dann erblickt der Betrachter die gemalten Gestalten der beiden Heiligen Katharina und Barbara, denen die Kirche geweiht war.   Abb. S. 130

Mönchow (Kr. Wolgast)

Neben dem Kirchengebäude, einem rechteckigen Backsteinbau aus der zweiten Hälfte des 17. Jh., steht auf dem Friedhof ein um die Wende vom 19. zum 20. Jh. errichtetes Mausoleum für die Familie Dannenfeld. Es ist ein für diesen bescheidenen Fischerkirchhof fast zu monumentales Bauwerk im Stil des Neubarocks. Im Hinblick auf das inzwischen schon selten gewordene Vorkommen solcher anspruchsvoller Erbbegräbnisse aus der sogenannten «Gründerzeit» verdient es heute schon Interesse und Beachtung.   Abb. S. 131

Morgenitz (Kr. Wolgast)

In dem kleinen rechteckigen Saalbau aus Backstein mit einer Holztonnendecke und schlichter barocker Ausstattung verdient das Totenbrett mit Totenkrone für den 1777 unverheiratet verstorbenen Joachim Schult Beachtung. Es ist eines der wenigen komplett erhalten gebliebenen Zeugnisse dieses nicht nur in Vorpommern bis weit in das 19. Jh. hinein üblichen Brauches, unverheiratet gebliebenen Frauen und Männern auf dem Totenbett eine Myrthenkrone aufzusetzen und diese danach auf einer Brettkonsole mit entsprechender Inschrift aufzubewahren.   Abb. S. 131

Murchin (Kr. Anklam)

In der kleinen rechteckigen Saalkirche, die 1604 errichtet worden ist, befindet sich u. a. auch ein szenisches Relief, das Jakob und seine Söhne vor Pharao darstellt. Vermutlich gehörte das Relief zum Dekor eines älteren Altaraufsatzes oder einer Kanzel aus dem Anfang des 17. Jh., die – darf man sie nach der reizvollen Lebendigkeit des Reliefs beurteilen – von großer Schönheit gewesen sein müßte.   Abb. S. 132

Nehringen (Kr. Grimmen)

Die am Anfang des 17. Jh. wohl unter Verwendung der Reste eines mittelalterlichen Vorgängerbaus errichtete Saalkirche mit polygonalem Ostschluß und quadratischem Westturm von 1744 besitzt jetzt eine flache Putzdecke, unter deren großen Gemälden der Anbetung des Christkindes und der Auferstehung Jesu die Spuren der bemalten ursprünglichen Bretterdecke erkennbar werden. Das bedeutendste Stück der Ausstattung ist der in seinem breit angelegten, von Doppelsäulen gegliederten architektonischen Aufbau an italienische Vorbilder erinnernde Altaraufsatz von 1598. In das architektonische Gerüst aus farbig getöntem Sandstein sind Alabasterreliefs mit Szenen aus dem Alten und dem Neuen Testament sowie allegorische Figuren von teilweise vorzüglicher künstlerischer Qualität eingefügt; Felder mit langen Inschriften ergänzen das thematische Programm. Die Kanzel mit vier Evangelistenfiguren am Korb, der Beichtstuhl hinter dem Kanzelaufgang und die Patronatsloge rechts vom Altar gehören zur einheitlichen Ausstattung der Kirche im Jahre 1722.   ohne Abb.

Neu Boltenhagen (Kr. Greifswald)

Das älteste und interessanteste Ausstattungsstück der am Ende des 13. Jh. errichteten Kirche ist die Taufe aus Granit. Der wohl schon um die Mitte des 13. Jh. entstandene Taufstein unterscheidet sich von den zeitgenössischen Taufen aus Kalkstein sowohl durch das weitaus härtere Material als auch durch die gestaffelten Arkadenreihen am Schaft, die im Verein mit den vier zeichenhaften Männerköpfen am Becken in ihrer ungelenken Art den Eindruck besonderer Urtümlichkeit erwecken.   Abb. S. 132

Neuenkirchen (Kr. Rügen)

Die in der ersten Hälfte des 15. Jh. aus Backstein errichtete Kirche mit einem schmaleren Rechteckchor birgt u. a. ein 1636 von dem fürstlichen Landvogt Eccard v. Usedom und seiner Ehefrau Judith gestiftetes Kastengestühl mit schönem geschnitztem Dekor aus Hermenpilastern und Rundbogenarkaden an den Brüstungen.

Die ursprünglich in der Marienkirche von Bergen stehende Kanzel stammt inschriftlich aus dem Jahre 1567, der Schalldeckel kam zwei Jahrzehnte später hinzu. Zwei zinnerne Altarleuchter mit balusterförmigem Schaft und steilem Fuß wurden 1639 gestiftet.   Abb. S. 132, 133

Neuenkirchen (Kr. Greifswald)

Die aus Backstein gebaute Kirche besteht aus einem um 1300 errichteten rechteckigen Chor, an den im 15. Jh. das zweijochige Schiff angebaut worden ist. In den Zwickeln des östlichen Schiffsgewölbes wurde 1969 Wandmalerei vom Anfang des 15. Jh. freigelegt, die u. a. aus zwei männlichen Figuren in zeitgenössischer Tracht besteht, die als Drolerien bezeichnet werden und durch die jeweiligen Beischriften «her den nap» und «ghif her drinke» doch wohl Narren oder Trunkenbolde darstellen sollen. Abb. S. 133

Nossendorf (Kr. Demmin)

In dem frühgotischen Feldsteinbau mit rechteckigem Schiff, quadratischem Westturm und im Osten polygonal geschlossenem Chor blieb die alte Holztür der Sakramentsnische mit einer gemalten Darstellung der Kreuzigungsgruppe aus der zweiten Hälfte des 14. Jh. erhalten; die links stehende Mutter Maria trägt als symbolisches Zeichen ihrer schmerzvollen Trauer ein Schwert im Herzen.
Abb. S. 134

Patzig (Kr. Rügen)

An einen 1466 fertiggestellten, im Osten polygonal geschlossenen Chor aus Backstein wurde wenig später das dreijochige Schiff und der um 1500 errichtete Westturm aus dem gleichen Material angebaut. Der mittelalterliche Schnitzaltar – ein Triptychon aus der Mitte des 15. Jh. – enthält im Mittelschrein ein Bildwerk der hl. Margaretha, zu ihren Seiten und in den Kastenflügeln in zwei Reihen übereinander kleinere Figuren der zwölf Apostel unter feinteilig ornamentierten Schleierbrettern. Die Außenseiten der Flügel sind mit Tafelbildern aus der Margarethenlegende bemalt. Abb. S. 134

Pinnow (Kr. Altentreptow)

Eichenfachwerk mit sichtbar gelassenen Backsteinausmauerungen ist das Material der um 1730 errichteten Dorfkirche. Durch den polygonalen, dreiseitigen Abschluß im Osten knüpft der Bau an die Gestalt mittelalterlicher Kirchen an, während der zweigeschossige Vorbau auf der Südseite ein für die Barockzeit typisches Bauglied ist. Der aus Backsteinen errichtete quadratische Westturm kam hinzu, als am Beginn des 20. Jh. der Innenraum dieser Kirche weitgehend neu gestaltet wurde. Abb. S. 135

Prerow (Kr. Ribnitz-Damgarten)

Der 1726–1728 für eine aus Fischern und Seeleuten bestehende Gemeinde errichtete geräumige Saalbau aus Backstein mit verbrettertem Westturm und einer von Holzstützen getragenen hölzernen Tonnendecke über dem «Mittelschiff» besitzt einen schönen Kanzelaltar, den der Stralsunder Meister Elias Keßler 1728 schuf. In der Werkstatt des ebenfalls in Stralsund ansässigen Meisters Michel Müller entstand 1740 ein aufwendiges Taufgehäuse mit ornamental durchbrochenen Brüstungsfeldern und einem von Engelhermen getragenen, kräftig profilierten Flachdach, das Engelputten mit Inschriftkartuschen und der bekrönende Jesus als Guter Hirte zieren. In der Mitte des

Gehäuses, dessen monumentalere Vergleichsstücke in den Stralsunder Kirchen St. Nikolai und St. Marien zu finden sind, steht der geschnitzte eigentliche Taufständer mit Engelköpfchen am Becken und Engelputten als Träger; der hohe Deckel ist als eine bewegte Engelwolke ausgebildet. Unter den zahlreichen Grabsteinen aus dem 18. und 19. Jh., die zur See gefahrenen Gemeindegliedern gewidmet sind, ist die Stele für Gustav Kaeding und seine Frau aus dem Jahre 1861 mit einem über die Wellen gleitenden Segelschiff und dem «Auge Gottes» mit Kreuz und Anker besonderer Beachtung wert. Abb. S. 136

Prohn (Kr. Stralsund)

Am Ort oder zumindest in unmittelbarer Nähe einer ehemaligen slawischen Fürstenburg wurde seit der Mitte des 13. Jh. die stattliche Kirche aus Backstein errichtet. Der quadratische Chor besitzt im Osten eine Dreifenstergruppe, sein Giebel ist reich mit Blenden verziert, und der jetzige schmale Westturm mit offenen Seitenhallen ist ein Anbau aus dem letzten Drittel des 19. Jh.

Erhielt das geräumige Kirchenschiff wohl schon am Ende des 14. Jh. vier kräftige Kreuzrippengewölbe, die von einem achteckigen Mittelpfeiler getragen werden, so wurde der Chorraum erst rund 100 Jahre später mit einem spätgotischen Netzgewölbe überdeckt. An ihm sind kürzlich Reste einer gleichzeitig gemalten Darstellung des Jüngsten Gerichtes und grotesker Drolerieköpfe aufgedeckt und restauriert worden. Die aus der zweiten Hälfte des 15. Jh. stammende Triumphkreuzgruppe hat jetzt ihren Platz hinter dem neuen Altartisch gefunden, und von der im zweiten Viertel des 18. Jh. entstandenen reichen barocken Ausstattung durch die Werkstatt des Stralsunder Meisters Elias Keßler blieben immerhin die üppig mit Akanthus und figürlichem Schmuck dekorierte Kanzel, eine Engelfigur als Lesepultträger, ein großer schwebender Taufengel und ein wesentlich kleinerer Engel von der ehemaligen Altarwand erhalten.

Kulturgeschichtlich interessant und von guter künstlerischer Qualität ist auch das zu einem Epitaph des Heinrich Westphal und seiner Familie gehörende Tafelbild von 1635, auf dem unter einer figurenreichen Darstellung der Kreuzigung die Stifter und seine Angehörigen kniend dargestellt sind.

Unter den später an den Wänden aufgerichteten mittelalterlichen Grabplatten trägt die für den 1482 verstorbenen Radelef Beket eine in den Stein eingeritzte Darstellung einer Hansekogge. Sie ist eine der ältesten, die in unserem Gebiet bekannt geworden ist, und ist daher auch kulturgeschichtlich sehr interessant. Abb. S. 141, 142

Putzar (Kr. Anklam)

Der aus Feldsteinen errichtete Saalbau gehört zu den stattlichen Kirchen, die um die Mitte des 16. Jh. von einigen durch das Bauernlegen zu Reichtum gelangten adeligen Familien neu errichtet wurden. Im 18. Jh. ist die Putzarer Kirche noch einmal umgebaut worden, und aus dieser Zeit stammt auch die barocke ornamentale Malerei an der Balkendecke. In die Brüstungsfelder des im 17. Jh. entstandenen Kanzelaltars sind Tafelbilder mit Passionsdarstellungen gemalt, und der reich geschnitzte Dekor überzieht den Kanzelkorb wie den Schalldeckel in gleicher Weise. Eine von zwei Engelputten gehaltene, gemalte barocke Draperie hinter dem Kanzelaltar soll ihn als das wichtigste Stück der Ausstattung hervorheben. Aus dieser Zeit stammt auch die Altarschranke mit gemalten Propheten und Evangelisten in den aufwendig gerahmten Brüstungsfeldern. In dem um vier Stufen erhöhten Chorteil steht links ein reich mit geschnitztem Dekor überzogenes barockes Taufgestühl, dahinter das Predigergestühl in reichen Renaissanceformen und an der Südwand das ungewöhnlich geräumige Patronatsgestühl der Familie v. Schwerin. Die inschriftlich 1721 gestiftete Orgelempore mit den gemalten Darstellungen der zwölf Apostel in den Feldern der Brüstung wird von vier großen Mohrenfiguren aus Holz getragen, die damals aus der benachbarten Wussekener Kirche zu diesem Zwecke herübergeholt worden waren. Abb. S. 143

Ramin (Kr. Pasewalk)

Die östliche Giebelwand des wohl schon um die Mitte des 13. Jh. aus sorgfältig vermauerten Feldsteinen errichteten Saalbaus mit Nordsakristei wird durch die weit auseinandergezogene Dreifenstergruppe und die steigenden Rundbogenblenden im Giebel betont, deren Abschlußbögen und Rahmenwerk in Backstein ausgebildet sind. Der westliche Turmaufsatz aus Fachwerk mit Laterne wurde 1726 errichtet und 1975 die ganze Kirche mit Unterstützung der staatlichen Denkmalpflege restauriert. Abb. S. 144

Ranzin (Kr. Greifswald)

Das in spätgotischer Zeit veränderte dreiteilige Ostfenster des am Ende des 13. Jh. errichteten rechteckigen Feldsteinbaus wurde 1966 durch eine die Preisgabe Jesu durch Pilatus («Ecce homo») darstellende buntfarbige Glasmalerei des Rostocker Malers Lothar Mannewitz geschmückt. Von drei jetzt an der Innenseite der Südwand aufgestellten Grabsteinen ist der des 1315 verstorbenen Ritters Michael Horn der älteste. Abb. S. 139, 145

Rappin (Kr. Rügen)

Mit dem Bau des rechteckigen Chores wurde um 1300 begonnen, das Schiff der aus Backstein errichteten, kreuzrippengewölbten Kirche aber wohl erst nach 1400 vollendet. Die Tafelbilder des dreigeschossigen Altaraufsatzes mit reichem Knorpelwerkdekor stellen in dem von Kompositsäulen gerahmten Mittelfeld als seitenverkehrte Kopie eines Bildes von P. P. Rubens das Abendmahl Jesu, im oberen Feld die Kreuzigung und in den seitlichen Ohren je zwei weitere Szenen seiner Passion dar. Die Figuren des Triumphierenden Christus und zweier Engel mit «Leidenswerkzeugen» – dem Kreuz und dem Essigschwamm am Ysopstab – bekrönen den 1669 gemeinsam mit dem Altargitter geschaffenen Aufsatz.

Zum Besitz der Kirchengemeinde gehört auch ein vergoldeter Abendmahlskelch mit gegossenem Knorpelwerkdekor. Den oberen Rand der ungewöhnlicherweise von einer Engelfigur getragenen, mit drei Engelköpfchen verzierten Kuppa umläuft eine zweizeilige kyrillische Inschrift mit dem Datum 1648. Sie weist den Kelch als Geschenk eines vermutlich serbischen Stifters aus, der möglicherweise zu den kaiserlichen Truppen gehörte und am Ende des Dreißigjährigen Krieges auf Rügen zurückblieb. Abb. S. 145

Rathebur (Kr. Anklam)

In dem mittelalterlichen Feldsteinbau mit schmalerem Rechteckchor blieb ein als Tafelbild gestaltetes, bescheidenes Epitaph erhalten. Es wurde 1711 für die als Kind verstorbene Elisabeth Reimar gestiftet und zeigt – erläutert durch eine Widmungsinschrift und Bibelzitate – vor einem einfachen Landschaftshintergrund das von Christus begrüßte Mädchen, dem ein Engel aus den Wolken den «Siegeskranz» des ans Ziel gelangten Lebens aufsetzt. Abb. S. 146

Reinberg (Kr. Grimmen)

Dem aus Feldsteinen errichteten und mit reichem Baudekor aus glasierten Backsteinen verzierten, quadratischen Chor aus der Mitte des 13. Jh. wurde in der ersten Hälfte des 14. Jh. ein dreischiffiges Hallenlanghaus angefügt. Die wohl aus der Mitte des 14. Jh. stammende szenische und figürliche Wandmalerei an Gewölbe und Wänden des Chores wurde 1975 entdeckt und inzwischen weitgehend restauriert. Die wesentlichste Darstellung trat hierbei an der Ostkappe des Chorgewölbes zutage: Der von zwei Engeln mit Räucherfässern umschwebte, in monumentaler Größe thronende Weltenrichter mit den Wundmalen der Kreuzigung, von dessen Mund die Lilie als Zeichen des Friedens und das Schwert des Gerichtes ausgehen, hält im Schoß den Kruzifixus – also sich selbst – als Zeichen des über Tod und Sünde obsiegenden Erlösungsopfers auf Golgatha. Verwandte Darstellungen sind auch in den Kirchen von Görmin und Groß Mohrdorf zu finden. Zu Füßen des Weltenrichters rufen zwei Engel mit ihren Posaunen am Tage des Jüngsten Gerichtes die Toten aus ihren Gräbern. Abb. S. 177

Reinkenhagen (Kr. Grimmen)

Das einschiffige Langhaus und der geräumige, etwas schmalere Rechteckchor mit blendengegliedertem Giebel und südlicher Portalvorhalle wurden um 1300 in Feldstein begonnen, dann aber in Backstein fertiggestellt, wobei die hohen Fenster mit mehrfach gestuftem Gewände und drei gestaffelten Luchten für eine Fertigstellung nach 1350 sprechen. Der in spätgotischer Zeit in das westlichste Joch des Langhauses eingebaute Turm erhielt 1914 sein jetziges Obergeschoß mit Laterne. Abb. S. 147

Rieth (Kr. Ueckermünde)

Der 1731 fertiggestellte kleine Saalbau mit dreiseitigem Ostschluß und einem zurückhaltend stukkierten, flachen Spiegelgewölbe besitzt noch heute seine außerordentlich reizvolle Ausstattung aus dem letzten Drittel des 18. Jh. Das Relief im Hauptfeld des architektonisch gegliederten Altaraufsatzes stellt die symbolische Schlüsselübergabe Jesu an Petrus dar, das im Mittelfeld des Giebels den Sündenfall, flankiert von zwei sitzenden Engelfiguren. Der feinformige Dekor des Altargitters steht noch dem am Hofe des französischen Königs Ludwig XIV. zu großer Vollkommenheit entwickelten Kunstschaffen nahe. Bei der gleichzeitigen Kanzel mit Engelköpfchen und einem die Auferstehung Christi aus dem Grabe darstellenden Relief wurde von Anbeginn auf den Schalldeckel verzichtet. Abb. S. 146

Rothenklempenow (Kr. Pasewalk)

Unter den barocken Dorfkirchen ist diese eine der stattlichsten. Der 1738 neu errichtete Putzbau mit fünfseitigem Ostschluß besitzt einen in die – durch rustizierte Lisenen hervorgehobene – westlichste Raumachse gestellten quadratischen Turm mit geschlossener hölzerner Laterne. Eine in der Mitte der Südwand gelegene, reich dekorierte Bau- und Widmungsinschrift mit den Wappen der Stifter sowie das Portal darunter werden von zwei Pilastern mit Kompositkapitellen gerahmt, während der rauhe Putz auf den Wänden von der 1968 durchgeführten letzten Instandsetzung stammt.   Abb. S. 148

Sagard (Kr. Rügen)

Von dem bald nach 1200 errichteten spätromanischen Kirchengebäude blieb – im Inneren gut erkennbar – das saalartige Schiff mit seinen (jetzt vermauerten) Rundbogenfenstern und -blenden am Obergaden und dem alten Triumphbogen völlig erhalten. Um 1400 wurde der Chor erneuert und polygonal geschlossen, etwas später ein nördliches Langhausseitenschiff angefügt und am Ende des 15. Jh. der quadratische Westturm errichtet. Der zweigeschossige Kapellenanbau hat zwar einen spätmittelalterlichen Kern, erhielt seine heutige Gestalt aber erst 1786.
ohne Abb.

Sanzkow (Kr. Demmin)

Das hohe Alter des wohl um 1300 entstandenen Taufsteins mit seinem kräftigen runden Fuß und der von einem Gitter aus flachbogigen Blenden überzogenen Kuppa läßt die Entstehungszeit des mehrfach umgebauten Feldsteingebäudes auch in diesem Jahrhundert vermuten. Der um 1714 geschaffene, aus Zinn gegossene Altarleuchter mit Balusterschaft, dessen auf drei Klauenfüßen ruhender Sockel plastisch ausgebildeten Pflanzendekor und drei Adlerfigürchen trägt, hat seine Vorbilder in den aus Silber gegossenen oder aus Silberblech getriebenen Stücken aus Goldschmiedewerkstätten der gleichen Zeit. Zum Altargerät der Kirche gehört ein um 1300 geschaffener Kelch mit rundem Fuß, aufgenietetem Kruzifix und einer den Rand begleitenden Umschrift in gravierten Unzialbuchstaben. In der Mitte des runden Schaftes mit graviertem Netzrautendekor sitzt ein gerippter Knauf, und die verhältnismäßig flache Kelchschale von ausladender konischer Gestalt ist ohne allen Dekor.   Abb. S. 148

Schaprode (Kr. Rügen)

Die aus Backsteinen errichtete Kirche gehört zu den ältesten, im unmittelbaren Zusammenhang mit der seit dem Jahre 1168 vollzogenen Christianisierung der Insel Rügen stehenden Dorfkirchen unseres Gebietes. Erhalten blieben der Chor und die zugehörige Apsis mit einem schönformigen Sockelprofil, Lisenen, Kreuzbogen- bzw. Zahnschnittfriesen und einem steigenden Bogenfries am Giebel, wobei die den Fries tragenden Konsolen z. T. als bärtige Köpfchen ausgebildet sind. Die ursprünglichen Rundbogenfenster sind nur noch in der Apsis zu finden, denn als nach 1450 das zugehörige basilikale Langhaus abgetragen und durch einen einschiffigen Saalraum ersetzt wurde, erhielten auch die Chorfenster eine den größeren

Fenstern des neuen Schiffes angepaßte Gestalt. Der hölzerne Dachreiter mit steilem Helm am Westende des Schiffes wurde 1668 als Glockenturm aufgesetzt. Im Chor sind das kuppelige Kreuzgratgewölbe und die halbe Kalotte der Apsis mit dem Bau entstanden, das Schiff erhielt ein Kreuzrippengewölbe, und die bis heute erhalten gebliebene Eichentür des Nordportals wurde außen dicht mit Eisenbändern beschlagen. Noch aus dem Mittelalter stammt die auf einem wohl erneuerten Balken stehende monumentale Triumphkreuzgruppe aus der Zeit um 1500 mit den Reliefs der vier Evangelistensymbole an den Kreuzenden; nur wenig älter ist der Korpus des rechts vom Triumphbogen stehenden Kruzifixes. Wohl bald nach 1700 und in der Werkstatt des Stralsunder Meisters Thomas Phalert entstanden ist der zweigeschossige hölzerne Altaraufsatz mit gewundenen Säulen und seinem knorpeligen Dekor an den Ohren und der Bekrönung, in die hinein die Figuren der vier Evangelisten gestellt sind. Die Tafelbilder dieses Aufsatzes stellen in der Predella das Abendmahl Jesu, im Hauptfeld die Kreuzigung und im ovalen Rahmen des oberen Feldes seine Auferstehung und die drei Marien am Grabe dar. Hans Broder, ein anderer Stralsunder Meister, schuf 1723 die von einer Petrusfigur getragene Kanzel, deren reiche Verzierung mit Engelköpfchen, Blattgehängen, Fruchtstücken und Akanthuslaub alle Teil überzieht. In die Felder der von gewundenen Säulen gegliederten Brüstungen des Kanzelkorbes und des Aufgangs sowie über dessen Tür sind kleine Tafelbilder, u. a. Mose am brennenden Busch und auf dem Berg Horeb, mit erläuternden Beischriften gesetzt worden. Die Kanzelrückwand ziert ein Christus darstellendes Tafelbild, während das Lesepult auf einen geschnitzten Adler, dem Symboltier Johannes' des Evangelisten, ruht und die Strebekrone von einer Engelfigur bekrönt wird. Wohl auch von Hans Broder ist um 1725 der hölzerne Tauftisch mit einem glockenförmigen Fuß aus Akanthuslaub geschaffen worden, vor dessen Schaft als ein für solche Ausstattungsstücke ebenso sinnvolles wie ungewöhnliches Motiv eine vollplastische Darstellung der Taufe Jesu durch Johannes den Täufer gesetzt ist.
Abb. S. 149, 150, Schutzumschlagvorderseite

Schlatkow (Kr. Anklam)

Die reizvollsten architektonischen Details an diesem spätgotischen Feldsteinbau mit sauber behauenen Granitquaderkanten und blendengegliederten Giebeln aus Backstein sind die zweiluchtig ausgebildeten Fensterrahmungen und der rechteckige Rahmen des Westportals. Sie sind aus Backstein, und ihre der Spätrenaissancearchitektur entlehnte Gestalt läßt auf einen Umbau der Kirche in der zweiten Hälfte des 17. Jh. schließen. Wohl zur gleichen Zeit wurde westlich von der Kirche ein sorgfältig aus Balkenwerk gezimmerter, frei stehender Glockenstuhl mit achtseitigem Zeltdach errichtet. Auch die Ausstattung der Kirche wurde im 17. und 18. Jh. weitgehend erneuert. Ungewöhnlich für eine pommersche Dorfkirche ist hier der in der zweiten Hälfte des 17. Jh. aufgestellte Taufengel unter einem schalldeckelartigen Baldachin. Die Kanzel stammt aus dem 18. Jh., ist reich mit Akanthusdekor ausgestattet und besitzt an den Brüstungen des Korbes, des Aufgangs, der Tür und der Rückwand Tafelbilder mit alt- und neutestamentlichen Gestalten. Als Kanzelaltar dient die künstlerisch qualitätvolle Holzfigur des Erzengels Michael im Kampf mit dem Drachen, die möglicherweise schon um 1600 entstand und aus einer süddeutschen Werkstatt stammen könnte, von wo sie dann auf bisher unbekanntem Wege bis nach Pommern gelangt sein müßte. Die Wandfüllungen des Beichtstuhles bestehen aus künstlerisch beachtenswerten Tafelbildern mit alt- und neutestamentlichen Gestalten. Abb. S. 150, 151

Schlemmin *(Kr. Ribnitz-Damgarten)*

In dieser Kirche überrascht die Konsequenz, mit der am Ende des 19. Jh. der Innenraum des spätgotischen Feldsteinbaus einer einheitlichen neuromanischen Umgestaltung unterworfen wurde. Die Fenster und Portale wurden verändert, reich dekorierte hölzerne Kassettendecken auf Kopfbandkonsolen eingezogen, und selbst der breite Triumphbogen aus Backstein wurde neu hinzugefügt, danach der Raum mit einer die architektonischen Details hervorhebenden ornamentalen Ausmalung versehen. Der sich im Aufbau an Retabel des 13. Jh. anlehnende Altaraufsatz mit einem bekrönenden Kruzifix und die Kanzel mit den Halbreliefs der vier Evangelisten in den Feldern der Brüstung sind von guter künstlerischer Qualität, das Gestühl in Chor und Schiff eine solide Handwerksarbeit. Das älteste erhaltene Ausstattungsstück der Kirche ist der ursprünglich schmucklose Taufstein aus schwedischem Kalkstein, der nachträglich eine Bemalung in der Art der damals üblichen plastischen Gliederung solcher Taufsteine erhielt. 1594 stiftete die Witwe des Claus Thun ihrem verstorbenen Ehemann ein architektonisch gegliedertes Sandsteinepitaph. Zwischen Wappen liegen ein Flachrelief mit der Darstellung des Jüngsten Gerichtes und eine Inschrifttafel, in der Bekrönung steht der Triumphierende Christus, und im predellenartigen Unterteil sind zu seiten eines Totengerippes mit Stundenglas und Sense kniend links der Mann und die Söhne, rechts die Frau mit den Töchtern aufgereiht. Abb. S. 152, 153

Semlow *(Kr. Ribnitz-Damgarten)*

Bei diesem schon im zweiten Viertel des 13. Jh. errichteten und damit zu den ältesten Dorfkirchen unseres Gebietes zählenden Feldsteinbau wurden nur die Leibungen der schmalen Rundbogenfenster in Backstein gemauert. Das einschiffige Langhaus besitzt eine wohl im 19. Jh. erneuerte Kassettendecke, der schmalere Chor ein kuppeliges Kreuzgratgewölbe aus der Bauzeit. In die Brüstungsfelder der mit kannelierten Säulen, Engelköpfchen und ornamentalen Zierstücken zurückhaltend dekorierten Kanzel aus Holz sind Reliefs mit den Gestalten von Mose, Christus, Johannes dem Täufer und dem Apostel Paulus gesetzt; den Schalldeckel bekrönt eine bärtige männliche Figur. Die Kuppa der auf das Jahr 1576 datierten achteckigen Taufe aus Holz, die die Form eines Kelches besitzt, wurde um die Mitte des 19. Jh. neu mit szenischen Bildern aus dem Leben und der Passion Jesu und dem Wappen der Familie v. Behr bemalt. Von den beiden am Anfang des 17. Jh. entstandenen und Claus Midow, einem Schüler Philipp Brandins, zugeschriebenen Grabmalen an der Südwand des Chores besteht das für Adam von Behr und seine Gemahlin Ilse von Krakvitz aus einem Sandsteinepitaph mit einer Relieftafel, auf der die beiden Verstorbenen unter dem Kruzifix kniend dargestellt sind, und den liegend aufgebahrten, annähernd lebensgroßen Figuren des Ehepaares darunter. Ganz anders gestaltet ist das links davon gelegene Grabmal für den Sohn Christoph v. Behr und seine Gemahlin. Hier knien die beiden zueinandergekehrt vor einem Betpult, und das darüber gelegene Fensterpaar wurde geschickt in den Aufbau einbezogen. Auf dem Pfeiler zwischen den Fenstern ist ein Relief mit der Auferstehung Jesu angebracht, in den Leibungen der Fenster übereinanderliegende Wappen und die Statuetten von Petrus und Paulus; den bekrönenden Giebel zieren die sitzenden Figuren von Spes (Hoffnung) und Temperantia (Mäßigkeit) sowie das Relief eines liegenden Puttos als Todesgenius. Rund einhundert Jahre später entstand das in der Werkstatt von Dietrich Hartig bestellte Epitaph für den 1706 verstorbenen Christoph v. Behr, eine architektonisch gegliederte Rückwand mit der Büste Behrs im ovalen Lorbeerrahmen, wobei Engel- bzw. Löwenpaare die Familienwappen oder die zugehörige Inschrifttafel halten. Zwischen den Flügeln der am Anfang des 17. Jh. errichteten östlichen Empore mit nachträglichem Wappendekor in den von Pilastern gegliederten Brüstungen erhebt sich der verhältnismäßig sparsam dekorierte zweigeschossige Altaraufsatz, den Elias Keßler 1723 in seiner Stralsunder Werkstatt schuf. Über dem Relief des Abendmahles im Sockel steht im Mittelfeld eine vollplastische Kreuzigungsgruppe zwische Mose und Aaron, und im Feld des Obergeschosses wird ein Relief des «Auges Gottes» von den Figuren des Weltenrichters, Johannes' des Täufers und eines Engels flankiert bzw. bekrönt. Ebenfalls ein Werk Keßlers ist der 1727 in die Kirche gekommene schöne Tauf- und Pultengel im Chor. Besonders eindrucksvoll und in pommerschen Kirchen in dieser Vollständigkeit einmalig ist die 1861 veranlaßte spätnazarenische Ausmalung des Schiffes durch Carl Julius Milde. Die Leibung des Triumphbogens trägt von Ranken umgebene Medaillons mit den Brustbildern alttestamentlicher Propheten und Johannes' des Täufers, während an der Decke des Schiffes zu seiten eines größeren, zentralen Medaillons mit dem auf dem Regenbogen thronenden Christus Pantokrator kleinere Medaillons mit den Brustbildnissen der zwölf Apostel und mehrerer Engel dargestellt sind. An den Wänden sitzen zwischen den Fenstern und an der Ostwand die sieben, z. T. nicht zum katholischen Kanon gehörenden Erzengel, und darunter liegen in gemalten rund- und kleeblattbogigen Architekturen Bilder mit alttestamentlichen Szenen oder Gestalten. Seitlich von der damals in die Kirche gekommenen Orgel sind auch auf die Westwand Paare von musizierenden Engeln gemalt worden, und in die Brüstungsfelder der in ihrer Gestalt der im Chor gelegenen Empore angeglichenen Orgelempore hat Milde die Brustbildnisse der Missionare und evangelischen Reformatoren Pommerns sowie Luthers und Melanchthons gemalt. – Die um 1870 mit sehr anspruchsvollem architektonischem Aufwand errichtete neugotische Friedhofskapelle barg bis vor einiger Zeit einen zuvor in der Deyelsdorfer Dorfkirche aufbewahrten großen Flügelaltar aus spätgotischer Zeit, der nach seiner Restaurierung seinen endgültigen Standort in der Stralsunder Marienkirche finden soll. Das unter dem Dachreiter auf einer Konsole vor die westliche Giebelwand der Kapelle gestellte Standbild stellt den segnenden Christus dar. Abb. S. 140, 153, 154, 155

Sommersdorf *(Kr. Pasewalk)*

Außerhalb des eine bescheidene spätgotische Feldsteinkirche umgebenden Friedhofes steht dicht vor dessen Feldsteinmauer eine sogenannte «Mordwange» mit einem im oberen Teil der schlanken Kalksteinstele frei stehend ausgemeißelten griechischen Kreuz und nur noch teilweise lesbarer Minuskelinschrift, die 1423 zur Sühne und als Erinnerungsmal an eine hier verübte Bluttat errichtet wurde. Abb. S. 159

Spantekow *(Kr. Anklam)*

Die Kirche, ein mehrfach veränderter, spätgotischer Saalbau mit barockem Fachwerkturm vor der Westwand, besitzt eine wohl am Anfang des 17. Jh. gebaute Renaissancekanzel. Zu dem auf einem trichterförmigen Fuß stehenden Kanzelkorb mit vorwiegend gemaltem, reichem Beschlagwerkdekor und Tafelbildern mit den vier Evangelisten in den Feldern der Brüstung gehört der von einem Pelikan bekrönte Schalldeckel, während die Brüstung des Aufganges möglicherweise noch etwas älter ist. Abb. S. 156

Stolpe *(Kr. Anklam)*

Von dem Kirchengebäude des bald nach 1150 durch den pommerschen Herzog Ratibor mit Unterstützung Bischof Adalberts von Wollin gegründeten Benediktinerklosters blieben neben den 1960 entdeckten und zeitweilig freigelegten Chorfundamenten nur die Reste des aus Feldsteinen errichteten Unterbaus des querrechteckigen Feldsteinturmes sichtbar erhalten. Die Abbildung gewährt einen Blick in das tonnengewölbte Erdgeschoß des Turmes, von dem nach Osten (linke Bildseite) vier Rundbogenarkaden in das basilikale Langhaus führten. Diese Ruine ist das älteste bauliche Zeugnis der Verbreitung christlichen Glaubens in Pommern. Abb. S. 158

Stoltenhagen *(Kr. Grimmen)*

Die Turmlosigkeit der um die Mitte des 13. Jh. aus Feldsteinen errichteten Kirchen mit einschiffigem Langhaus und schmalerem Chor machte im 17. Jh. den Bau eines frei stehenden, verbretterten Glockenstuhles erforderlich. Obwohl für die Herkunft der wohl im zweiten Viertel des 18. Jh. entstandenen Kanzel kein sicherer Anhaltspunkt besteht, ist ihre künstlerische Qualität und der Stil so sehr mit den Werken des Stralsunder Meisters Elias Keßler verwandt, daß sie sehr wahrscheinlich in seiner Werkstatt bestellt worden ist. Von besonderem Reiz sind die kühn auf das Fußgesims des konkav nach oben eingezogenen Kanzelkorbes gesetzten vier Evangelistenfiguren, zu denen sich auf dem Schalldeckel unter der Aufsicht eines «erwachsenen» Engels herumtollende Enkelkinder gesellen. Abb. S. 156

Trantow *(Kr. Demmin)*

Dem spätgotischen Backsteinbau, einer gleichmäßig von Strebepfeilern umstellten Saalkirche mit polygonalem Ostschluß, wurde um 1800 eine weitere westliche Raumachse aus Feldsteinmauerwerk angefügt, über der sich der gleichzeitig entstandene, quadratische Backsteinturm mit Ecklisenen, flachen Schildgiebeln, Haube und Laterne erhebt. Große, im mittelalterlichen Teil des Schiffes dreiluchtige Spitzbogenfenster belichten den auch wegen der Strebepfeiler sicher auf Wölbung angelegten, dann aber flachgedeckten Innenraum. Abb. S. 160

Trent *(Kr. Rügen)*

Von dem 1400 aus Backsteinen errichteten Kirchengebäude blieb nur der rechteckige, von Kreuzrippengewölben überdeckte Chor zurück, während das ursprüngliche Langhaus am Ende des 15. Jh. durch eine dreischiffige Halle ersetzt wurde. Der stattliche Altaraufsatz und das an der Chorsüdwand stehende Beichtgestühl sind 1752 bzw. 1754 in der Werkstatt des Stralsunder Meisters Michel Müller entstanden. Die Architektur der hölzernen Altarwand greift hier seitlich weit über die Breite des Altarblockes hinaus und läßt zwei von frei auf Postamenten stehenden Säulen begrenzte Durchgänge entstehen, wobei auch die eigentliche Altarrückwand mit Lünettengiebel und einer bis an das Gewölbe reichenden Bekrönung von einem gleichen Säulenpaar eingefaßt wird. Den Figurenschmuck bilden der Kruzifixus zwischen Mose und Aaron, vier weibliche, ihren Attributen nach nicht mehr identifizierbare Tugend-Personifizierungen und als Bekrönung die von Engeln umgebene Weltkugel mit der Dreieinigkeit. Während am Altaraufbau schon Rocailledekor auftritt, wurden in den durchbrochenen Füllungen der Altarschranke noch Bandelwerkmotive verwendet. Am Beichtgestühl wird die Lünette über dem Eingang von einem «Auge Gottes» bekrönt, und an den drei sichtbaren Ecken knien die alttestamentlichen Figuren von David, Saul und Manasse. Wohl am Ende des 16. Jh. entstand ein aus Holz gefertigtes Epitaph mit sehr reichem Rollwerkdekor, in den Fruchtgehänge, Hermenpilaster, Engel-, Männer- und Löwenköpfchen symmetrisch eingefügt sind. Zwei Tafelbilder mit künstlerisch qualitätvollen Darstellungen der Kreuzigung und der Auferstehung Jesu lassen vermuten, daß der Auftraggeber sich die Herstellung etwas kosten ließ; da aber die seitlichen Ohren und die Widmungsinschrift verlorengingen, wissen wir nicht, für wen dieses Epitaph bestimmt gewesen sein könnte. Abb. S. 156, 157

Tribohm *(Kr. Ribnitz-Damgarten)*

Nur wenige Dorfkirchen unseres Gebietes erwecken wie diese den Eindruck wehrhafter Sicherheit. Noch in der ersten Hälfte des 13. Jh. bis zu den Giebelspitzen aus Feldsteinen gebaut, besteht sie aus dem rechteckigen Schiff und einem etwas schmaleren Rechteckchor mit Nordsakristei. Im Unterschied zu den festlich-repräsentativen Dreifenstergruppen anderer Kirchen aus jener Zeit besitzt der Chor in der Ostwand zu beiden Seiten eines kleinen Rundfensters nur zwei rundbogige Schlitzfenster, wie sie etwas größer auch in den Langhauswänden zu finden sind. Die Luke im Chorgiebel ist demnach wie der auf dem Bild nicht sichtbare, verbretterte Westturm eine Zutat aus dem 18. Jh. Abb. S. 158

Verchen *(Kr. Demmin)*

Von allen zu außerhalb der Städte gegründeten mittelalterlichen Klöstern unseres Gebietes gehörenden Kirchen blieb nur die des ehemaligen Benediktinerinnenklosters Verchen bis heute unversehrt erhalten. Nach der Reformation wurde sie zur Dorfkirche bestimmt und verdient deshalb, hier genannt zu werden. Als das anderenorts gegründete Kloster 1245 nach Verchen verlegt worden war, wurde um 1270 mit der Errichtung eines langgestreckten rechteckigen Saalbaus aus Backstein mit paarweise oder zu Dreiergruppen geordneten Spitzbogenfenstern und reichem Blendenschmuck in den Giebeln begonnen; der Innenraum besitzt eine Balkendecke. Im 15. Jh. wurde dann im Osten ein fünfseitiges Chorpolygon mit Sterngewölbe und dreiluchtigen Spitzbogenfenstern und auf der Nordseite des Schiffes ein zweigeschossiger Turm errichtet, dessen Erdgeschoß jetzt die Eingangshalle bildet; auch die südliche Vorhalle stammt aus dieser Zeit. Die nach dem Anbau des Chorpolygons entstandene Wandmalerei, vier drastische Drolerieköpfe mit Beischriften in den Gewölbekappen sowie Halbfiguren und Ranken auf der Leibung des Triumphbogens, wurde 1969 freigelegt und gemeinsam mit der zur gleichen Zeit entdeckten, wohl zu einem umfangreicheren Bilderzyklus aus der zweiten Hälfte des 16. Jh. gehörenden Szene der Erschaffung Evas an der Ostwand des Schiffes restauriert. Von großer künstlerischer Qualität ist die mit dem zugehörigen Mittelschrein und dem alten Kamm in ein neues Gebäude gestellte, geschnitzte Verkündigungsgruppe, die um 1420 wohl in einer Lübecker Werkstatt geschaffen wurde; die Predella mit dem von Engeln gehaltenen «Schweißtuch der Veronika» zwischen Petrus und Paulus ist um 1500 entstanden. Bei der letzten Restaurierung des Altaraufsatzes wurden 1955 an den Seitenwänden des alten Mittelschreines gemalte musizierende Engel freigelegt, zugleich aber eine sicherlich zugehörige geschnitzte Gottvater-Christkind-Gruppe entfernt. Ob die beiden im Chor aufgestellten Figuren vom Ende des 15. Jh., Maria und Johannes der Evangelist, vormals das jetzt im Schiff hängende, stark beschädigte Kruzifix aus der Zeit um 1440 zur Triumphkreuzgruppe ergänzt haben, ist ungewiß. Von den ursprünglich alle fünf Fenster des Chorpolygons füllenden Glasmalereien aus dem dritten Viertel des 15. Jh. sind die erhaltenen Reste 1852 erheblich ergänzt und nach der Restaurierung in den drei östlichen Fenstern zusammengestellt worden. Unter reichen Baldachinarchitekturen sind im mittleren Fenster eine Kreuzigungsgruppe, im nordöstlichen die Madonna zwischen Johannes dem Täufer und dem hl. Christophorus, im südöstlichen die hl. Anna zwischen Petrus und Paulus dargestellt. Die unter diesem Fenster stehende Grabplatte mit Wappenschmuck und Inschrift bedeckte das Grab des 1603 verstorbenen Jürgen von Koethen und seiner Gemahlin. Abb. S. 161, 177, 178

Vilmnitz (Kr. Rügen)

Die aus Backsteinen errichtete Kirche besitzt einen um die Mitte des 13. Jh. errichteten, langgestreckten Rechteckchor und ein Schiff, das im 15. Jh. gemeinsam mit dem dreigeschossigen Westturm einen älteren Vorgängerbau ersetzte. Chor und Schiff erhielten Kreuzrippengewölbe, die im Chor auf Eckdiensten ruhen. Der Altaraufsatz und vier gleichartig gestaltete Epitaphien für zwei Ehepaare der Familie Putbus mit reichem Relief- und Figurenschmuck sind aus Sandstein. Als Meister dieser zwischen 1599 und 1603 im niederländisch-manieristischen Stil gehaltenen Stücke gilt der Bildhauer Claus Midow, ein Schüler Philipp Brandins, und wie dieser auch vom mecklenburgischen Herzog Ulrich u. a. für dessen Grabmonumente im Güstrower Dom beschäftigt. Das gut proportionierte architektonische Gerüst des Altaraufsatzes schmücken neben Wappen- und Inschriftkartuschen die Reliefs des Abendmahles, des Auferstandenen mit Maria Magdalena und seiner Himmelfahrt. Dazu gehören weiter eine Kreuzigungsgruppe und die Figuren der vier Evangelisten, weibliche Karyatiden bzw. Allegorien von Glaube und Hoffnung und ein bekrönender Putto. Das Epitaph für Anna Maria v. Putbus trägt im Mittelfeld die Figur der Verstorbenen, umgeben von den weiblichen Allegorien Hoffnung, Liebe, Gerechtigkeit und Treue und den Reliefs zweier männlicher Halbfiguren in den seitlichen Ohren; in der bekrönenden kleinen Ädikula ist die Verkündigung des Engels an Maria dargestellt. In einer Gruft unter dem Chor der Kirche stehen zahlreiche Särge und Sarkophage der gräflichen, seit dem 19. Jh. fürstlichen Familie Putbus. Besonders bemerkenswert ist der Zinnsarkophag des 1677 verstorbenen Erdmann Ludwig v. Putbus mit reichem Reliefdekor aus aufgelegten Vegetabilien und den Familienwappen des Toten. Die Kanzel ist 1708/09 in der Werkstatt des Stralsunder Kunsttischlers Hans Broder entstanden. Den Korb trägt eine Mosefigur, und in den reichen Dekor aus geschnitztem Akanthuslaub sind an der Brüstung die Figuren der vier Evangelisten, am Schalldeckel mit bekrönender Engelfigur weibliche Tugendallegorien gesetzt. Auch der dem Kanzelaufgang angefügte Beichtstuhl von 1722 mit kräftig gegliederten Brüstungsfeldern ist das Werk Hans Broders. Der Kronleuchter am Triumphbogen besteht aus Gußeisen und wurde in der zweiten Hälfte des 19. Jh. in den Formen des sogenannten Zweiten Rokoko gestaltet. Abb. S. 162, 163

Vitt (Kr. Rügen)

Am nördlichsten Teil der Insel Rügen und unmittelbar über einem kleinen Fischerdorf, wo schon im 12. Jh. ein Heringsstapel- und Handelsplatz existierte, liegt als nördlichstes Gotteshaus der DDR die Vitter Strandkapelle, ein achtseitiger Putzbau mit sehr flachem, achtseitigem Zeltdach und durch Pfosten dreigeteilten Spitzbogenfenstern. Sie wurde 1806 im Auftrage des Rügenschen Pfarrers Kosegarten errichtet und 1816 eingeweiht, um bei schlechtem Wetter die Strandgottesdienste darin abhalten zu können. 1934 ist die Kapelle und ihre Ausstattung gründlich instand gesetzt und 1970 hier eine Kopie des ursprünglich für diese Kapelle bestimmten, später in die Hamburger Kunsthalle gelangten Bildes «Christus geht auf dem Meer und rettet den sinkenden Petrus» von Philipp Otto Runge aufgestellt worden. Abb. S. 164

Volksdorf (Kr. Demmin)

Der am Ende des 15. Jh. aus Feldstein errichtete Saalbau mit halbrundem Ostschluß besitzt eine sichtbare Balkendecke und wurde um 1800 neugotisch verändert. Die im Glockenstuhl vor der Kirche hängende große Bronzeglocke wurde nach ihrer von reichem Bandelwerkdekor umgebenen Inschrift im Jahre 1755 von Johann Heinrich Scheel in Stettin gegossen. Abb. S. 165

Waase (Kr. Rügen)

Von einem schon für 1322 bezeugten älteren Kirchengebäude in Waase ist nichts erhalten geblieben, denn die aus Backsteinen errichtete jetzige Kirche mit Rechteckchor und saalartigem Schiff stammt aus der zweiten Hälfte des 15. Jh., wobei die Schiffslängswände wohl um 1600 noch einmal in Fachwerk erneuert wurden. Die Wandmalerei am Chorgewölbe und an der Triumphbogenwand, eine Deesis und Einzelfiguren zwischen Rankenwerk, stammt aus der Zeit um 1470 und wurde 1934 freigelegt. Das kostbarste Ausstattungsstück des kleinen Kirchenraumes ist aber der um 1520 in einer Antwerpener Werkstatt geschaffene große brabantische Schnitzaltar mit seinem Reichtum an szenischen Reliefs und qualitätvollen Tafelbildern. Ursprünglich für eine Kirche in England bestellt, war er von Stralsunder Kaufleuten für die dortige Nikolaikirche erworben, später in der Heiligengeistkirche aufgestellt und schließlich 1708 nach dem zum Besitz des Stralsunder Heiligengeistspitals gehörenden Waase gebracht worden. Der in der Mitte überhöhte Schrein birgt als figurenreiche Reliefs Kreuztragung, Kreuzigung und Beweinung Christi und im rahmenden Maßwerk weitere kleine Szenen, in den drei unteren Feldern Priesterweihe und Tod des hl. Thomas Beckett von Canterbury sowie den Schwur König Heinrichs II., weswegen der Schrein nach der Verfemung des 1170 ermordeten Heiligen durch König Heinrich VIII. nicht mehr in England aufgestellt werden konnte. Die Tafelbilder der geöffneten Flügel – Jesu Abendmahl, Gefangennahme, Auferstehung, Erscheinung bei Maria Magdalena, der Gang nach Emmaus und das Pfingstwunder – ergänzen die Passionsreliefs, die Bilder der äußeren Flügelseiten stellen Abraham und Melchisedek, die Messe des hl. Gregor und die Mannalese des Volkes Israel dar. Von den beiden aus Bronze gegossenen Kronleuchtern im Chor ist der zwölfarmige Marienleuchter mit einer Madonnenfigur und musizierenden Engeln im bzw. am tabernakelartigen Mittelteil im 15. Jh. entstanden, der andere eine schöne Flämische Krone von 1632. Abb. S. 166, 167, 177

Wartin (Kr. Angermünde)

Sorgfältig geschichtetes Feldsteinmauerwerk ist das Baumaterial des in der zweiten Hälfte des 13. Jh. entstandenen rechteckigen Kirchenschiffes und seines nur wenig breiteren zweigeschossigen Westturmriegels. Als am Ende des 17. Jh. das Schiff eine südliche Portalvorhalle erhielt, wurde auf dem Westturm der verbretterte Turmaufsatz mit seiner zum Spitzhelm ausgezogenen, schindelgedeckten Haube errichtet. Die jetzige Form der Fenster stammt von einem Umbau im Jahre 1853. Unmittelbar neben den mit reichem Akanthuslaubdekor überzogenen Kanzelaltar vom Anfang des 18. Jh. mit Puttenköpfchen am Kanzelkorb und dem Strahlenkranz des bekrönenden «Auges Gottes» wurde in einer sonst ungebräuchlichen Weise der 1707 geschnitzte Taufengel vor eine halbhohe Wand mit Inschriftkartusche und üppigem Akanthusdekor gestellt. Von großem Reiz ist auch das durchbrochene Bandelwerkornament in den Brüstungen der Altarschranke.
Abb. S. 168

Werder (Kr. Altentreptow)

Zur Ausstattung des spätgotischen Feldsteinbaus mit polygonalem Ostschluß, der 1751 instand gesetzt und 1890 einen neugotischen Westturm erhielt, gehört der vergoldete silberne Abendmahlskelch aus der ersten Hälfte des 17. Jh. In und zwischen das Spangenwerk des Dekors sind aufgelegte Engelköpfchen und die Leidenswerkzeuge der Passion Jesu gesetzt, und der entsprechende Schmuck der Kuppa des Kelches ist in Gestalt eines durchbrochenen Korbes um diese herumgelegt worden. Abb. S. 169

Wieck (Stadtkreis Greifswald)

Bis 1939 war das an der Mündung des Flusses Ryck gelegene, vorwiegend von Schiffern und Fischern bewohnte Dorf selbständig und besaß schon im Mittelalter ein Kirchengebäude, das 1882/83 durch einen neugotischen Backsteinbau mit polygonalem Ostschluß und hohem Westturm ersetzt wurde. Sein in Art eines Flügelaltars ausgebildeter, ausschließlich Tafelbilder enthaltender Altaraufsatz vom Anfang des 17. Jh. wurde als bedeutendstes Ausstattungsstück aus der alten Kirche übernommen und ist 1965 in ein neues Gehäuse gesetzt worden. Das große Mittelbild stellt das Abendmahl dar, während die biblischen Szenen auf den zwei Flügeln auf die Nähe des Meeres Bezug nehmen. Auf den Innenseiten sind es die Arche Noah, Jona mit dem Walfisch, Jesus stillt den Sturm und Jesus mit dem versinkenden Petrus, auf den Außenseiten die Predigt Jesu am See Genezareth, der Zug des Volkes Israel durchs Rote Meer, der Schiffbruch des Paulus vor Malta und das Wappen der Bergen- und Schonenfahrer, in deren Reihen wohl die Stifter des Altaraufsatzes zu suchen sind. Abb. S. 169

Wiek (Kr. Rügen)

Die Giebel der im ersten Drittel des 15. Jh. aus Backsteinen errichteten dreischiffigen Hallenkirche und ihres die Breite des Mittelschiffes besitzenden Rechteckchores werden von dicht gereihten Spitzbogenblenden gegliedert, die am Westgiebel des Langhauses besonders reich ausgebildet sind. Als Widerlager für die breiten Kreuzrippengewölbe im Inneren wurde die Kirche mit kräftigen Strebepfeilern umstellt und anstelle eines eingestürzten Dachturmes im 17. Jh. über dem Westgiebel der kleine Dachreiter errichtet. Die drei Figuren auf dem zwischen Langhausmittelschiff und Chor angebrachten Triumphbalken sind wohl erst 1826 zur jetzigen Triumphkreuzgruppe zusammengestellt worden. Während der Kruzifixus um das Jahr 1300 entstanden sein dürfte und somit die älteste monumentale Darstellung des Gekreuzigten in unserem Gebiet ist, stammt die Figur Johannes' des Täufers aus der Mitte des 15. Jh. und die Maria wahrscheinlich erst aus dem Ende jenes Jahrhunderts. Kopf und Kreuz des Kruzifixus wurden wohl bei der Zusammenstellung der Gruppe ergänzt. Die in der ersten Hälfte des 15. Jh. aus Holz geschnitzte, etwas unter Lebensgröße bleibende Gruppe des hl. Georg zu Pferde ist das einzige in unserem Gebiet erhalten gebliebene mittelalterliche Beispiel eines monumentalen Bildwerkes dieser Art, deren bekanntestes die Gruppe des Bernt Notke in der Stockholmer Nikolaikirche ist. Der in höfischer Turniertracht dargestellte Heilige trug in der verlorengegangenen rechten Hand wohl seinen Helm, während die linke die Zügel des – inzwischen völlig vergangenen – ledernen Zaumzeuges faßte; Beine und Ohren des Pferdes wurden 1927 erneuert. Abb. S. 170, 171

Wildberg (Kr. Altentreptow)

Dieses Kirchengebäude vereinigt in besonders deutlicher Weise drei unterschiedliche Bauepochen, zumal sie in unterschiedlichem Material ausgeführt wurden. Fast klassisch zu nennen ist der aus Backsteinen errichtete frühgotische Rechteckchor aus der zweiten Hälfte des 13. Jh. mit zu Dreiergruppen geordneten schlanken Spitzbogenfenstern, Ecklisenen, auf kleinen Konsolen ruhenden Rundbogenfriesen und einer von Spitzbogenblenden begleiteten großen Kreuzblende im Ostgiebel. Das erst im 16. Jh. angebaute Langhaus aus Feldsteinen erhielt die Breite des Chores, obwohl das nicht ausgeführte mittelalterliche Langhaus sicherlich breiter geplant war. Die Leibungen der hohen Segmentbogenfenster sind glatt in das Mauerwerk eingeschnitten, und nur das rundbogige Südportal mit einem Wulst im abgestuften Gewände wirkt etwas aufwendiger. Im 18. Jh. wurde schließlich der aus verbrettertem Fachwerk gebaute, nach oben leicht geböschte Glockenturm vor die Westwand der Kirche gesetzt und mit einer geschweiften, zur schlanken Spitze ausgezogenen Haube versehen.   Abb. S. 172

Wolkwitz (Kr. Demmin)

Obwohl wahrscheinlich auch der mittelalterliche Vorgängerbau der am Ende des 17. Jh. aus Feldsteinen errichteten heutigen Saalkirche nicht der ursprüngliche Standort der um 1250 entstandenen Sitzmadonna aus Eichenholz war, wird sie in der kunstgeschichtlichen Forschung dennoch als «Wolkwitzer Madonna» bezeichnet. Sie vertritt als eines der frühesten Beispiele unseres Gebietes den Typus der aus majestätisch-strenger Starre gelösten, dem Christuskind mütterlich zugewandten Madonnenfiguren, wobei das Motiv des zum Kinn der Mutter greifenden Kindes damals gleichermaßen an west- und norddeutschen Bildwerken Anwendung fand. Bei der großen Ausstrahlungskraft Lübeckischer Kunst und Kultur auf das damals dem christlichen Glauben neu erschlossene Land zwischen Elbe und Oder dürfte aber auch diese Figur das Werk eines Lübecker Meisters gewesen sein.   Abb. S. 175

Wusterhusen (Kr. Greifswald)

Von der hier nach der Mitte des 13. Jh. errichteten Kirche blieben fast nur die aus sorgfältig geschichteten Feldsteinmauerwerk bestehenden Seitenwände des ursprünglich rechteckigen Chores erhalten. Das gleichzeitig entstandene einschiffige Langhaus wurde nämlich am Anfang des 15. Jh. durch eine dreischiffige Halle mit quadratischem Westturm ersetzt und der Chor durch einen polygonalen Anbau im Osten erweitert. Da Chor und Langhaus damals Kreuzrippengewölbe erhielten, sind sie mit kräftigen Strebepfeilern umstellt worden. Das architektonisch bedeutsamste Ergebnis des um die Mitte des 15. Jh. abgeschlossenen Umbaus war die Errichtung des Westturmes. Seine bis zum First des Langhauses fast glatten Außenwände werden unter den vier Schildgiebeln durch Spitzbogenblenden und die Schalluken des Glockengeschosses gegliedert, und über den ebenfalls durch gestaffelte Spitzbogenblenden belebten Giebeln erhebt sich der achtseitige Helm. Das im Dreißigjährigen Krieg eingestürzte nördliche Langhausseitenschiff wurde bald danach mit geringerer Breite und ohne Wölbung erneuert. Als man 1972 im Chor mit der Gesamtrestaurierung des Inneren der Kirche begann, trat dort die ursprüngliche Architekturfarbigkeit wieder zutage, die an den Längswänden noch aus dem 13. Jh. stammt und am Gewölbe des Chorpolygons mit diesem am Anfang des 15. Jh. entstanden ist. An der Leibung des Bogens zwischen dem Chor und seinem jüngeren Ostschluß wurden damals sechs Bildszenen aus dem 1. Viertel des 15. Jh. freigelegt, in

denen in gemalten rechteckigen Rahmen die Heiligen Gertrud von Nivelles mit Pilgern, Christophorus und Ritter Georg im Kampf mit dem Drachen und der im Hintergrund knienden Königstochter dargestellt sind; in drei weiteren Szenen sind die Anbetung des Christkindes durch die Heiligen Drei Könige, die Flucht nach Ägypten und Christus als Weltenrichter abgebildet. Der farbenprächtige und reich dekorierte Altaraufsatz geht in seiner jetzigen Gestalt im wesentlichen auf einen Umbau des Jahres 1650 zurück. Damals wurde der am Anfang des 16. Jh. geschaffene spätgotische Schnitzaltar mit zwei Flügelpaaren in ein barockes Rahmenwerk gestellt, das in der Predella, den seitlichen Ohren und der Bekrönung von üppigem Knorpelwerkdekor umgebene Tafelbilder mit Darstellungen des Abendmahls, Jesu am Ölberg, der «Ecce homo» des Pilatus und der Auferstehung Jesu enthält. Gleichzeitig wurde die geschnitzte spätgotische Marienkrönungsgruppe im Mittelschrein durch ein Bild der Kreuzigung Christi zwischen den Schächern ersetzt, dessen Maler Caspar Niemann wohl auch die Bilder im Rahmenwerk schuf. Sichtbar blieben vorerst die in den Flügelkästen stehenden gotischen Heiligenfiguren, während die Tafelbilder der Flügel mit Szenen aus dem Marienleben und Heiligen dahinter verschwanden. 1739 wurden dann auch die Heiligenfiguren durch die zwei größeren Figuren des Mose und Aaron aus der Werkstatt des Stralsunder Meisters Michel Müller ersetzt und 1882 der Altaraufsatz ganz zur Seite gestellt. Für seine erneute Aufstellung auf dem Altar hat eine 1974 vollendete Restaurierung die Voraussetzungen geschaffen, die durch die bewegliche Anbringung der Flügel auch alle spätgotischen Tafelbilder – u. a. die Geburt der Maria, Mariä Tempelgang, die Verkündigung des Engels an Maria und die Anbetung des Christkindes durch die Heiligen Drei Könige – wieder zugänglich machte. Zwei silberne Abendmahlskelche aus dem Jahre 1841 zeigen durch ihre Pokalform und den zeitgenössischen Stil des Dekors an, daß auch die im Gottesdienst der evangelischen Gemeinden benötigten Geräte in den Gestaltwandel des 19. Jh. mit einbezogen worden sind.   Abb. S. 172, 173, 174, 175, 183

Zarnekow (Kr. Greifswald)

Die in der zweiten Hälfte des 13. Jh. errichtete Kirche, ein rechteckiger Feldsteinbau mit Portal- und Fenstergewänden und Giebeln aus Backstein, besitzt ein auf das Jahr 1622 datiertes Retabel aus Sandstein. Das zentrale Relief mit der sehr bewegten Darstellung des Abendmahls wird von zwei in halbrunden Nischen stehenden Engelfiguren mit Kreuz und Geißelsäule der Passion Jesu flankiert. Auf zwei Konsolen am predellenartigen Unterteil mit Inschrifttafeln, Frauenmasken und Cherubköpfchen stehen toskanische Säulen, die ihrerseits die Verkröpfungen des von Wappenkartuschen bekrönten Gebälkes tragen; den Dekor bilden Diamentenquader und seitliche Wangen im Ohrmuschelstil. Ein mit Gold- und Silberfäden gesticktes Kaselkreuz aus dem 15. Jh. schmückt seit 1612 ein Antependium. Der mittelalterliche Korpus wurde 1890 durch ein gesticktes Medaillon mit dem Brustbild des dornengekrönten Christus im Stil des Guido Reni ersetzt, die darübergesetzte, mit kleinen Flußperlen gestickte Inschrift ist hingegen wohl ursprünglich.   Abb. S. 176, 181

202

Zemmin (Kr. Demmin)

Die Gruftkapelle der Familie Sobeck, ein achtseitiger Bau mit in den Verputz geritzter Quaderung und vor die Ecken gestellten kannelierten dorischen Säulen aus Sandstein, die über dem kräftigen Architrav und Gesims ein flaches Kuppeldach tragen, wurde 1845 errichtet. Sie steht in der Tradition der seit dem Anfang des 18. Jh. für die separate Bestattung ganzer Familienverbände üblich gewordenen tempel- oder kapellenartigen Gruftgebäude auf den Friedhöfen und in Gutsparks und ist trotz ihrer relativ späten Entstehungzeit ein schönes Beispiel klassizistischer Kleinarchitektur. Abb. S. 180

Ziethen (Kr. Anklam)

Das aus sorgfältig geschichtetem Feldsteinmauerwerk gebaute rechteckige Langhaus der Kirche wurde 1257 geweiht, entstand demnach im zweiten Drittel des 13. Jh. Der wohl gleichzeitig errichtete Chor wurde später wieder abgerissen und hatte, wie das Langhaus, zu gestaffelten Dreifenstergruppen geordnete Spitzbogenfenster mit Leibungen aus Backstein. Der mächtige quadratische Westturm mit einem spitzbogigen Stufenportal aus Backstein wurde erst im 15. Jh. vor die Kirche gesetzt, wobei die eingerückten Obergeschosse aus Feldsteinmauerwerk mit ihren segmentbogigen Schalluken im Glockengeschoß und dem Zeltdach wohl noch später entstanden sind.

Abb. S. 179

Züssow (Kr. Greifswald)

In der kleinen, im Osten polygonal geschlossenen Feldsteinkirche vom Ende des 14. Jh. ist die 1946 an die Südseite des Schiffes gerückte Westempore vom Anfang des 18. Jh. in ihren Brüstungsfeldern mit Tafelbildern bemalt, die Szenen aus der Passion Jesu, u. a. die Gefangennahme, das Verhör vor Pilatus, die Dornenkrönung und die Kreuztragung, darstellen. Das künstlerisch erstaunlich qualitätvolle Ölbild mit der «Ecce homo»-Szene diente seit 1699 als Altarblatt des spätgotischen Flügelaltares, wurde aber wohl 1946 durch eine neue geschnitzte Kreuzigungsgruppe ersetzt. 16 Kabinettscheiben aus der ersten Hälfte des 17. Jh. sind ursprünglich über mehrere Kirchenfenster verteilt gewesen und jetzt in der Tür zum an der Südwand des Chores stehenden Sakristeiverschlag zusammengefaßt. Neben Christus als Salvator mundi, der Madonna, Aposteln, Jakob im Kampf mit dem Engel und der Auferstehung Jesu sind zwei Wappen und vier Szenen aus dem Alltagsleben dargestellt, die in kulturgeschichtlich aufschlußreicher Weise von Arbeit und Festzeiten jener Epoche berichten. Abb. S. 181, 182, 184

FOTONACHWEIS

Sämtliche Aufnahmen wurden von Thomas Helms angefertigt. Verwendung fanden Aufnahmen von R. Schmidt † (Abb. S. 109 links, 125 oben links, 133 oben rechts, 163 unten, 166 oben, 170), Dr. W. Ohle † (Abb. S. 89, 113 oben, 174), Egon Fischer (Abb. S. 100, 104 oben rechts, 144, 146 links, 148 oben), Dorothea Puttkammer (Abb. S. 136 links), Joachim Fritz (Abb. S. 125 unten links, 181 oben, 175 links), Günther Stelzer (Vorsatz) und vom Institut für Denkmalpflege, Arbeitsstelle Schwerin, Archiv (Abb S. 103 rechts, 175 rechts).

Die auf dem Vorsatz wiedergegebene Karte des Herzogtums Pommern stammt von J. W. Michaelis (um 1680), der Nachsatz gibt einen Kupferstich «Kenz und Umgebung» wieder, der dem Werk von Johann Gerdes «Kentza Crene» (1699) entnommen worden ist.

ISBN 3—374—00172—6

2. Auflage 1987
© Evangelische Verlagsanstalt GmbH, Berlin 1984
Lizenz 420. 205-134-87. LSV 6610. P 140/87. H 5252
Gesamtgestaltung: Lothar Gabler
Printed in the German Democratic Republic
Klischees: Interdruck, Leipzig
Fotosatz: Buch- und Offsetdruck, Leipzig
Druck: Druckwerkstätten Stollberg
02950

Deli neatio Regionis Kentzensis futures à multis jatu se ubi Aquas

Frauendorff

Zadell